こんな教師に
なってほしい

―戦後の歴史から学んでほしいもの―

逸見 博昌

悠光堂

本書を読まれる方へ

一．参考にさせていただいた出版物等

1．本書を書くに当たっては、戦前、戦中、戦後の文教行政（政策）に関する歴史的推移と、それぞれの時代の状況認識については、学制八十年史（著作権所有文部省。以下同じ。）、同九十年史、百年史、百二十年史及び各種の文部省通達・通知等を基本としつつ、文部省在職中に自ら得た情報等を基にしています。

2．また、各事項によっては、日教組三十年史、同四十年史等の日本教職員組合の出版物を、適宜、参考にしました。

3．以上のほか、国立国会図書館関西分館（京都府精華町）が所蔵する新旧多くの著作物（単行本、雑誌、百科事典、新聞等）から、様々な示唆を得、また、参考にさせていただきました。

更に、その内容に反論する場合には、著者の文章を匿名で引用させていただいたところがいく箇所かあります。

文部省退職後、20数年にわたって、次々と新しい仕事につきながら、本書を各部門ごとに断続的に書き進めたため、参考にさせていただいた著作物等についての整理が行き届かず、貴重な示唆を得た関係者の皆様方一人ひとりに、本書の中でお礼を申し上げられないことをお許し下さい。

二．その他のお断り

本文に出てくる教育基本法の条文は、何の「ことわり」もしていない場合は、昭和22年の制定時（平成18年の改正前）のものです。

なお、私は元文部省の職員ですが、本書は文部省、文部科学省（以下、「文科省」という。）とは一切かかわりのない私個人の著作物です。したがって、本書の内容についての責任は、すべて私個人にあることを念のため申し添えます。

目次

はじめに …… 21頁

1．戦後70年、新しい歩みを始めるに当たって

2．日教組と私

(1) 私の初仕事（自己紹介を兼ねて）

(2) 大場昭寿氏との思い出

第一章　子供の教育内容に対する国の介入は、どこまで許されるか …… 33頁

学力調査最高裁判決（永山中学校事件）から——その一

序論

その一　学力調査の適法性をめぐる論争点について

その二　教育の国家統制反対を基調とする

教師の教育権の主張（昭和30年代～40年代前半）について

(1) 教育の国家統制反対の主張の背景

(2) 教師の教育権ないしは教育の自由の主張について
① 宗像誠也氏の見解（昭和30年代）
② いわゆる杉本判決の主張（昭和40年代）
③ 右の①及び②の両者に共通する問題点

一．**教師の教育の自由と国の教育権能について**……45頁
（子供の教育内容を決定する権能は誰にあるのか）
――憲法の解釈――

はじめに
(1) 子供の教育に対する関心の高まりと衝突
(2) 二つの対立する見解
(3) 最高裁の判断
① 親の立場と役割について
② 教師の立場と役割について
③ 国の立場と役割について
(4) 最高裁判決の意義
（表）教師の教育の自由とその制約について（まとめ）

（参考）
1．教育内容等を決める国とは誰か
2．この判決で、憲法上初めて認められた権利ないしは権能

二．教育に対する「不当な支配」について ……………………………58頁
――教基法10条1項の解釈――

はじめに
教育に対する「不当な支配」について
(1) 日教組等の主張と最高裁の判断
(2) 文部省の主張と最高裁の判断
(3) 法令に基づく行為に対する最高裁の判断
(4) まとめ
（関連）
「不当な支配」の主体について

三、学習指導要領の「大綱的基準」について……65頁
——教基法10条2項の解釈——
はじめに
(1) 日教組等の主張
(2) 最高裁の判断
(3) まとめ

(補遺)
学習指導要領とはどういうものか……70頁
1．誕生からの歩みを中心に
(1) 学習指導要領の誕生まで
——新教育方針について——
(2) 学習指導要領の誕生
(3) 本格的な学習指導要領の誕生
2．学習指導要領の基準性、弾力性、法的拘束性を中心に
(1) 学習指導要領（教育課程の基準）の基準性について
(2) 学習指導要領の弾力性について

(3) 学習指導要領の弾力性と法的拘束性との整合性ある理解の仕方について
(4) 締めくくりに
(表) 学習指導要領の基準の種類ごとの自由度（まとめ）

第二章　学力調査の適法性と意義 ……93頁
学力調査最高裁判決（永山中学校事件）から――その二

一．昭和36年度全国中学校一せい学力調査の適法性について ……93頁
はじめに
1．学力調査は適法か（教基法10条との関係）
(1) 学力調査の目的について
(2) 学力調査の必要性について
(3) 学力調査の方法が行政調査の枠を越えていないかについて
① 生徒に対する試験という方法をとっていること
② 学校の授業計画を変更させたこと
③ 学習指導要領によって、教師の教育の自由が阻害されたか
④ さまざまな弊害の発生

(4) 学力調査と教基法10条との関係（結論）
2．学力調査と教育の地方自治
——地教委が文部大臣の要求に応じて実施したこと——
3．全体の結び
（関連）
昭和36年度全国中学校一せい学力調査とはどんなものであったか（事実関係）……105頁
はじめに
1．学力調査の前史
2．本格的な学力調査の始まり
(1) 昭和31年度からの全国学力調査の実施
(2) 昭和36年度全国中学校一せい学力調査の実施（事実関係）
（参考）
1．学力調査をめぐる混乱
2．試験と「競争」について
二．平成19年度再開の学力調査の意義について……115頁
はじめに

1．平成19年度学力調査再開の背景と経緯
2．平成19年度からの全国学力・学習状況調査の実施状況
3．全国学力調査の適法性について
4．日教組の対応
（関連）
学力調査を正しく理解するために（二つの基本的な問題への回答）
（表）昭和26年度以降の結果公表の取扱い
第三章　政治と教育 …… 129頁
一．教基法と政治教育 …… 129頁
(1)「政治的教養」の尊重 …… 129頁
はじめに
① 政治的教養の教育の必要性
② 現実的政治問題への対応
イ．学校（校長）として
ロ．担当教員として

③　学校における補助教材の適切な取扱いについて
（関連）
高校生の政治的活動等の指導上の留意点
(2)　学校の政治的中立性の確保……146頁
はじめに
①　「教育の政治的中立」について
②　「教育の政治的中立」を確保するための公立学校の教員の職務遂行のあり方
ア．一般職地方公務員としての無党派性
イ．公立学校の教員としての政治的中立性
ウ．まとめ
③　政治的中立性を保つ政治学習の進め方の工夫
（参考―その一）……156頁
政治的に偏向した教育に関する昭和20年代末の二つの事件
はじめに
1．山口日記事件と大達文部大臣
――偏向教育によって、教育二法制定のきっかけとなった事件――
2．旭丘中学校事件

――偏向教育から、生徒を巻き込んだ「学校の自主管理」へと発展した事件――
（参考―その二）……………………………………168頁
1．教育において、「中立というごときものは存在しえない」との主張について
2．ある作家のエッセーを読んで
――政治との関係で、子供たちを育てる基本姿勢について――
二．政治的行為の規制……………………………………175頁
はじめに
(1)中確法による政治的行為の規制
(2)国家公務員法と人事院規則14―7による政治的行為の規制
――勤務時間外の政治的行為に対する制限――
(3)公職選挙法による規制
①　教育者の地位利用の選挙運動の禁止
②　公務員の地位利用による選挙運動の禁止
（表）公立学校教員と政治とのかかわり（まとめ）
――政治教育と政治的行為――

第四章　平和教育について …… 203頁
はじめに
一、「教え子を再び戦場に送るな」のスローガンとの関連において
（1）スローガンの発表
（2）具体的な教育目標
（3）平和教育の問題点
二、日本の青（壮）年の「国」、「戦争」についての意識について
（1）国内調査
——自国に対する意識について——
問①「自国人であることに誇りを持っているか」
問②「自国のために役に立つようなことがしたいか」
（2）外国調査
——『世界主要国価値観データブック（1981～）』——
問「私たちは勿論、新たな戦争を希望しませんが、もし戦争が起こったら、
あなたは国のために戦いますか」
三、平和教育の内容の改善
（参考）

子供たちからの「問い」（想定）と、
それについての「考え方」について……222頁
はじめに
1．戦争をしないため、日本はどんな努力をしているのですか。
2．日本の平和は、憲法9条があるから守られているのですか。
3．日本が、他国から戦争をしかけられず、平和を守り続けられているのはどうしてですか。
4．「国」と「憲法」との関係について、
「憲法守って、国滅ぶ」とは、どういうことだと理解すればよいのですか。
第五章　国旗、国歌について……229頁
――その定着化への歩みを中心に――
はじめに
一．占領軍の姿勢……230頁
（1）「日の丸」について
（2）「君が代」について
二．敗戦直後の国民の状況とマスコミの姿勢……233頁

(1) 国民の状況とマスコミの主張
(2) 天野文部大臣と君が代
(3) 国際的常識の欠如
三. 文部省・政府の取扱いの変遷 …… 238頁
―昭和時代―
(1) 学習指導要領の変遷
(2) 政府の世論調査
(3) 文部省・政府の国会答弁
(4) 文部省の全国実態調査
―平成時代―
(1) 村山首相の答弁と政府の統一見解
(2) 国旗「日章旗」、国歌「君が代」の法制化
四. 日教組の姿勢と行動 …… 257頁
(1) 国旗、国歌に対する姿勢の変遷
① 昭和時代の姿勢
② 平成時代の姿勢の変化
③ 最近の姿勢

（2）　日教組の活動が残したもの
①　政治と一体になった取組みとそれに対する国民の姿勢
②　子供たちの人間形成への影響
（3）　日教組の反対姿勢を支えてきた社会的背景
五．国旗（日章旗）、国歌（君が代）をめぐる訴訟 ……………… 276頁
はじめに
（事案1）
（事案2）
六．締めくくり ……………… 283頁
はじめに
（知識として習得させるもの）
（養うべき姿勢、態度）
（参考―その一）
「歌う国歌」から「聴く国歌」への提言に寄せて
（参考―その二）
1．国旗「日章旗」（日の丸）と国歌「君が代」の来歴等 ……………… 289頁
（1）「日章旗」（日の丸）の来歴について

(2) 「君が代」の由来について
2. 国旗「日章旗」と国歌「君が代」についての一問一答 …… 301頁

第六章　公立学校教職員の労働基本権
学力調査最高裁判決（岩教組事件）から …… 317頁

はじめに
一. 岩教組事件のあらまし …… 318頁
(1) 事件の発端
(2) 一審、二審の判決の概要
――この事件が最高裁に上告されるまでの経緯――
二. 最高裁の判決の要旨 …… 320頁
(1) 地公法37条1項（争議行為等の禁止）は、合憲である。
① 地方公務員の争議行為等は、なぜ禁止されているのか
イ. 地位の特殊性と職務の公共性があること
ロ. 勤務条件が法令等によって定められていること
ハ. 労働基本権の制約に見合う代償措置が定められていること

② まとめ

(2) 地公法61条4号（争議行為のあおり等の行為に対する罰則）は、合憲である。

① あおり等の行為は、争議行為の原動力となり、社会的に責任の重いものであること

② あおり等の行為は、争議行為の具体的危険性を生ぜしめるものであること

③ あおり等の行為のまとめ

(3) 全体の結び

(関連)

1．3人の裁判官の「補足意見」

2．ＩＬＯ結社の自由委員会の報告

(参考)

1．日教組のストライキについて思うこと

2．文部（科学）大臣と日教組のいわゆる「交渉」について

(関連資料)

(1) 学校教職員の身分（官吏から公務員へ）と活動組織（労働組合から職員団体へ）の変遷

(2) 年度別の日教組・全教加入状況

第七章　「非常事態宣言」の下に行われた二つの争議行為
——「勤務評定制度」と「主任制度」の役割（念のため）——……349頁
はじめに
一．勤務評定制度について……350頁
(1)　制度の概要
(2)　制度の意義と役割（裁判所の指摘）
(3)　平林たい子氏の提言
(4)　期待される役割
二．主任制度について……354頁
(1)　学校という組織の特色
(2)　主任制度が生まれた経緯
(3)　主任制度の趣旨
(4)　期待される役割
（関連）
「主任手当」の拠出問題について

第八章　日教組への提言……363頁
一．日教組の現実路線への転換の始まり
二．協調・対話路線の定着への期待
三．日教組本部の運営のあり方についての疑問と改善のための提言
終　章……375頁
「こんな教師になってほしい」教師の姿とは
――期待されている姿から、理想的な姿を求めて――

※この目次では、各章のはじめとその他著者が特に強調したい項目のみ頁数を表示しています。

はじめに

1. 戦後70年、新しい歩みを始めるに当たって

○明治5年（１８７３年）、近代学校制度を定めた「学則」が発布されて、すでに１４０年以上を経過し、明治、大正、昭和を経て、平成もすでに29年（２０１７年）を迎えています。

　この間、いわゆる大東亜戦争・太平洋戦争の敗戦後、我が国はアメリカ軍による占領の下、民主国家、平和国家、文化国家として生まれ変わる決意をもって、昭和22年（１９４７年）、新しい学校教育制度を発足させました。そして、一昨年、戦後70年を迎え、今年、平成29年（２０１７年）には、新しい学校教育制度が生まれて70年(注)を迎えようとしています。

（注）昭和22年6月8日に結成された日本教職員組合（以下「日教組」という。）も、今年、同じく結成70年を迎えます。

○ところで、文部省の戦後70年の歴史は、それまでとは全く異なり、我が国最大の教職員の団体である日教組の存在を抜きにしては語れない一面をもっています。31年間の文部省在職中、6か所、およそその三分の一の期間、日教組関連の仕事を担当してきた私は、すでに20数年前、文部省を去る日が近づくにつれて、日教組と深くかかわった一人の人間として、教員の皆さんに「こんな教師になってほしい」

と思い続けてきたことをぜひ書き残したいと考えるようになり、このことをかねてより畏敬する今村武俊先輩（29頁参照）に相談し、励ましを受けました。

○ところが、文部省をほぼ24年前に退職した私は、その後、スポーツの振興を図る特殊法人理事長等と併行し、中学校、高等学校を含む学校法人の理事、理事長として、学校教育関係の仕事に22年半も携ることになり、引き続き、文部省在職中とは違った立場から先生方の活動振りについて、関心を持ち続けていました。そして、平成26年12月、外でのすべての仕事を離れたのを機会に、――先輩の誰もがまだ手をつけていないのを確認した上、年齢や浅学菲才であることも顧みず――終生、教育に強い関心を持ち続けた一人の人間として、戦後の歴史の中から、時を越えた最も基本的なテーマをいくつか選び、先生方に子供たちの教育はこうあってほしいという思いを伝えるため、この本を書くこととしました。この本が日教組という組合の教員の皆さんは勿論、日教組以外の団体に加入し、あるいは全くどの団体にも加入していない教員の皆さん(注)にもぜひ読んでいただき、多くの先生方の児童・生徒が教育に向かう気構えに、いささかでも何か新しいものをつけ加えていただくことになれば幸いです。

（注）現在、どの団体に所属する教職員が、それぞれ、どれだけいるか、そして、全くどの団体にも所属していない教職員がどれだけ多い（全体の約70％）か、その状況については、３４６頁の表とその説明を参考にしてください。なお、この本では、もっぱら日教組との間で生じた問題を取り上げていますが、その結果の解説は、公立学校の

先生だけでなく、国立や私立の小・中・高校の先生方にも参考にしていただけるものが多いと考えています。

○ところで、文部省と日教組の70年の歴史は、前半の40数年（ほぼ、昭和時代と重なっています。）と後半の20数年（ほぼ、平成年代と重なっています。）に分けられますが、この本では、このうち、日教組が「日教組らしい活動(注)」をしていた前半の40数年の間に生じた事案を中心にまとめています。

(注) 昭和30～50年代にかけて、ストライキ（名目は、「一斉休暇闘争」）をくり返し、保護者だけでなく世間一般の人たちからも、「日教組の先生はストばかりして、子供の教育は大丈夫なのか」と、実際にあちこちで心配の声がささやかれていました。そして、当時の教師を教師の本来あるべき姿からみて、「反面教師」ということばで語られていた時期があったのです。

○この期間の日教組は、文部省が実施しようとする新しい施策で自分たちの組織にとって重大な影響を与えると考えるもの(注)については、それに反対し阻止するため、組合員に違法な一斉休暇闘争（スト）を呼びかけて実行させていました。この点については、当時、日教組の活動を支援していたある教育法学者から、次のような呼びかけが行われていたのです。

「法令の解釈は種々ありうるが、いずれの解釈が正当性の玉座を占めるかは、「法をめぐる闘争」を通じてかちとるべきであり、権力を背景とする解釈に盲従することは、正義のための闘いを最初から放棄する誤った態度といわねばならない。」

そこで、ストに参加して懲戒処分を受けた組合員は、「法をめぐる闘争」すなわち処分の取消しを求めて裁判所へ提訴し、裁判所から文部省の施策が適法か違法かの判断を求めることにしていたのですが、その判断は最終的には最高裁判所（以下、「最高裁」という。）から示されます。前述した学者は、文部省の「権力を背景とする解釈に盲従」しないで、日教組にここまでやることを奨励していたのです。

（注）それは、大きくは、① 教育そのものに関するものと、② 組合（組合員）の組織防衛に関するものと、③ 組合員の労働基本権に関するものに大別されます。

①に属する具体的事例としては、教師の教育権、国家の教育権、文部省の権限（内的事項、外的事項）、学習指導要領の大綱的基準性、学力調査、国旗、国歌の問題など

②に属する具体的事例としては、職員会議、勤務評定、教頭の法制化、5段階賃金制、主任制度（手当を含む）、研修の問題など

③に属する具体的事例としては、スト権奪還、人事院勧告の完全実施の問題など

○ このようにして、昭和時代には、中央、地方でさまざまな問題についてストと裁判所への提訴がくり返され、そして、学校教育のあり方、教職員のあり方等に関する基本的な問題については、国旗、国歌の問題を除いて、昭和年代にほとんど裁判所（最終的には最高裁）の判断が示されました。中でも、そ

の影響を広くそして深く残したのは、昭和51年5月21日の学力調査に関する「永山中学校事件」「岩教組事件」最高裁判決[注]でした。日教組の立場からは、後述するように、この判決によってそれまで最も重要であると考えてきた教員の「教育権」の確保と「スト権」の奪還の問題に関して最終的な結論が出て、これ以上新たにストを行って裁判所の判断を求めるような案件は、ほとんどなくなっていたのです。

（注）この判決は、私が地方課の課長補佐として、この訴訟の担当者であった時に出されたもので、特に思い出深いものがあります。

○ また、昭和49年4月、春闘統一行動の中で、日教組は、「スト権の奪還」を大きな柱として、全国規模の初めての全一日ストを実施したのですが、そのストをあおり、そそのかしたとして槇枝委員長ら4人の幹部が地方公務員法違反で逮捕、起訴されました。そこで、日教組は、例によってこの事件をILOに違法であると提訴したのですが、「結社の自由委員会」は、昭和53年、この提訴を結社の自由の侵害には当たらないとして斥けたのです。

これによって、ストライキに関する文部省の指導と最高裁の判決を、外圧（国際機関の判断）によってくつがえそうとしてきた日教組のいわゆる「ILO頼り」の姿勢は、根本的な再検討を迫られることになったのです（詳細は、第六章で説明します。）。

○こうして、平成に入って早々、日教組の分裂を含む内外の政治、社会状勢が激変する中で、日教組本部としては、後述するように文部省や教育委員会との間で「対話」と「協調」を基本としたストのないいわゆる現実路線に向って動き始めることになったのです。

以上のような事情から、「日教組らしい日教組」の姿とその活動の本質的部分は、昭和年代を知ることで十分把握することができると考えているのです。そして私は、丁度その頃まで、文部省の職員として勤務していました。

○そこで本書では、戦後70年の前半（昭和時代）の歴史の中で、文部省にとっても日教組にとっても極めて重要な案件で、しかも最高裁から判決が出ているものを中心(注)に解説しています。その案件は昭和年代に生じたものが中心ですが、その内容はたとえ、将来、学校教育の制度上、運用上の大きな改革が進んだとしても、教師の皆さんの日常の教育活動にいつまでも、立派に生かしていただけるいわば「古くて新しい」大切なものばかりです。

中でも、前述した51年の学力調査に関する判決の中で、最高裁の15人の裁判官が全員一致の意見で私たちに訴えかけている深い「願い」に注目していただきたいのです。その「願い」とは、今後は、教育行政側（文部省、教育委員会）も学校側（校長、教職員）も共に、判決に示されている憲法、教育基本法（以下「教基法」という。）の趣旨を尊重しつつ、互いの立場を理解し、協力し合って、子供たちの教育のために取り組んでほしいと真剣に訴えかけているということです。このことを、本書を読んでいただくすべての皆さんに、ぜひ、理解し、受け止めていただきたいと心から願っています。

（注）国旗「日章旗」国歌「君が代」についての最高裁の判決は、昭和年代にはなく少し遅れて平成18年から立て続けに出始めました。したがって、後述する国旗、国歌については、昭和にとどまらず、平成時代に入ってからの記述が多くなっています。

○　くり返しますが、戦後70年、新しい歩みを始めるに当たって、この本によって、学校現場の教師の皆さんが、「過去」から大切なものを学び、教師としての自らの役割と「現在」の実際の働きぶりを改めて見つめ直し、新しい知見を加え、「将来」に向って、新たな自信と希望をもって子供たちへの日常の教育活動に取り組んでいただくことを期待しています。。

2. 日教組と私

(1) 私の初仕事 (自己紹介を兼ねて)

○ 高校生、大学生の頃、母から「教育は大事だよ」「先生は大切だよ」という言葉をいく度となく聞かされ、また、8歳年上の姉が小学校の教員として、生き生きと職場に通っていた姿を毎日のように見慣れていた私にとって、大学卒業後、国家公務員として文部省を選ぶことに、何のためらいもありませんでした。

○ その私が文部省へ入省後、初等中等教育局の地方課(当時、省内では「日教組対策課」と呼ばれていました。)を中心に、学校の普通教育(とりわけ義務教育)を担当する教員に関する仕事に、文部省の内外合わせて6回(合計およそ10年以上)携わることになるとは思ってもいなかったことでした。その地方課の初めての勤務で、私は、文部省の職員として、学校の先生方への向き合い方を決めることになった大切な人に遭遇したのです。少し長くなりますが、およそ10年以上前に「国立教育政策研究所」の研究員から受けたインタビュー(注)に答えた記事の関係部分を掲載して、私の自己紹介とさせていただきます。併せて、昭和40年代のはじめ頃、「教員の宿日直の廃止」はこのようにして着手された、ということを知って下されば幸いです。

(注)「戦後教育法制の形成過程に関する実証的調査研究」逸見博昌氏インタビュー記録

（逸見）「私は、地方課に、専門職員（係長）、課長補佐、そして課長と3回在職しました。このほか地方課関連の仕事をする部署にも、内外合わせて3つ勤務しました。（中略）

そのうち地方課在職中の私にとって忘れられないのは、地方課長の大先輩で、当時初中局審議官であった今村武俊氏（昭和28年5月から29年12月まで、大達文部大臣の秘書官をされていたことについては、後述します。）から、行政マンの仕事とりわけ日教組に対する仕事はこういうふうに取り組むものだということを、あるときは、その後ろ姿を見て、あるときは、具体的な指導を受けて教えられたことです。そのうちの一つ、私が地方課の専門職員（昭42・4・15〜昭43・4・10）として、その指導を受けながら「教員の宿日直廃止」の仕事に取り組んだときの思い出が強く心に残っています。

昭和42年当時、小・中学校の夜間や休日の施設の維持管理は、教職員の宿日直によって行われていました。これに対して日教組は、教諭の職務を定めた学校教育法には、「教諭は、児童（生徒）の教育を掌る」と書いてあることを根拠にして、宿日直は教員の仕事ではない、そしてこれをやると疲れて、翌日の子供たちへの教育がおろそかになると主張し、文部省に対して、教員の宿日直廃止を求めて、激しい運動を展開していました。

しかし、この日教組からの訴えに対して、当時、下級裁判所のものではありますが、学校教育法の教諭の職務規定は、教諭の主たる職務を定めたもので、校長が、学校の管理上、必要があると認めて教諭に宿日直を命ずることは違法ではないという趣旨の判決が、すでにいくつか出ていました。したがって、地方課では、その判決の趣旨にそって県教委を通じ、市町村教委、市町村立学校長を指導していました。その結果、学校現場では、教員の宿日直をめぐって、校長と教員の間でいざこざが絶えないという状態が続いていたのです。

こんな状況の中、今村審議官は、判決の内容は正しく、文部省にとっては大変有難いが、宿日直は、教員の仕事ではあっても本務ではなくいわば付随的業務（日教組の立場からは「雑務」）であるから、教員がこれをやらなくてもすむようにして、児童（生徒）への教育に専念して教育効果を高めてもらうようにしようと提案され、そして、教員の宿日直をやめるためには、文部省としてどんな措置をとったらよいか検討するようにと指示がありました。そこで、私たちは、学校の出入口を頑丈にして、しっかり施錠すること、窓枠を堅固なものとすること、耐火用金庫・書庫を備えること、非常警報装置をつけること、非常勤の警備員を配置することなどが必要ではないかと提案しました。

そして地方課では、このようなさまざまな防犯、防火の対策をとって教員による宿日直を廃止しようとする市町村（学校）に対して、その事業に必要な補助金を出すことにし、必要な予算を大蔵省に要求しました。これは、大蔵省にとっても、教員の給与費のうち宿日直手当がいらなくなるというメリットがあり、乗れない話ではなく、翌年度から、教員の宿日直廃止を進めるために必要な予算がつきました。こうして、教員を付随的業務＝「雑務」から解放して、児童・生徒の教育に専念してもらうため、教員の宿日直の廃止を全国に進めていったのです。

当時はまだ、いわゆる文部省対日教組の対立が鮮明で、厳しい対立関係が続いており、しかも、夜間等に学校に先生がいることは、明治時代から続いている良き慣行であり、訴訟では教員の宿日直は認められていたため、なぜ今、日教組のためにそこまでするのかという一部からの声がある中で、教員の宿日直を廃止して、学校内の校長と教員の間のいざこざのタネを一つでもなくしてしまうほか、教員の勤務条件を改善して、児童・生徒への教育がよりよいものとなるようにしたいという今村審議官（当時、日教組の違法行為には、最も厳しい姿勢で私たちを指導されていました。）の前向きな着想と行動力が、以後の私の日教組に対する仕事の取組み方に、大いに役立つことになったのです。」

○ (2) 大場昭寿氏との思い出

私が地方課長在職時（昭和59〜60年）に、当時、日教組の教宣部長であった大場昭寿氏（後に、昭和63年6月、書記長、平成2年6月、第8代中央執行委員長）から、2人の同僚と一緒に話し合いたいとの申入れがあり、来省されました。

そのとき、私は文部省と日教組がいつまでも対決し合うのは止めて、今日のこの場のようにいろいろなレベルで、共通の問題について本音で話し合う機会をつくりましょうと日頃の持論を提案しました。

そのとき大場氏が、「これまで、日教組に対して一番厳しい態度をとっていると聞いていた文部省の地方課長から、こんなことを言われるとは考えてもいなかった」と、明るい表情で大変驚かれた姿を、今でもはっきりと思い出すことができます。

○　それから数年後、私が初等中等教育局審議官として地方課の仕事を外から見守っていた平成2年6月、日教組の動向に関して、前述した数年前の大場氏との話し合いの線に沿った、極めて喜ばしい、しかも大切な情報に接しました。

それは、日教組の第72回定期大会で、日教組史上初めて、国と地方の教育行政当局に対するそれまでの「対決」「反対、阻止、粉砕」の姿勢から、「参加、提言、改革」のいわゆる現実路線への転換を図る新しいスローガンが提案され、しかも、それに対してさまざまな厳しい異論、反論が出る中で、当時書記長となっていた大場氏が、日教組としての主体性を維持しつつ、路線の幅を拡大するための転換であると説明し、無事、採択されたというのです。

当時、日教組の内外では激変が続き、とりわけ支持政党である社会党の基盤の低落とそれに伴う政策の大転換があったことを理解しつつも、あれだけ長年月にわたり強く、かたくなな態度をとり続けてきた大集団、日教組を、ここまで導いた書記長が、たまたま数年前に親しく会話を交わして以来、年に一度の心の交流を重ねてきた大場氏であったことに、何とも言えない感慨を抱くとともに、その努力に心から敬意を表していました。

第一章　子供の教育内容に対する国の介入は、どこまで許されるか

学力調査最高裁判決（永山中学校事件）から――その一

序論

その一　学力調査の適法性をめぐる論争点について

○昭和51年5月21日、最高裁から、教育界のみならず法学の分野においても注目を引いていたいわゆる学力調査に関する事例についての上告審判決が出されました。

　同時に判決が出された二つの事件(注1)のうち、いわゆる「永山中学校事件」の判決では、直接に検討の対象となったのは、昭和36年10月26日、全国一斉に行われた中学2、3年生に対する学力調査の適法性の問題でした。

　そして、その主たる論点は、当然のことながら、この学力調査が適法か違法かということなのですが、それを判定するためには、子供の教育の内容を決定する権能は、一体、誰にあるのかという問題に答えるとともに、教育と教育行政（とりわけ文部省）との関係(注2)についても明確にしなければなりません。学力調査事件が、全体としていわゆる「教育権」が誰にあるのかというい わば教育の根本に関する論争を巻き起こしたのは、そのためなのです。

（注1） 同時に出されたもう一つの事件は、いわゆる「岩教組事件」で、これは、公立学校の教職員の労働基本権の問題についての判断を示したもので、これについては、別途後述します（第六章）。

（注2） その中心となるのは、学力調査の実施主体で、国の教育行政機関である文部省が、普通教育とりわけ義務教育の内容・方法について、どこまで介入できるのか、その限界はどこにあるのかという問題です。これについては、第一章の二及び三で説明します。

○「永山中学校事件」最高裁判決は、学力調査の適法性を導き出す前提として、義務教育段階の教育内容の取扱いをめぐって、それまで文部省の見解と日教組の主張がことごとく対立していたいくつかの重要な問題について、どう理解し、どう解決すべきかを明らかにした極めて画期的な意義をもつものでした。

以下、この最高裁の判決の趣旨を踏まえて、それまで争いの絶えなかった教育内容に関連する問題を、次の三つにしぼって説明します[注]。

1．教師の教育の自由と国の教育権能について
（子供の教育内容を決定する権能は誰にあるのか）
――憲法の解釈――

2．教育に対する「不当な支配」について
――教基法10条1項の解釈――

3．学習指導要領の「大綱的基準」について
——教基法10条2項の解釈——

(注)「永山中学校事件」の直接の審理の対象であった、学力調査の適法性の問題については、次の第二章で述べることとします。

その二　教育の国家統制反対を基調とする教師の教育権の主張（昭和30年代～40年代前半）について

本論すなわち前述した三つの問題の説明に入る前に、ここで、この最高裁の判決が出る前の昭和30年代から40年代にかけて、教育内容の国家統制反対を基調とする教師の「教育権」ないしは「教育の自由」が、日教組とそれを支持する学者等によって主張された背景と、その内容について説明します。

(1) 教育の国家統制反対の主張の背景

○ 昭和27年4月28日、我が国は独立を回復し、文部省では、占領下に発足した新学校教育制度とその教育内容について、抜本的な再検討に着手し、まず、昭和28年8月、教科書検定制度について、問題の多かったいわゆる地方検定制度を廃止（学校教育法等の一部改正）して、文部大臣の教科書検定の権限を明らかにしました(注)。

（注）教科書検定は、当分の間、文部大臣が行うこととされていたのですが、その後、用紙割当制が廃止されるまでは文部大臣が行い、建前としては、都道府県教育委員会（教育委員会法）又は都道府県知事（私立学校法）が行うべきものとされたのですが、このいわゆる地方検定制度には、技術的、経済的に困難性があるばかりでなく教育的に問題点が多く、中央検定を支持する声が強かったのです。

○ また、ＧＨＱの指導と指示の下に作られた昭和22年と26年の小・中学校の学習指導要領を、我が国の実状に即して改めることが重要な課題であり、昭和33年10月、小学校と中学校の学習指導要領を改訂して、文部省告示として官報で公示しました。

この33年の学習指導要領では、道徳の時間を特設（週一回）し、道徳教育の徹底を図ったほか、学校行事等で初めて「国旗を掲揚し、君が代をせい唱させることが望ましい」と定めたこと、そして、学習指導要領そのものに教育課程の国家基準としての性格すなわち法的拘束力をもたせたこと（それまでの学習指導要領は、教師のための「手びき」であり、「試案」とされていたのです。）が特筆すべきことでした。日教組は、この学習指導要領の改訂について、教育内容について国家統制を強めるものとして、激しい反対の態度を示していました。

○ 他方、文部省では、早くも昭和31年から、学習指導の改善に役立てるとともに、教育条件を整備する資料を得るため、学力調査（５％程度の抽出調査）を実施していましたが、より幅広く適切な資料が必要であるため、昭和36年、中学2、3年を対象に悉皆《しっかい》調査を実施しました。

これに対して、日教組は、学力調査の目的を正しく理解せず（これを「学テ」と呼んで、当時流行していた市販のテストと同一扱いをしていました。）、学習指導要領に法的拘束力を持たせた上、学力調査によってその徹底を図り、教育の国家統制を図るために行うものであると、強い反対闘争を展開したのです。

○　このような動きとは別に、昭和28年、29年にかけて、全国的に偏向教育すなわち教育の政治的中立性が守られていない事態（後述する「山口日記事件」「京都旭丘中事件」などが典型的な例）が多発していたため、文部省はこれを正常化に向かわせるため、二つの法律案の成立を目指しました。一つは「教育公務員特例法」（以下、「教特法」という。）の一部を改正して、公立学校の教職員の政治活動の制限を国家公務員並みにしようとする（禁止区域を全国とする。ただし、違反に罰則は適用しない。）ものであり、いま一つは、「義務教育諸学校における教育の政治的中立の確保に関する臨時措置法」（以下「中確法」という。）を制定しようとするものでした（これらはいずれも、昭和29年6月に成立し、施行されました。）。

これに対して、日教組は、教育の国家統制の危機とこれに対する教育防衛闘争を呼びかけ、民主教育を守るためとして激しい反対闘争をくり広げたのです。

(2) 教師の教育権ないしは教育の自由の主張について

前述したような文部省の施策に対し、日教組が国の教育内容への介入反対と国家統制阻止を掲げて激しい反対闘争を続けている中、その活動を支援し、理論的根拠を提供していた学者、下級裁判所等らの教師の「教育権」ないしは「教育の自由」とは、一体、いかなる主張であったのか、ここで、その代表的な2人の見解を紹介します。

① 宗像誠也氏の見解(昭和30年代)

昭和30年代に、学テ反対、勤評反対等、教育の国家統制に反対するために闘う日教組の活動に、理論というよりも闘争のための指針を提供していた代表者は、宗像誠也氏(当時、東京大学教育学部教授)でした。宗像氏の著書の中から[注]、教師の「教育権」についての構想を、順不同で紹介します。

(注)『教育と教育政策』岩波書店

なお、そこには、現行の憲法、教育基本法等の解釈によって導き出されるものではなく、次に見るように、いわば教育に対して、教師と国はかくあるべしという立法論ないしは理想論が展開されています。

- 国家から解放された教育権、解放されたというのは、法的に解放されたのだ。教基法[注]は、「教育権」を国家の独占から解放することを規定している。

（注）教基法は、教育内容を決定する権能の所在について、直接、規定するものではありません。それは、最高裁が指摘しているように憲法の役割なのです。

教基法10条は、教育の内容、方法の決定について、国が定める法律によってその役割を与えられた文部省（文部省は、国そのものではなく、国の教育行政機関なのです。）が、それにどこまで関与することができるのか、そして、どこに限界があるのかについて定めているのです。

・教育権が国家の独占から解放されたとなると、親と教師の教育権を守らなければならなくなる。国家から解放された教育権は、国民の手に移ったのだということになる。

・親の教育権は自然的権利と考えられるが、教師の教育権は何にもとづくのか。教師は、事実子どもを直接教育している。子どもの前に立ち、人格に影響を与える行動をしている。

・教師は、いったい何の根拠があって、人の子を教育するなどという大それたことをしているのか。教師の教育権は、教師が真理の代理者たることに基づくというほかないと考える。真理の代理者とは、真理を伝える者、真理を子どもの心に根づかせ、生かし、真理創造の力を子どもにもたせるものというような意味である。

真理の代理者という言い方は、ちょっとわかりにくいかも知れない。もし、真理の代りに「文化」という字を用いれば、いっそうわかりやすいだろう。

・真理の代理者たることは、親一般には期待できないことである。真理の代理者たることは、そのことを専門職業とする人を必要とする、それが教師だと私は考える。小学校から大学までの教師を通じて。

・真理の代理者としての教師の「教育権」は、権力の統制を受けるべきではないという意味で自由である。

・それならば、真理はどのようにして得られるか、不断の自由な研究によってであり、それ以外ではあり得ない。教師は自発的に勉強しなければならない。ここに教師の研修の問題がある。

② いわゆる杉本判決の主張（昭和40年代）

国家と教育の関係が本格的な問題となったのは、いわゆる教科書裁判からであったといえます。昭和40年、家永三郎氏（当時、東京教育大学教授）が、自著の検定に際し、当初はもっぱら「表現の自由」をめぐって、教科書検定が検閲に該当するか否かが争いの中心とされていたのです。ところが、多くの学者等からの支援を受けつつ、やがて、教育権論争に重点が移り、家永氏自身も教科書裁判は、「国家権力と教育との根本問題を問う訴訟」であると主張するようになったのです。

そして、このような流れに乗って、「国民の教育の自由」論が最も華やかに脚光を浴びたのは、昭和45年、原告の家永氏側が勝訴を勝ちとったいわゆる杉本判決が出たときでした。(注)

（注）この教科書不合格処分取消し訴訟事件（第2次訴訟）の判決に対して、文部省は控訴し、昭和57年最高裁では二審判決を破棄し、東京高裁に差戻しの判決が出されました。そして、平成元年、差戻し審では訴え却下の判決が出され、結局、原告敗訴でこの訴訟は終了しました。

この杉本良吉判事を裁判長とする教科書裁判第一審判決では、文部省側の主張やさまざまな学説等を踏まえつつ、憲法、教育基本法等について幅広く、詳細に論じられていますが、ここでは、判決文から、憲法23条が教師の「教育の自由」を保障していると主張している部分を中心に順不同で紹介します。

・教育は、児童、生徒の心身の発達段階に応じ、児童が真に教えられたところを理解し、自らの人間性を開発していくことができるような形でなされなければならず、……このような教育的配慮は、右の点を内容とするものでなければならない。

・教育は、教師と生徒との間で、両者の人格的・精神的なつながりをもとに行われるのであるから、この実際の教育ができるだけ理想的に行われるように配慮し、その環境を整えることが何よりも重視されている。

・そして、このような教育的配慮が正しくなされるためには、児童、生徒の心身の発達、心理、社会環境との関連等について科学的知識が不可欠であり、教育学はまさにこのような科学である。すなわち、こうした教育的配慮をなすこと自体が一つの学門的実践であり、学問と教育とは本質的に不可分一体というべきである。

・してみれば、憲法23条は、教師に対し、学問研究の自由はもちろんのこと、学問研究の結果自らの正当とする学問的見解を教授する自由をも保障していると解するのが相当である。

・もっとも、実際問題として、現在の教師には学問研究の諸条件が整備されているとはいいがたく、したがって、教育ないし教授の自由は、主として大学における教授について認められるというべきであろうが、下級教育機関における教師についても、基本的には、教育の自由の保障は否定されていないというべきである。

・子どもの教育を受ける権利に対応して、子どもを教育する責務をになうものは親を中心として国民全体であると考えられる。……家庭教育、私立学校の設置などは、このような親をはじめとする国民の自然的責務に由来するものというべきものである。このような国民の教育の責務は、いわゆる国家教育権に対する概念として国民の教育の自由とよばれる……。

③ 右の①及び②の両者に共通する問題点

○ 戦前の我が国の学校現場では、国家による強い支配の下、上命下服の組織の中で、教育活動については、「教師は、(国定) 教科書に書かれてあることをそのまま児童や生徒に伝えていけば、教師としての責任を果たしたことになった」(文部省「学制八十年史」(昭和29年発行)) といわれていました。したがって、教師個人の責任ある判断・行動が求められたり、教師の自由な創意工夫を生かした教育活動が行われることもなく、すべてが形式的、画一的に処理されるというような状態が続いていたといわれています。戦後の我が国の教育理念が、このような状況に対する反省と、悪しき弊害の徹底的な除去という観点から出発しており、戦後の教育にたずさわるすべての者が、このことを強く念頭に置かなければならなかったのは、当然のことです。

○ところで、前述した宗像、杉本両氏は、上述したような戦前・戦中の国家と教師との関係を、あるべき姿に正すことを目指したはずですが、実際には、戦前とは逆の方向に行き過ぎ、教師の立場を重視する余り、国の立場をほとんど考慮しない主張が述べられています。すなわち、教師には教育の自由が保障され、理想的な教育活動が展開されることが期待されている反面、国は教育の内容・方法については、ほとんど口出しできないこととされているのです。

もちろん、教師の創造的、弾力的な教育活動は、可能な限り、尊重されなければなりませんが、他方、現在の学校教育は公教育制度として営まれており、普通教育とりわけ義務教育については、教育の機会均等の確保などの目的のため、すなわち子供たちが日本のどこで学んでも等しい教育が受けられるよう、その内容について国家がある程度関与することは当然のことなのです(注)。そして、国と教師が、それぞれの憲法上の立場と役割を正しく理解し、信頼し合って、子供たちの教育のため一つにまとまって協力することが望まれるのです。

（注）このことについては、最高裁判決の趣旨を踏まえて、次の「一．教師の教育の自由と国の教育権能について」で詳述しています。

○　なお、公立の小・中・高等学校を前提とした場合、これらの学校の教師は、誰もが教員であり、教育公務員であり、勤労者であるほか、教職員組合の組合員（昭和40～45年当時の日教組の組織率は、60％前後でしたが、ストライキの度に、本部からの指示に基づき、かなりの教職員がこれに参加していました。）であったり政党の党員であったりといくつもの身分を併せ持ち、重層的な意識を抱えて生活しているのです。これに対して、両氏からは、教師以外のすべての立場から自由ないわば完全無欠な聖職者教師によって、理想的な教育活動が行われることが期待されており、余りにも現実離れした教師像が求められているように思われます。

しかし学校の教師に対して、一般の国民が求めているのは、「聖職者教師」でも、「労働者教員」でもなく、子供たちとの毎日の生活に一喜一憂しながら、その育成に一生懸命に努力しているいわば温かい血の通った「教師らしい教師」ではないでしょうか。

一・教師の教育の自由と国の教育権能について
（子供の教育内容を決定する権能は誰にあるのか）
——憲法の解釈——

はじめに

○昭和51年5月21日の「永山中学校事件」において、最高裁から、子供の教育内容を決定する権能は誰にあるのかについて、15人の裁判官全員一致の意見による最高裁らしい良識に裏付けられた判決が出されました。

それは、① 近代教育（公教育制度）の成立の歴史をたどり、② 教育に関して、国家と教師が実際に果たしている役割と、果たすべき役割をしっかりと把握し、③ それまで、官・民双方の立場から出されていたさまざまな見解にも目を通し、④ 弁護則と検察官側の主張にも、十分、耳を傾け、⑤最終的には、教育内容の決定について矛盾・対立する双方の主張が、それぞれ憲法上の解釈としてどこまで認められるか、あるいは認められないかを慎重に見極め、説得力のある結論を導き出しました。そこには、双方が無益な対立を避け、それぞれの役割をしっかり自覚し、一致して子供の教育に協力し合うようにとの強い願いが込められているのです。

○　以下、この判決の趣旨を踏まえて、児童、生徒の教育に直接携わる教師の皆さんにとって最も基本的で、最も大切な問題である「子供の教育内容を決定する権能は誰にあるのか」について説明することとします。その際、この一、においても、また、次の二、三、においても同様ですが、最高裁の判断をしっかり理解していただくため、私の考えを述べることはできるだけ控え、判決の趣旨を可能な限り忠実に記述することとしました。

(1)　子供の教育に対する関心の高まりと衝突

子供の教育は、子供が人格を形成していく基礎となる能力を身につけさせるために必要であるとともに、共同社会の存続と発展のためにも欠くことのできないものなのです。

そして、子供の教育は、専ら子供の利益のために行われるべきものであり、本来的には、関係者らがその目的のために一致協力して行うべきものでありますが、何が子供の利益であり、また、そのために何が必要であるかについては、意見の対立が生じ、そのために教育内容の決定についても対立する主張が起きるのを免れることはできないのです。

(2)　二つの対立する見解

ここで、「永山中学校事件」が最高裁に上告された際の検察官側（いわば文部省の立場）と、弁護人側（いわば日教組の立場）の主張が、それぞれ、どのように対立していたかを見ることにします。

イ．まず、検察官側の主張を要約しますと、親を含む国民全体の教育意思は、議会制民主主義の下においては、国会における法律の制定を通して具体化されている。したがって、法律は当然に、公教育における教育の内容・方法についても、包括的にこれを定めることができる。そして、国の教育行政機関（文部省）も、法律の授権に基づく限り、広くこれらの事項について決定する権限を有するというのです。

ロ．これに対して、弁護人側は、子供の教育の内容・方法については、国は原則として介入権能をもたず、教育はその実施に当たる教師が教育専門家としての立場から、国民全体に対して教育的、文化的責任を負うような形でその内容・方法を規定し、遂行すべきである。このことは、憲法23条（学問の自由）に含まれる教授の自由が普通教育にも及ぶと解されることによって裏付けられていると主張しているのです。

(3) 最高裁の判断

最高裁は、上記の二つの主張は、いずれも極端かつ一方的で、そのいずれも全面的には採用することはできないとしています。

そして、憲法がこのような矛盾対立を一義的に解決すべき一定の基準を明示的に示していない(注)ので、最高裁としては、関係者が主張する憲法上の根拠が、それぞれ、どこまで認められるか、あるいは認められないか、憲法の解釈によって明らかにしたいとし、この観点から、子供の教育の内容を決定する権能は誰にあるのかについて、親、教師そして国の憲法上の立場と役割を、それぞれ、次のように導き出しているのです。

（注）この点について最高裁は、憲法26条について、「子どもに与えるべき教育の内容は、国の一般的な政治的意思決定によって決定されるべきか、それともこのような政治的意思の支配・介入から全く自由な社会的、文化的領域内の問題として決定、処理されるべきかを、直接一義的に決定していると解すべき根拠は、どこにもみあたらないのである」と述べています。

① 親の立場と役割について

子供の教育は、その最も始源的かつ基本的な形態としては、親が子供との自然的関係に基づいて子に対して行う養育、監護の作用の一環としてあらわれます。親は子供に対する自然的関係により、子供の将来に対して最も深い関心をもち、かつ、配慮すべき立場にある者として、子供の教育に対する一定の支配権、すなわち子女の教育の自由を有すると認められるのです。

しかし、子供の教育が、社会における重要な共通の関心事となり、いわば社会の公共的課題としていわゆる公教育制度が発展した現在では、子供の教育は、主として公共施設としての国・公・私立の学校を中心として営まれるという状態になっています。そしてこのように公教育制度が整備された段階では、親の教育の自由は、主として家庭教育等学校外における教育や学校選択の自由にあらわれると考えられているのです。

② 教師の立場と役割について

学校において実際に子供の教育の任に当たる教師は、学問の自由を保障した憲法23条によって教授の自由を有し、公権力による支配、介入を受けないで自由に子供の教育内容を決定することができるとする見解について、最高裁は、次のような理由から採用することができないとしています。

確かに憲法の保障する学問の自由は、単に学問研究の自由ばかりでなく、その結果を教授する自由をも含むと解されるし、知識の伝達と能力の開発を主とする普通教育の場においても、例えば教師が公権力によって特定の意見のみを教授することを強制されないという意味において、また、子供の教育が教師と子供との間の直接の人格的接触を通じ、個性に応じて行われなければならないという本質的要請に照らし、教授の具体的内容・方法についてある程度自由な裁量が認められなければならないという意味においては、一定の範囲における教授の自由が保障されるべきことを肯定できないではない。

しかし、小・中・高等学校における普通教育においては、児童・生徒の側に教師から教授される内容を批判する能力がなく、また、教師が児童・生徒に対して強い影響力、支配力を有することを考え、また、普通教育においては、子供の側に学校や教師を選択する余地が乏しく、教育の機会均等を図る上からも、全国的に一定の水準を確保すべき強い要請があることなどを考えると、普通教育における教師に完全な教授の自由を認めることは、到底許されないといわなければならないとしめくくっているのです。

③ 国の立場と役割について

親と教師の立場と役割をそれぞれ前述したように認めた上、最高裁は、それ以外の領域においては、国は、一般に、社会公共的な問題について国民全体の意思を組織的に決定、実現すべき立場にあり、したがって、国政の一部として広く適切な教育政策を樹立、実施すべく、また、しうる者として、憲法上は、あるいは子供自身の利益の擁護のため、あるいは子供の成長に対する社会公共の利益と関心にこたえるため、必要かつ相当と認められる範囲において、教育内容についてもこれを決定する権能を有すると解しているのです。

ただし、最高裁は、国が教育政策を決定するに当たっては、次の二つの立場からの制約があると指摘しています。

イ．一つ目は、政党政治の下で、多数決原理によって行われる国政上の意思決定は、さまざまな政治的要因によって左右されるものですから、本来、人間の内面的価値に関する文化的な営みとして、党派的、政治的観念や利害によって支配されるべきでない教育に、そのような政治的影響が深く入り込む危険があることを考えるときは、教育内容に対する前述のごとき国の介入については、できるだけ抑制的であることが要請されるとしているのです。

すなわち、代表民主制の原理も、人間の人格形成という領域では、万能のものとして機能させることには慎重であるべきことを示唆しているのです。

ロ．二つ目は、子供の教育に当たって、個人の基本的自由を認め、その人格の独立を国政上尊重すべきものとしている憲法の下においては、子供が自由かつ独立の人格として成長することを防げるような国家的介入、例えば、誤った知識や一方的な観念を子供に植えつけるような内容の教育を施すことを強制するようなことは、憲法26条（教育を受ける権利）、13条（個人の尊重）の規定上からも許されないと解することができると指摘しているのです。

なお、教育内容に対する国の介入については、右のイ．・ロ．に述べたような点に十分留意しなければならないのは当然のことですが、最高裁は、このことは、前述したような子供の教育に対する国の正当な理由に基づく合理的な決定権能を否定する理由となるものではない、と追記していることに留意して下さい。

(4) 最高裁判決の意義

○ 前述したとおり、昭和30年代から40年代にかけて、いわゆる「教育権」ということばは、もっぱら教基法10条の問題として日教組とそれを支援する学者等から提起されていました。その内容は、子供を教育する「権限」は国民と教師にあり、国にはないというように、いわば教師と国の両者の立場の違いを際立たせ、権限があるかないかを一刀両断的に割り切るために使われていました。「永山中学校事件」においても、一審、二審までは同様の取扱いを受けていたのです。

○ ところが、最高裁は判決の中で、この「教育権」ということばを避けて、教育に対する国の「権能」、親、教師の「教育の自由」と言い換えています。このことは、そもそも「子供を教育する権利(注)」という意味で「教育権」ということばを使うこと自体が適切ではないと考えていたからではないかと思われます。

(注) 最高裁は、憲法26条の解釈として、「子どもの教育は、教育を施す者の支配的権能ではなく、何よりもまず、子どもの学習する権利に対応し、その充足をはかりうる立場にある者の責務に属する。」と、とらえているのです。

○ この考え方の上に立って、最高裁は、それまでの教育の内容、方法を決めるのは国なのか、国民・教師なのかという二者択一の姿勢を改め、子供の教育に関心をもつ大人たち、すなわち親、教師、国が、それぞれ、どのような事項について、どのような範囲で教育内容を決定する権能ないしは自由を分担し合っているのか、憲法を柔軟に解釈して明らかにしたのです。

○　最高裁は、それまで、文部省と日教組が、長い間、子供たちの教育へのかかわり方をめぐって対決の姿勢を取り続けてきていることを知悉していました。この判決には、前述したようにすべての関係者、すなわち、国も、教育行政機関もそして教員も、この判決の趣旨・内容を正しく理解し、互いに信頼し、協力し合って、学校現場が、子供たちのために少しでもよくなるようにとの最高裁の真摯な「願い」が込められていることを理解しようではありませんか。

教師の教育の自由とその制約について（まとめ）

憲法（最高裁）は、教師の皆さんが、全体として、次のような立場に置かれていることをバランスよく理解して、児童、生徒の教育に当たることを期待しているのです。

（教師としての立場の尊重） ○ 教師は、公権力によって特定の意見のみを教授することを強要されない。 ○ 教育は、教師と子供との間の直接の人格的接触を通じ、その個性に応じて行われなければならない。	**教育の自由**
したがって、 ↓	
（憲法上の自由） ○ 教授の具体的内容・方法について、ある程度自由な裁量が認められなければならない。 ○ 一定範囲における教授の自由が保障されるべきである。	

しかし、

↓

（児童、生徒の立場からくる制約） ○ 児童、生徒には、教授内容を批判する能力がない。 ○ 教師は、児童、生徒に対して強い影響力、支配力をもっている。 ○ 子供の側に、学校や教師を選択する余地が乏しい。 ○ 教育の機会均等を図る上からも、全国的に一定の水準を確保すべき強い要請がある。	**制約**
したがって、 ↓	
（憲法上の制約） ○ 普通教育における教師に、完全な教授の自由を認めることは、とうてい許されない。	

（参考）

1．教育内容等を決める国（注）とは誰か

（注）一般的に国家とは、領土と人民と主権をもち、主権を「立法」「行政」「司法」の三権に分立させた統治機能を備えた政治組織であると定義されます。

○　前述したように、この判決は、憲法解釈としてはじめて「国」が、子供の教育内容を決定する権能を有することを認めているのですが、それでは実際にその役割を担う「国」とは一体誰を指すのでしょうか。これを明らかにするため、判決文の中から関係すると思われる部分（ただし、本文の一の(3)の③の部分と重複しますので、ここではなるべく簡略化します。）を掲載します。

イ．「国」は何ができるのかについて

「……**国**は、国政の一部として広く適切な教育政策を樹立、実施すべく、また、しうる者として……必要かつ相当と認められる範囲において、教育内容についてもこれを決定する権能を有する……」

ロ．「国」の教育の権能を実際に行使するのは誰かについて

「憲法上、**国**は、適切な教育政策を樹立、実施する権能を有し、**国会**は、国の立法機関として、教育の内容及び方法についても、法律により、直接に又は行政機関に授権して必要かつ合理的な規制を

施す権限を有するのみならず、……そのような規制を施すことが要請される場合もありうる……」

○ 先に定義した「国家」の実際の活動は、統治機能として三つに分けられた立法府、行政府、司法府によってそれぞれ行われるのです。このうち、「立法府」すなわち「国会」は、憲法によって「国権の最高機関であって、国の唯一の立法機関である。」(41条)と定められています。そして、上述したイとロを併せ読みますと、最高裁は「国」が実際に適切な教育政策を樹立、実施する主体としては、この「国会」を念頭に置いていると思われます。

すなわち、「全国民を代表する選挙された議員でこれを組織する」(憲法43条)と定められ、かつ、「国権の最高機関であって、国の唯一の立法機関である」国会こそが、教育の内容及び方法について、「法律」で直接に規制するほか、行政機関に授権して、必要かつ合理的な規制を実施させる権限を有すると、最高裁は指摘しているのです。

2. この判決で、憲法上初めて認められた権利ないしは権能

ここでは、詳しい説明は避け、どんなものがあるかを指摘するにとどめます。

(1) 国が「子供の教育内容を決定する権能」を有することを、憲法の解釈として初めて認めた。

(2) 日本国憲法が明文上は定めていない子供に対する「親の教育の自由」と「私学教育の自由」を、憲法の解釈として初めて認めた。

（3）普通教育における教師の「教授の自由」を、制限つきですが、憲法23条の「学問の自由」の保障に含まれることを初めて認めた（昭和38年の東大ポポロ事件最高裁判決の実質的変更）。

（4）憲法26条の教育を受ける権利として、それまではいわゆる「経済的生存権説」の立場から、一定の「学習権」が認められるとしていたのに対し、子供の「学習する権利」を、大人一般に要求する権利として明確に認めた（昭和39年「教科書無償請求事件最高裁判決」の発展）。

二、教育に対する「不当な支配」について

――教基法10条1項の解釈――

はじめに

ここで説明しようとしている教基法10条は、教育と教育行政との関係についての基本原理を明らかにした極めて重要な規定であり、1項において、「教育は、不当な支配に服することなく、国民全体に対し直接に責任を負って行われるべきものである。」と定め、2項において、「教育行政は、この自覚のもとに、教育の目的を遂行するに必要な諸条件の整備確立を目標として行われなければならない。」と定めています。

ところで、教基法は、憲法に定める替わりに、我が国の教育及び教育制度全体を通じる基本理念と基本原理を宣明することを目的として制定された法律です。

この教基法と他の一般の法律との関係について、最高裁は、教基法は「基本法」ではあっても、形式的効力は他の法律と同じです。したがって、後でつくられた法律が特定のことがらを明らかにしたとき、これが教基法に反しても、憲法に反しない限り有効です。ただし、別段の明示の定めのない限りは、教育関係の法令の解釈と運用は、教基法の規定及びその趣旨、目的に合致するようになされねばならない

のであって、その意味では、教基法の規定は、他の法律と異なる意義をもっていると述べています。

教育に対する「不当な支配」について

(1) 日教組等の主張と最高裁の判断

○ 教基法10条1項の規定の解釈として、かつて、日教組をはじめ一部の教育法学者等からは、その文言中にある「国民全体に対し直接に責任を負って」教育を行うのは教師であり、教師が教育内容について完全な自主決定権をもっているのであるから、公権力のそれへの介入は、すべて「不当な支配」になるという主張が行われていました(注)。

○ しかし、「直接に責任を負って」とは、そういう意味ではなく、教師だけでなくおよそ教育に関係する者が実際に教育にたずさわる(教育の内容を決めることを含む。)場合には、「不当な支配」によってゆがめられることなく、自主的に行われなければならないこと、すなわち教育が専ら教育本来の目的に従って行われるべきことを示しているのです。

そして、最高裁は、教師の自主性の尊重は大切であるとしても、「教育内容に対する行政の権力的介入が一切排除されているものであるとの結論を導き出すことは、早計」であると判示し、公権力の介入がすべて「不当な支配」になるという主張を斥けているのです。

（注）ところで、教基法は、平成18年に改正されました。その際、教育が不当な支配に服してはならない旨を定めていた10条1項の趣旨を引き継ぐ形で、新しく16条1項が制定されました。

旧法と異なっている点は、旧法では「教育は、不当な支配に服することなく」の後に、「国民全体に対し直接に責任を負って」とあったのに対し、これを削って、「この法律及び他の法律の定めるところにより」という文言に置き換えたのです。

ところで、昭和22年3月31日公布、施行された教基法10条（教育行政）に書かれていた「教育は、……国民全体に対し直接に責任を負って行われるべき」という文言は、元々、教育が教職員団体からの介入を受けることがないようにとの配慮から入れられていたのです。ところが、時がたつにつれて、その文言が教育行政機関からの教育に対する介入を防ぐためのものであるかのように、学者や教職員団体側から使われてしまったのは、誠に奇妙なことといわざるをえません。

このように、旧法の表現のままですと、立法者の意図とは関係なく、教育行政機関による教育内容に対する介入が、厳しく制約されているとの解釈が生まれる余地があったのです。そこで、今回の改正は、こうした誤った不幸な歴史に終止符を打ち、教育行政機関が、元々、解釈上認められていた教育内容に許容される目的のために必要かつ合理的な介入をすることを、誤解なく可能とするために行われたものなのです。

(2) 文部省の主張と最高裁の判断

○他方、国の教育行政機関である文部省からは、法令に基づいて行政を行う場合は、教基法10条1項にいう「不当な支配」には含まれないという主張が行われていました。

しかし、この点について、最高裁は、次のように判示しています。

教基法10条1項の趣旨は、教育(注1)が国民から信託されたものであり、したがって教育は、この信託にこたえて、国民全体に対して直接責任を負うように行われなければならず、その間において「不当な支配」(注2)によってゆがめられることがあってはならないとして、教基法10条1項は、教育が専ら教育本来の目的に従って行われるべきことを示したものであるというのです。

(注1) ここで「教育」とは、教育全体をさし、学校教育だけでなく、家庭教育、社会教育等も含まれます。学校教育だけでなく家庭教育や社会教育等を含め、およそ広く「教育」には、中立性や不偏不当性が求められるのです。

(注2)「不当な支配」とは、国民全体の意思を代表するとはいえない、例えば、政党、官僚、財界、組合等の一部の社会的勢力ないしは党派的勢力が、教育に不当に介入してくることをいうのです。

○ すなわち、この規定が排斥しているのは、教育が国民の信託にこたえて自主的に行われることをゆがめるような「不当な支配」であって、そのような支配と認められる限り、その主体のいかんは問うところではないのです。したがって、論理的には、教育行政機関が行う行政でも、「不当な支配」に当たる場合がありうることを否定することはできないとしているのです。

(3) 法令に基づく行為に対する最高裁の判断

そこで問題は、行政機関は、通常、法令に基づいて行政を行っていますので、法令に基づく行為が「不当な支配」に当たる場合がありうるかということに帰着するとし、次のように続けています。

○　まず、憲法に適合する有効な他の法律の命ずるところをそのまま執行する教育行政機関の行為がここにいう「不当な支配」となりえないことは明らかであるとしています。

○　そして、前述したように、他の教育関係法律は、教基法の規定及び同法の趣旨、目的に反しないように解釈されなければならないのですから、教育行政機関がこれらの法律を運用する場合（その際、教育行政機関が当該法律の規定が特定的に命じていることを執行する場合すなわち裁量を働かす余地がない場合は別として、裁量を働かせる余地がある場合）は、教基法10条1項にいう「不当な支配」とならないように配慮しなければならない拘束を受けると解されますので、その意味において、教基法10条1項は、いわゆる法令に基づく教育行政機関の行為にも適用があると判示しています。すなわち教育行政機関の法令に基づく行為であっても、その結果が教基法の規定の趣旨、目的に反するときは、「不当な支配」となることもありうるのです。

○　一般論としてはそのとおりであり、したがって、教育行政機関の法令に基づく行為であっても、その関与が「不当な支配」に当たるかどうかが、具体的に判断されることになるのです。

(4) まとめ

結局、教基法（平成18年の改正のあるなしにかかわらず）によって、およそ教育に関係するすべての者、したがって、広くは、一般国民、児童生徒の保護者等を含み、とりわけ児童生徒の教育に直接たずさわる学校の教員、教育行政機関である教育委員会や文部省の職員などは、教基法はもとよりその他の法律に従って、「不当な支配」は行わず、中立で、公正な教育に、しっかりと取り組むことが求められているのです。

（関連）

「不当な支配」の主体について

○　これまで、「不当な支配」の主体となるのは、もっぱら教育行政機関で、その被害を受けるのは教師と児童・生徒であり、教育の自主制を確保するためには、教育行政の教育の内容、方法への不介入が必要であると強調する見解ばかりが、声高に叫ばれてきていたことについては前述しました。

しかし、変転めまぐるしい近年の社会の状況の中で、価値観が多様化し、さまざまな立場からの教育への要求や干渉も多面的となり、そこに教育に対する「不当な支配」が生ずるおそれもありますので、今後は、行政以外の分野からの「不当な支配」にも、十分注意を払う必要があるのではないでしょうか。

○　また、かつて、昭和20年代の末頃、全国のいくつかの都道府県において、教育の政治的中立に反するいわゆる「偏向教育」が、日教組の組合員である教師によって組織的に行われたことがありました（156頁参照）。

これに対して、文部省は、そのようないわば教師による特定の政党的立場に立った「不当な支配」から教育の現場（児童・生徒）を守るため、いわゆる「中確法」（177頁参照）を制定し、更なる悪化をくい止めたことがありました。このように、「不当な支配」の主体と客体が、過去には冒頭に述べたのとは逆転していた例があったことを記憶しておいて下さい。

三、学習指導要領の「大綱的基準」について
——教基法10条2項の解釈——

はじめに

この問題に入る前に、まず、学習指導要領とはどのようなものであるか、手短に説明しておきます。

学習指導要領は、学校教育法等に基づき、児童、生徒の人間として調和のとれた育成を目指して、教師が地域や学校の実態を十分考慮しながら、創意工夫を生かした特色ある教育活動を進めることができるようにするため、各学校において編制、実施される教育課程の基準として、文部大臣によって定められるものです。そして、現在の学習指導要領は、昭和33年の改正で、制定の手順として法律（学校教育法）を起点として、順次、上位の法を補完しつつ、最終的には法律を補完する告示として定められていますので、法規命令としての性格をもっているのです。その詳細については、後述します。

(1) 日教組等の主張

○ところで、教基法10条2項について、日教組とそれを支援する教育学者等は、同条2項にいう教育の目的を遂行するに必要な諸条件の整備確立とは、主として教育施設の設置管理、教員配置等のいわゆる教育の「外的事項」に関するものを指し、学習指導要領のような教育課程、教育方法等のいわゆる「内

的事項」に関するものについては、教育行政機関の権限は、原則として、ごく大綱的な基準の設定に限られ、その余は指導、助言的作用にとどめられるべきものと主張していました。

(2) 最高裁の判断

○これに対して、最高裁は、文部大臣が、義務教育に属する普通教育の内容及び方法について遵守すべき基準として学習指導要領を定める場合には、教師の創意工夫を尊重し、また、教育に関する地方自治の原則をも考慮しつつ、教育における機会均等の確保と、全国的な一定水準の維持という目的のために必要かつ合理的と認められる「大綱的基準」にとどめられるべきものとしつつも、前述した大綱的な基準に関する日教組等の主張は、狭きに失し、採用することはできないと判示しています。

○その上で、最高裁は、昭和36年の学力調査が実施された当時の中学校学習指導要領の内容を通覧して、次のように指摘していているのです。

・全体としては、おおむね、中学校において地域差、学校差を超えて全国的に共通なものとして教授されることが必要な最小限度の基準と考えても必ずしも不合理とはいえない事項が、その根幹をなしていると認められる。

・ただし、その中には、ある程度細目にわたり、かつ、詳細に過ぎ、また必ずしも法的拘束力をもって地方公共団体を制約し、又は教師を強制するのに適切でなく、また、はたしてそのように制約し、ないしは強制する趣旨であるかどうか疑わしいものが幾分含まれている。(注2)

(注1)日教組を支援していたある教育法学者は、この最高裁の少し回りくどい表現について、「学習指導要領についても、それに法規性・法的拘束力ありとは明言しておらず、法的性質・効力のあいまいなままに「大綱的基準」の設定として是認することができるとしたのにとどまったものと解される」と述べています。

しかし、この理解が誤りであることは、平成2年1月18日、「伝習館事件」最高裁第一小法廷判決で、高等学校に関する事件についてではありますが、次のように指摘されていることから明らかです。

「高等学校学習指導要領(35年文部省告示94号)は、法規としての性質を有する。このように解することが憲法23条、26条に違反するものでないことは、昭和51年5月21日、最高裁大法廷判決の趣旨とするところである。」

(注2)昭和33年の改訂で、学習指導要領自体が法的拘束力をもつこととされながら、例えば各教科等の「内容」の各指導事項の末尾の記述が「望ましい」となっていたものがかなり多く見られ、「望ましい」と「法的拘束力」とはどう両立するのかということが、この頃指摘される問題点の中心となっていました。そして、法的拘束力には強弱がある(例えば「望ましい」の場合は、法的拘束力はあるものの弱いと考える。)とする考え方が提唱されるなど混乱していたのです。

この点については、「望ましい」との表現が、33年の学習指導要領の中で、最も多く使われていた例えば「道徳」

について、その後の改善（「望ましい」を他の表現に改めるなど）の状況をみますと、43年の改訂では、まだほとんど改善されず、52年の改訂では若干の改善、工夫が見られ、平成元年の改訂で、大きく改善され、現在に至っています。

・しかし、この学習指導要領の下で、教師により創造的かつ弾力的な教育の余地や地方ごとの特殊性を反映した個別化の余地が十分残されている。したがって、全体としては、なお全国的な「大綱的基準」としての性格をもつものと認められる。

・また、その内容においても、教師に対し一方的な一定の理論ないしは観念を生徒に教え込むことを強制するような点は、全く含まれていない。

・それ故、その学習指導要領は、全体としてみた場合、教育政策上の当否はともかくとして、少なくとも法的見地からは、上記目的のために必要かつ合理的な基準の設定として是認することができる。

(3) まとめ

以上のように、最高裁は、学力調査実施の際の中学校学習指導要領について、全国的に共通なものとして教授されることが必要な最小限度の基準が根幹をなしており、法的拘束力の視点から、幾分疑わしいものも含まれています（現在の学習指導要領では、これらが補正されていることについては、前述の（注2）で説明したとおりです。）が、全体としては、全国的な「大綱的基準」として、法的見地からは是認することができると判示しているのです。

（補遺）学習指導要領とはどういうものか

1．誕生からの歩みを中心に

学習指導要領がどういうものか、現在の学習指導要領を正しく理解するため、ここではその誕生から昭和33年の本格的な学習指導要領の誕生までの歴史を概観し、その性格等の変遷を中心に解説します。なお、それ以後のものについては、それぞれ、必要な場所で説明します。

(1) 学習指導要領の誕生まで
――新教育方針について――

○ 昭和21年の春から、文部省は、前述した米国教育使節団の勧告の線に沿って、新制度下における新教育の建設に向かって積極的に動き始めました。

戦後、直ちに、国家神道や軍国主義に関する部分を教科書から削除させられたり、修身、日本歴史そして地理の授業を禁止されたりして、教育の方向を見失い、暗中模索の状態であった学校の教師たちに、文部省はとりあえず、何を目標に子供たちの教育をしていくのか、新しい教育の方向を示す拠り所になるものとして、GHQの指示・指導の下に、21年5月、「新教育方針」（全5冊）を発行しました。(注)

（注）この発行の経緯と内容の詳細については、（464頁）を参照してください。

○ このときは、まだ、6・3制の新しい今の学校教育制度は始まっておらず、これは現在の学習指導要領のいわば前身というべきものとして、人間性・人格・個性の尊重、民主主義の徹底、平和的文化国家の建設と教育者の使命など、重要な数項目について提言されていました。その内容の説明は省きますが、この「新教育の方針」のはし書きで、文部省は、これを読む学校の教師に、次のような期待を述べていました。

「（文部省は、）ここに盛られている内容を、教育者に押しつけようとするものではない。……むしろ、教育者がこれを手がかりに自由に考え、批判しつつ、自ら新教育の目あてを見出し、重点をとらえ、方法を工夫せられることを期待する。あるいは本書を共同研究の材料として、自由に論議して、一層適切な、教育方針をつくられるならば、それは何よりも望ましいことである。」

そして、この指針は、それまでの教育のあり方を根本から見直すためのいわば啓蒙の書として、短い期間ではありましたが、これを中心にして、日本の各地で教師による輪読会が盛んに行われるなど、文字どおりの手引きとして迎えられたのです。

(2) 学習指導要領の誕生

○ 昭和22年3月に学校教育法が制定され、いわゆる6・3制の新しい教育制度が22年4月から発足するに当たって、教育内容にも大きな改革が加えられました。

それまでは、前述した（42頁参照）ように、教科書がすなわちカリキュラムであって、教師は、教科書（国定教科書）に書いてあることをそのまま児童・生徒に伝えていけば、教師としての責任を果たしたことになっていました。その教育は教科書中心、教師中心といわれていたのです。

○ ところが、新教育では、児童・生徒の発達や生活を重んじ、教育は、地域社会の実情に即しつつ、児童・生徒の活動や経験を通して、必要な知識、技能や態度を身につけさせることに根本の意義があると考えられるようになりました。したがって、教科書は、当時の言葉でいえば、目的資料から方法資料に変わり、絶対の権威をもつものではなくなりました。

そして、それに代わって、教育で重要なことは、各学校において児童・生徒の実態や地域社会の実情に応じた指導計画（カリキュラム計画）を作り、その指導計画に従って、教科書を使いこなしていくことであると考えられるようになったのです。

そこで、各学校や各教師が、それぞれの学校に適した指導計画をつくるために必要な「参考資料」が求められ、文部省はこの考え方の上に立って、新教科書の全面的編集と並んで、「学習指導要領」の編集に着手しました。すなわち、学習指導要領は、各学校、各教師がそれぞれの学校に適する指導計画を適切に作ることができるよう、これを援助する役割をもつものと考えられたのです。

○　そして、22年4月から新しい現在の学校教育制度が発足しましたが、これに間に合わせるように、22年3月20日、かつての中央集権主義的制約から教師を解放することが何よりも重要であると考えていたGHQの指示・指導のもとに、文部省から学習指導要領一般編（試案）が刊行され、続いて同年12月までに各教科編が整えられました。

この学習指導要領は、我が国の学校教育に画期的な転機を与えたものであり、新教科書と学習指導要領の発行は、戦後、混沌としていた教育界に明るさを与え、前途に希望を抱かせるようになったといわれています。

○　昭和22年4月1日から適用された学校教育法施行規則25条には、「小学校の教科課程[注]、教科内容及びその取扱いについては、学習指導要領の基準による」と定められており、学習指導要領は、教科課程の「基準」としての性格をもつことになっていたのです。その「基準」とは、当時、たとえば労働基準法上の労働基準のように、少しでもそれをはずれることは許されないというような厳格なものではなく、「それを中心として考えられる一定の幅をはなれることはできない」ことを意味するというように、弾力的に運用することが認められると解され、指導されていました。

なお、この学習指導要領は、「試案」として出され、しかも「手びきとして書かれたもの」とされていたことから判断しても、学習指導要領の「基準」によるというのは、学校における教師の自律的な教育活動を促すため、学習指導要領に示されていることを参考とし、児童・生徒の実態や地域社会の特性等を踏まえて、創意を生かし、工夫をこらして活用してほしいとの願いが込められたものであったと考えてよいのではないでしょうか。

（注）「教科課程」の意義については、この学習指導要領の中で、「どの学年でどういう教科を課するかを決め、また、その課する教科と教科内容との学年的な配当を系統づけたもの」としており、教科中心主義の考え方であったのです。

○　この学習指導要領は、新学制の発足に間に合わせるため急いで作られたものであり、我が国の実態に即していないところもあり、また、その後の急激な社会状況の変化や教育実践の反省などもあって、26年7月に改訂されました。

しかし、一つには、まだ占領下であり、その内容の決定についてはすべてGHQの指導と承認を得ることが必要であったため、また、いま一つには、新学制の教育の内容・方法についての研究も日なお浅く、国内の事情を十分踏まえて検討するところまで至っておらず、改善の意図が十分に達成されないまま、その後に持ち込された問題が数多く残されたのです。

この26年の学習指導要領も、22年の場合と同様「試案」として出され、教師に「よい示唆を与えようとする考えから編集された」もので、それを「手びき」としながら創意を生かし、工夫を重ねることが大切であると提言していることから、「基準」としての性格は、22年のものと変わりはなかったのです。

一つ大きな違いは、22年では「教科課程」という言葉を使っていたのに対し、「教育課程(注)」と現在の学習指導要領と同じ表現に改めていることです。

(注)「教育課程」の意義については、学習指導要領の中で、「児童や生徒がどの学年でどのような教科の学習や教科以外の活動に従事するのが適当であるかを定め、その教科や教科以外の活動の目標や内容を学年別に配当づけたもの」とされており、以前の「教科課程」とは異なり、教科以外の活動も対象に含めているのです。

なお、このときもまだ占領下であり、学習指導要領の改訂に当たっても、当然のことながら、もっぱら国家主義、中央集権主義から教育を解放することに目が向けられ、教育内容面で、「教育における機会均等の確保」と「全国的な一定の水準の維持」といったような、現在では極めて重要な観点には、まだ目が向けられていなかったのです。

(3) 本格的な学習指導要領の誕生

○ 昭和27年4月の平和条約の発効を契機として、20年代の終わり頃には、我が国が独立国として国際社会で発展していく基礎を固めるため、新学制10年の歩みを振り返り、義務教育の内容の徹底的な再検討(とりわけ、児童・生徒の基礎学力の不足と道徳意識の低下)と、占領下に残されてきた問題も合わせて解決しなければならないとの認識の下に、小・中学校の教育課程を改訂することが切実な課題となっていました。

そこで、文部省では、29年頃からそのための調査研究を開始し、全国的な教育課程の実施状況の調査等を行ってきました。他方、31年3月、文部大臣は、教育課程審議会に「小・中学校教育課程の改善について」諮問を行い、33年3月、答申を受け、それに基づき学習指導要領を全面的に改訂して、33年10月、文部省告示第80号「小学校学習指導要領」と文部省告示第81号「中学校学習指導要領」として、官報で公示しました。

○　それより先、昭和33年8月、学校教育法施行規則（文部省令）の一部が改正され、9月1日から施行されました。この改正によって、この省令の25条は、それまで「小学校の教育課程については、学習指導要領の基準による」と定められていたのですが、それを「小学校の教育課程については、……教育課程の基準として文部大臣が別に公示する学習指導要領による」と改められたのです。

このことは、それまでの学習指導要領は、いわば文部省の出版物の一つに過ぎなかったのですが、今回の省令25条の改正によって、前にも触れましたが、学習指導要領は文部大臣がこの省令では定めず、別に公示するもの、すなわち省令を補完するものとして定められることになったのです。

こうして、文部省告示として官報で公示された学習指導要領は、その源をたどれば学校教育法20条に基礎をもち、この規定に基づいて定められている文部省令（学校教育法施行規則）25条の委任によって、告示として制定されることになったのです。すなわち、法律（学校教育法）→省令（学校教育法施行規則）→告示の順序で、上位の法の委任を受けて成立しているのです。このようにして、学習指導要領は法規命令としての性格すなわち法的拘束力（これに違反すれば違法となる）をもつことになったのです。(注)

（注）なお、学習指導要領（教育課程の基準）が法的拘束力をもつことと、教育課程の基準の弾力性との関係については、後に詳述します。

○なお、22年、26年の学習指導要領では、児童・生徒を教育・指導するための教師用の「手引き」としてあるいは「示唆」として書かれたということから、基準としての性格については、極めてゆるやかに運用することが認められ、したがって、教育の内容・方法をどう決めるかについては、教師あるいはその集団等の自治にまかされてきたといってよいのです。

こうした中で、昭和20年代の末頃、昭和28年の山口日記事件（157頁参照）をはじめ、義務教育の学校で二度とくり返されてはならないような日教組の組合員による組織的な偏向教育の事例が、全国各地で発生していたのです。

この問題に対処するため、中央教育審議会では審議を重ね、29年1月18日、文部大臣に「年少者の純白な政治意識に対し、一方に偏した政治的指導を与える機会を絶無ならしむるよう適当な措置を講ずべきである」と答申しました。そして、この答申の趣旨は、29年6月3日に制定、公布された中確法において結実しました（詳細については、177頁参照）が、33年の改訂で学習指導要領に法的拘束力をもたせた措置も、この提言の趣旨に沿ったものと理解することができるのです。

○　これまで述べてきたように、学習指導要領は、昭和22年に初めて編集されて以降今日まで、26年、33年、43年、52年、平成元年、10年、20年と7回の全面改訂が行なわれました。
ここで、昭和22年以後の改訂のそれぞれの年度の重点項目だけを列記しておきます。

（1）　昭和22年学習指導要領
「教科課程・教科内容及びその取扱い」の基準（試案）として刊行
・　社会科、家庭科、自由研究を設置
・　授業時数を改める　等

（2）　昭和26年学習指導要領
教育課程審議会答申を受け試案として刊行
・　授業時数の見直し
・　道徳教育、健康教育の充実　等

（3）　昭和33年学習指導要領

教育課程の基準としての性格の明確化
・道徳の時間の新設
・基礎学力の充実
・科学技術教育の向上　等
（4）昭和43年学習指導要領
教育内容の一層の向上（教育内容の現代化）
・時代の進展に対応した教育内容の導入
・算数における集合の導入　等
（5）昭和52年学習指導要領
ゆとりある充実した学校生活の実現（学習負担の適正化）
・各教科等の目標、内容を中核的事項にしぼる　等
（6）平成元年学習指導要領
社会の変化に自ら対応できる心豊かな人間の育成
・生活科の新設
・道徳教育の充実　等
（7）平成10年学習指導要領
基礎・基本を確実に身に付けさせ、自ら学び自ら考える力などの「生きる力」の育成

・教育内容の厳選
・「総合的な学習の時間」の新設　等

(8) 平成20年学習指導要領

改正教育基本法等を踏まえた学習指導要領の改訂
・「生きる力」という理念の共有
・知識、技能の習得と思考力、判断力、表現力の育成とのバランスの重視
・授業時数増
・外国語活動の新設　等

なお、学習指導要領は、昭和22年と26年版では一般論と各教科編に分けて、試案の形で刊行されましたが、昭和33年版以降のものは、小・中・高ごとに、一般編と各教科編を併せて告示として公示されています。

2. 学習指導要領の基準性、弾力性、法的拘束性を中心に

学習指導要領の性格について、これまで子供たちに向き合う先生方の立場に立って分かりやすく解説したものが少なく、とりわけ学習指導要領に「法的拘束力」があるといわれても、その趣旨が十分に理解できないまま、中途半端な気持ちでこれに対処してこられた先生方も多いのではないでしょうか。

そこで、ここでは学習指導要領とはどういうものか、基準性、弾力性、法的拘束性についてそれぞれの関連性を考えながら、詳しく説明します。

(1) 学習指導要領（教育課程の基準）の基準性について

○学習指導要領は、教育課程の「基準」として定められているのですが、それは前述したように、労働基準法や建築基準法で定められている基準とは、性格が全く違っています。これらの法律で定められている基準はいわゆる「最低基準」であり、それに違反した場合は罰則が科せられます。したがって、これらの基準は誰にでも分かるよう、一点のあいまいさも残さないように、明確に定められていなければならないのです。

○これに対して、教育課程の「基準」とは、教育課程の「編制」上の基準であるとともに、教育を「実施」するための基準でもあると解されているのですから、ことの性質上、弾力性があって当然のことなのです。

しかも、その基準は、我が国の普通教育を担う全国の国・公・私立のすべての学校に共通する基準であること、また、これらの学校に在学する千差万別の能力・適性を持った児童、生徒に適応すべき教育の基準であること、更には、私学の自主性や教育の地方自治をも考慮に入れた基準であることなどが求められているのです。したがって、一般論としていえば、公教育を律する学習指導要領の内容は、基準性が強いものから弱いものまで、さまざまなもので構成されているといってよいのです。

○ ところで、このような一般論とは別に、教育課程の基準すなわち学習指導要領をその内容の面からみた場合、一体、どういう特色をもった基準なのでしょうか。

前述したように、学習指導要領について、最高裁は、「教育における機会均等の確保と全国的な一定の水準の維持という目的のため」に必要かつ合理的と認められる大綱的基準であるべきことを求めています。すなわち、学習指導要領は、国としてかくあってほしいと求める教育課程の基準であり、したがって、教育の機会均等の確保と全国的な一定水準の維持という要請が、全体として基準を構成するすべての指導事項の根底に含まれていることを、まず理解しておかなければなりません。

その上で、学習指導要領は、次の相異なる二つの立場に立った基準から成り立っているのです。「一つ目」は、教育は児童・生徒の実態に即して、また、地域ごとの特殊性を生かして行われなければならないものであり、そのため教師には、創造的かつ弾力的な教育が行えるようにしなければならないという立場です。

「二つ目」は、共通性が特に要請されるもの、あるいは特に重要な意義を有するものとして、教育の機会均等の確保と全国的な一定の水準の維持という要請が強く求められなければならないという立場です。

この二つは、前者を否定すれば、およそ教育そのものが成り立たず、また、後者を否定すれば、公教育制度とりわけ義務教育は成り立ちません。学習指導要領は、この相反する二つの立場を含んだ基準(注)として成り立っているのです。

(注) 学習指導要領には、各教科について、学年ごとにまず「1 目標」が定められ、その次に「2 内容」があり、そこには目標を達成するためのいくつかの指導事項(具体的な手段、方法として)が並んでいるのが通例です。

○(2) 学習指導要領の弾力性について

学習指導要領は、昭和33年の全面改訂当時から、教育課程の基準であり、基準として弾力的に運用されるのは当然であるという考え方に立った説明がくり返し行われてきました。

例えば、有力な3人の論者によって、次のような、同じ基調の説明が行われていました。時代順に関係部分をそのまま引用します。

まず最初(昭和20年代)は、「教育課程の基準の意味については、……それを中心として考えられる一定の幅をずれてはならないことを意味している」と、そして二番目(30年代を中心)は、「教育課程のことは一から十まですべてをおちなく拘束することは不可能でもあり、また、教育の性格からしても望ましくないことであるので、学習指導要領は、教育課程の大筋を定めるにすぎないことを意味する。」と説明されています。

更に、三番目（40年代から50年代）には、「この法的拘束力のある基準として規定されている指導要領の内容についてみると、単純ではなく、いろいろの事項がもられている。これらは法的な基準であるとしても、その基準性は弾力的に判断すべきである。つまり、指導要領のある一つの事項を守られなかったから、あるいは規定外のある事項を余分に教育課程にもりこんだからといって、直ちに法的に違反したというのでなく、全体として指導要領に示す方向が守られているかどうかを判断すべきである」という考え方が示されています。

以上のような学習指導要領の弾力的運用（三番目のものは、法的拘束力も含む。）の説明では、何となく分かるのですが、大まかで、どの指導事項がどの程度弾力性が認められているのか具体的なイメージが浮かばず、実際の教育指導にも役立てることはむつかしいのではないでしょうか。そうなる根本的な理由は、前述した「一つ目」と「二つ目」の二つの相反する立場を含んだ学習指導要領を、併せて一つの対象として、その弾力性を説明しようとしているからなのです。

○そこで、学習指導要領が相反する二つの立場をもった基準から成り立っていることを考慮に入れて説明しますと、次のようになります。

まず、前述した「一つ目」の立場に立てば、教師には何よりも創意工夫を尊重した教育が行われるようにしなければならないのですから、これに該当する指導事項については、教師による弾力的運用が最大限に尊重されなければなりません。

○これに対して「二つ目」の立場に立てば、教育の機会均等の確保と全国的な一定水準の維持という目的が特に重視されなければならないのですから、これに該当する指導事項については、教師による弾力的運用は極めて制限されるか、事項によっては認められない場合もありうるのです。

この説明で、学習指導要領の弾力的運用について、少しは具体的なイメージが浮かぶようになったかもしれませんが、まだ完全ではないでしょう。

○そこでもう一歩進めて、学習指導要領中「一つ目」と「二つ目」に属するものは、それぞれ具体的にどのような事項であるかについて考えてみます。

それには、上述した「二つ目」に属するものは数が限られていると考えられますので、まず、それが「どのような」、更に「どの」事項であるかを特定することができればよいのです。「一つ目」は、その残りのすべてということになるからです。

○それでは、「二つ目」に属するものとは、一体、どんな事項でしょうか。まず、各教科を通じて「どのような」事項がこれに当たるのかを考えてみますと、それは指導事項の内容が、教育の機会均等の確保等の要請が特に重視されるもの、言い換えますと、日本中のその学年（年令）の児童、生徒にとって、「共通に必要な最低限の知識」として、必ず、あるいはしっかり習得させなければならないもの（しかも、可能であれば、その範囲、方法、程度等が明確で、教師が指導する過程や結果（目標の達成）が明らかにできるもの）であるといえるのではないでしょうか。(注)

（注）具体的に「どの事項」がこれに当たるのかを、教科を小学校の「国語」に限定し、しかも〔第1学年及び第2学年〕の「内容」にしぼって検討しますと、例えば、〔伝統的な言語文化と国語の特質に関する事項〕の(1)のウの(ア)「平仮名及び片仮名を読み書くこと……」を指導すること、同じく(1)のウの(イ)と(ウ)の学年別漢字配当表の第1学年と第2学年に配当されている漢字を読み、書き、使うよう指導することなどは、これに該当すると考えてよいのではないでしょうか。
　ただし、「一つ目」と「二つ目」とを明確に分けることは、具体的にはむつかしい判断をしなければならない場合もあると思われますから、前述した説明を参考にし、各学校、各学年ごとに、いわゆる「二つ目」に属するものは「どの事項」であるかについて、校長と教師の皆さんで話し合い、共通の理解をまとめておかれてはいかがでしょうか。

なお、教科ではありませんが、各学年を通じて定められている特別活動の中の入学式、卒業式などにおける国旗、国歌の指導は、これに該当するのです（最高裁がこれを認めていることについては、第五章で説明します。)。

○　次に、学習指導要領の弾力的運用として、具体的には一体どんなことができるのでしょうか。これについては、例えば、小学校学習指導要領（平成20年改訂）を見ますと、第1章「総則」の「内容等の取扱いに関する共通事項」のところに、弾力的運用が可能な取り組み方として、次のようないくつかの例が示されています。

・各教科等の各学年ごとの教育内容については、そこに示されていない内容を加えて指導することができる。
・特定の児童に対し、特に必要がある場合には、示されている内容の範囲、程度をこえて指導することができる。
・上記いずれの場合にも、予め学年の目標や内容の趣旨を逸脱したり、児童の過酷な負担とならないようにしなければならない。
・各教科等の各学年の内容に掲げる事項の順序については、適切な工夫を加えることができる。

(3) 学習指導要領の弾力性と法的拘束性との整合性ある理解の仕方について

学習指導要領は、「全体として」法的拘束力をもっているのですが、ここで、学習指導要領に示されている一つひとつの指導事項に弾力的運用が認められていることと、学習指導要領が「全体として」法的拘束力をもっていることをどう整合性をもって理解したらよいか検討します。

○　まず、前述してきた「一つ目」に該当する指導事項の一つひとつには、弾力的運用が認められており、したがって、例えばある目標を達成するために列記されているこれらの指導事項の一つに違反しても、即、「違法」と評価されることはないのです。

ただし、同じ目標を構成しているいくつかの指導事項の違反が、複数重なった場合（とりわけ、それによって目標の達成に影響が出てくるようなとき）はどう考えるべきでしょうか。その違反の程度に応じて、（目標の達成に向けた）「指導・助言」あるいは「注意・勧告」等を受けることになり、そして、目指していた「目標の達成が不可能」となるほど指導事項の違反が重なった場合に、はじめて「違法」性を問われることになると考えてはいかがでしょうか。(注)

（注）以上のことを少し詳しく説明しますと、次の通りです。

前述したとおり、「一つ目」に該当する指導事項は、学習指導要領中極めて多数を占めており、しかも、「目標」を同じくする指導事項の一つ二つに違反しても、即、違法とは評価されないのです。したがって、教師の皆さんが、「目標」に向かって普通に努力をされている限り、学習指導要領の「教科」に関する指導事項の運用に関して、「違法」と評価されることは、通常、生じないと考えてよいのではないでしょうか。

ただし、ある「目標」の中の「一つ目の」指導事項であっても、その不実施がいくつも重なって、「目標」の達成が不可能となるような事態が生ずるような場合、そこではじめて違法と評価されると考えるのです。したがって、その意味では、弾力的運用が認められている「一つ目」の指導事項の一つひとつも、決して、違法性と（完全に）無関係ではなく、違法性の要素を含んでいると考えるのです。このことは、先に学習指導要領の基準性についての説明で、「教育の機会均等の確保と全国的な一定水準の維持という要請」が、「全体として基準を構成するすべての指導事項の根底に含まれている」と述べている（82頁参照）のと共通した把握の仕方であると考えてよいのです。

学習指導要領には弾力性があり、そしてその中の多くの指導事項の「**一つひとつ**」については**弾力性**が認められながら、学習指導要領が「**全体として**」は**法的拘束性**を有する（守らなければ違法となる）という相反する二つの立場を整合性を持って理解するには、このように考えればよいのではないでしょうか。

○次に、前述してきた「二つ目」に該当するものについて検討しますと、これに属する指導事項は、教育の機会均等の確保等の要請が特に強く、原則として弾力的運用が認められず、したがって、その違反は、通常、違法と評価されることになるのです。

(4) 締めくくりに

かつて、日教組の委員長が、次のように語っていたことがありました。

「文部省が学習指導要領に法的拘束力を持たせ、……教師は機械化し、型にはまった授業しかできなくなってしまった。自主的、創造的な魅力ある理想をもった教育が制限され、抑圧されれば、そりゃ教師という職業が魅力を失うのも当然でしょう。」

「法的拘束力をもって教育内容が決められていると、児童、生徒が理解しているかどうかにかかわらず、決められた線で授業を進めなくてはならない。法的拘束力はあってはならない。」

学習指導要領についてここまで読まれた皆さんは、学習指導要領の弾力的取扱いについても、法的拘束力についても正しい知識をもたれ、それがたとえ組合の委員長であっても、他人の言葉に惑わされず、伸び伸びと日常の教育指導に取り組んでいただけると確信しております。

学習指導要領は、教師の皆さんを締めつけるためのものではなく、基本的には、心身の未発達な児童生徒が、日本国中のどの地域の、どの学校の、どの教師から学んでも、等しい水準の教育指導が受けられるようにすることを目指しているものです。その上で、（ごく限られた一部の例外の場合を除いては）一人ひとりの教師の皆さんに、それぞれの地域の実情等と、自分の担当する児童・生徒の実態に即して、自分らしい教育の内容・方法を創意工夫していただくための拠り所として提供されているものであることを再確認していただき、日常の教育活動に取り組んでいただければ幸いです。

学習指導要領の基準の種類ごとの自由度（まとめ）

○　ここで述べたことを全体として表にまとめますと、次の通りです。

全体の基調	基準（指導事項）の種類	弾力的運用の度合	目標達成との関係で基準をはずれる度合	自由度（是正の種類）
教育の機会均等の確保と全国的な一定水準の維持を図ろうという目的が、すべての指導事項の根底にある	教師による自由な創意と工夫が尊重される指導事項（ほとんど） ・児童、生徒の実態に即して ・地域、学校ごとの特殊性を生かして	強い	範囲内	自　由
			少しはずれる	指導・助言
			かなりはずれる	注意・勧告
			目標達成不可能（違法）	職務命令（中止）
	特に、教育の機会均等の確保等が強く求められる指導事項（少数）	（原則）なし	はずれる（違法）	職務命令（中止）

第二章　学力調査の適法性と意義

学力調査最高裁判決（永山中学校事件）から――その二

一．昭和36年度全国中学校一せい学力調査の適法性について

はじめに

○　昭和51年5月21日の「永山中学校事件」最高裁判決の一部については、先に第一章で詳しく説明しました。

　ここでは、まず、そこで省略したいわゆる「永山中学校事件」とは、そもそもどんな事件であったのか、手短に説明します。

○　日教組は、この学力調査が「教育の一方的支配と国家統制強化の政策の一つ」(注1)であるとして、昭和36年10月26日の調査日における労働拒否闘争等を全国に指令し、実施を妨害したのです。(注2)

（注1）日教組とその支援者である一部の教育学者等によって、当時、文部省の意図とは全くかけ離れた次のようなさまざまな観点からの反対意見が出されていました。

・学力調査の意図は、教育内容の国家統制、改悪教育課程の押しつけの手段である。
・全国一せい学力調査がテストブームをあおり、教育と子供をゆがめている。
・中学校をテスト準備、予備校化し、知育偏重、民主教育を破壊するものである。
・真の学力が追求されず、差別教育、能力主義、選別主義教育が横行していくことになる。
・学力調査というが、実は、これを勤務評定と結びつけてくる。学力の全国的比較で、教師を督励する手段としてくる。
・人材開発に名を借りて、一部の資本家に奉仕する人間形成を目指すものである。

（注2）全国的にみれば、学力調査が実施不能となったのは9．1％、一部の教科の実施不能となったのは1．8％で、幸いにも調査結果の大勢を把握するには、余り影響を受けることはなかったのです。

いわゆる「永山中学校事件」に係る裁判の被告人（3人）らは、当日、いずれも、北海道旭川市教育委員会が、その管理する旭川市立永山中学校において実施予定の全国中学校一せい学力調査を阻止する目的をもって、他の数十名の説得隊員とともに同校に赴きました。そして同校校長が管理する永山中学校に、校長の制止にもかかわらず侵入し、その後、校長から更に強く退去の要求を受けたにもかかわらず校舎から退去せず、そして、校長が学力調査を開始すると、校長、学力調査立会人、学力調査補助者らに、共同して暴行、脅迫を加え、校長等の校務の執行を妨害したのです。

○そこで被告人らは、いずれも建造物侵入罪、公務執行妨害罪及び暴行罪に該当するとして起訴されました。しかし、この公務執行妨害罪については、一審、二審判決ともに、そもそも学力調査が教基法10条1項にいう教育に対する「不当な支配」に当たり違法であるほか、この学力調査は手続的にも違法であるとし、したがって、学力調査を実施しようとした校長に対して行った被告人らの暴行は、公務執行妨害罪に当たらないとする判決が出されていました。

○これに対して、検察官側から、一審、二審は、学力調査に関する法令の解釈、適用を誤っているとして上告の申立があり、最高裁は学力調査の適法性について、憲法、教基法10条を慎重に検討し、以下に説明するような詳細な理由を付した説得力のある判決を示したのです。

この判決は、それまで下級裁判所から、「適法」あるいは「違法」とさまざまな判決が出されていた学力調査について、最高裁から教基法10条（教育行政）の解釈に基づいた最終審としての判断が明らかにされるということで、各方面から大きな注目と期待をもって待ち受けられていたのです。

○なお、この判決の内容は、後述する平成19年から再開された学力調査が適法であるとされる理由とも共通しているのです。その意味からも、以下に示された最高裁の判決の趣旨・内容を、しっかりと理解していただきたいと思います。

1. 学力調査は適法か（教基法10条との関係）

昭和36年に、文部大臣が企画・立案し、その要求に応じて各市町村教育委員会等によって実施された学力調査は、後述するように、文部大臣及び教育委員会が新たな施策を講ずるために必要な基礎資料を得るために行われたいわゆる行政調査（注）としての性格をもつものでした。

（注）行政調査とは、通常、行政機関がその権限を行使する前提として、必要な基礎資料ないしは情報を収集、獲得する作用のことです。このことを分かりやすく言い換えますと、文部省（国の立場）としては、まず、教育の機会均等の確保の観点から、全国の子供たちの学力を適切に把握し、また、その結果に基づいて学力向上のための諸施策に役立つ資料を得るために実施するのが、全国一せい学力調査なのです。

もっとも、学力調査が行政調査ではあっても、無制限に許されるものではなく、許された目的のために必要とされる範囲において、しかもその方法について法的な制約がある場合には、その制約の下で行われなければならないのは当然のことです。

そこで、学力調査が教基法10条との関係において適法とされるためには、第一に、その調査目的が文部大臣が所掌する事務と合理的関連性があるといえるかどうか、第二に、その調査目的のために、このような学力調査を行う必要性があるといえるかどうか、そして第三に、この学力調査の実施の仕方すなわち調査方法に、教育に対する「不当な支配」とみられる要素はないか等の問題について、慎重に検討されなければなりません。そこで、この三つの問題について、順次、検討することとします。

(1) 学力調査の目的について

学力調査が適法であるとされるためには、まず、学力調査の目的が、文部大臣が所掌する事務と合理的関連性があるかどうか検証されなければなりません。

○ 文部省が作成した「学力調査実施要綱」によりますと、学力調査の目的として、次に述べる(イ)から(ニ)までの四つの項目が示されていました。そのうち、まず、次の三つの事項については、文部大臣及び教育委員会が、調査の結果を、それぞれ、次のような教育政策を改善し、拡充するための資料とすることとされています。

(イ) 教育課程に関する諸施策の樹立及び学習指導の改善に役立たせる資料とすること。

(ハ) 学習の改善に役立つ教育条件を整備する資料とすること。

(ニ) 育英、特殊教育施設などの拡充強化に役立てる等今後の教育施策を行うための資料とすること。

○ これらの目的と文部大臣が所掌する事務との関係について見ますと、文部大臣は、文部省設置法、学校教育法等に基づいて、学校教育等の振興及び普及を図ることを任務とし、また、全国中学校における教育の機会均等の確保、教育水準の維持、向上に努め、教育施設の整備、充実を図る責務と権限を有しています。そこで最高裁は、上記(イ)、(ハ)、(ニ)の目的は、文部大臣のこれらの権限と合理的な関連性を有すると認めることができると判示しています。

○ また、四項目中の(ロ)については、「中学校においては、自校の学習の到達度を全国的な水準との比較においてみることにより、その長短を知り、生徒の学習の指導とその向上に役立たせる資料とすること」とされています。

この目的は、各中学校における教育実施上の目的に資するものであって、上述した文部大臣固有の行政権限とは直接の関係はありません。しかし、学力調査全体の趣旨、目的からいえば、この目的は副次的な意義をもつものでしかなく、また、その利用も強制ではなく指導、助言的なものに過ぎないため、これをいかに利用するかは、教師の良識ある判断にまかされているのです。

○　以上のことを総括して、最高裁は、たとえ目的の(ロ)が調査目的の一つとして含まれているからといって、調査全体の目的を違法不当のものとすることはできないと判示しています。

(2)　学力調査の必要性について

学力調査は、文部省が当時の学習指導要領によって試験問題を作成し、全国の中学校の全校において一斉に試験を行い、各地教委にその結果を集計、報告させる等の方法によって行われたのですが、最高裁は上述した目的のために、このような調査を行う必要性があったかどうかについて検証しています。

○　まず、学力調査を実施して、全国の中学校における生徒の学力の程度がどの程度かを知り、そこにどのような不足ないしは欠陥があるかを知ることは、前述した学力調査の目的の(イ)、(ハ)及び(ニ)に掲げる諸施策のための資料として必要かつ有用であることは明らかであること。

○また、このような学力調査の方法としては、結局、試験によってその結果をみるよりほかに方法はないのですから、文部大臣が全国の中学校の生徒の学力をできるだけ正確かつ客観的に把握するためには、全国の中学校の生徒に対し、同一試験問題によって、同一調査日に、同一時間割で、一斉に試験を行うことが必要であると考えたとしても、決して不合理とはいえないこと。

○以上のような理由から、最高裁は、この学力調査は、その必要性の点においても欠けるところはないと判示しています。

(3) 学力調査の方法が行政調査の枠を越えていないかについて

次に、学力調査について、文部大臣が、直接、教育に介入するという要素を含んでいないか、また、調査の必要性によっては正当化することができないほど教育に対して大きな影響力を及ぼし、文部大臣の教育に対する「不当な支配」となってはいないかなど、この問題については、最高裁が最も注意深く検証したところです。ここでは次の四つの観点に分けて、その検証の結果を見ることにします。

① 生徒に対する試験という方法をとっていること

○学力調査は、試験問題によって生徒を試験するという方法をとっていますが、これだけ見れば、教師が教育活動の一部として行う試験とその型態は同じです。

しかし、学力調査としての試験は、あくまでも全国の中学校の生徒の学力の程度が一般的にどのようなものであるかを調査するために行われるものであって、教師の行う教育活動としての試験の場合のように、個々の生徒に対する教育の一環として、成績評価のために行われるものではありません。この両者は、その趣旨と性格が明らかに違っているのです。したがって、学力調査が生徒に対する試験という方法で行われたからといって、これを行政調査ではなく、教師が行うべき固有の教育活動と解するのは正しくないのです。

○ ただ、一般的な学力の程度として示されたものを、個々の生徒の成績として利用できる可能性もあり、試験の結果を生徒指導要録に記録させることとしていたのはそのことを示しています。しかし、それはせっかく実施した試験の結果を、生徒に対する学習指導にも利用させようとする指導、助言的性格のものに過ぎないのです。

したがって、このことをもって文部省自身が教育活動を行ったとすることはできないし、また、教師に一定の成績の評価を強制し、教育に対する実質的介入をしたとすることもできないと、最高裁は判示しているのです。

② 学校の授業計画を変更させたこと

試験を実施するため、試験当日に限り、各中学校において授業計画の変更をさせたことについて、最高裁は、この変更が年間の授業計画の全体に与える影響は、実質上、各学校の教育内容の一部を強制的に変更させる意味をもつほどのものではなく、前述したようなこの学力調査の必要性によって正当化することができないものではないと判示しています。

③ 学習指導要領によって、教師の教育の自由が阻害されたか

○ 学力調査を全国の中学校のすべての生徒を対象として実施することによって、これらの学校における日常の教育活動を、試験問題作成者である文部省の定める学習指導要領に盛られている方針ないしは意向に沿って行わせる傾向をもたせ、教師の自由な教育活動を妨げる危険性があるという主張に対して、最高裁は、前述したとおり（67頁参照）、学習指導要領自体は中学校の教育課程に関する基準の設定として適法なものであり、これによって、必ずしも教師の教育の自由が不当に拘束されるとは認められないと指摘しています。

○ また、学力調査は、一般的な学力の実態調査のために行われるもので、学校及び教師による学習指導要領の遵守状況を調査し、その結果を教師の勤務評定にも加味させるなどして間接にその遵守を強制ないしは促進するために行われるものではなく、また、学習指導要領は、単に、学力調査のための試験問題作成上の基準として用いられたにとどまっており、教師の教育の自由が阻害されることにはなっていないと判示しています。

④　さまざまな弊害の発生

○　学力調査の実施によって、成績競争の風潮を生み、教育上好ましくない状況をもたらし、あるいは、教師の教育活動を畏縮させるおそれがあったことも絶無ではないかもしれないとしつつも、最高裁は、その対策として、試験問題の程度は全体として平易なものとし、特段の準備を要しないものとされており、また、個々の学校、生徒、市町村、都道府県についての調査結果は公表しないとされているなど、一定の配慮が行われていると評価しています。

○　また、学力調査の実施によって生ずる問題についても、教師自身を含めた教育関係者、父母、その他社会一般の良識を前提とする限り、これが全国的に現実化し、教育の自由が阻害されることになる可能性がそれほど強いとは考えられないとし、一部の県で生じた不適切な事例は、例外的現象とみているのです。

○　以上の①から④を踏まえて、最高裁は、学力調査はその方法において、行政調査の枠をこえるものではないと判示しています。

(4)　学力調査と教基法10条との関係（結論）

結局、最高裁は、学力調査と教基法10条との関係を、(1)目的、(2)必要性、(3)調査方法（弊害を含む）と多面的にしかも深く掘り下げて検証した結果、締めくくりとして、「本件学力調査には、教育そのものに対する「不当な支配」として教基法10条に違反する違法があるとすることはできない」との結論を出しているのです。

2. 学力調査と教育の地方自治
——地教委が文部大臣の要求に応じて実施したこと——

次に、文部大臣が、市町村教育委員会（以下「地教委」という。）にこのような調査を実施させたことは、現行教育法制における教育の地方自治の原則に反するものを含むとして、この点からも、この学力調査の適法性（手続上の適法性）が問題にされたのです。この問題に対する最高裁の判断は、次のとおりです。

○ 文部大臣は、地教行法54条2項によって、地教委に対しこの学力調査の実施を要求したのですが、これは教育に関する地方自治の原則に反しており、地教委は必ずしもこの文部大臣の要求に拘束されることはなく、学力調査を実施する法律上の義務はなかったのです。

○ しかしながら、たとえ、文部大臣からの要求が法律上の根拠をもたず、当該地教委にとってこれに従う義務はない場合であっても、地教委が文部大臣の要求に応じて、この要求に関する事項を実施した場合には、これは窮極的には地教委がみずからの判断と責任に基づいて、その有する権限の行使として踏み切ったのであり（それは、地教委が当該地方公共団体の内部から批判を受けることがあるとしても）、このためにその行為が実質上違法となる理由はないのです。

○　以上の理由から、最高裁は、本件学力調査における調査の実施には、教育における地方自治の原則に反する違法があるとすることはできないと結論を下しているのです。

3. 全体の結び

前述した1と2を合わせた、全体の「結び」として、最高裁は、「以上の次第であって、本件学力調査には、手続上も実質上も違法はない」すなわち、教基法10条との関係においても、教育の地方自治の観点からも、適法であるとしめくくっています。

なお、判決文には、「この判決は、裁判官全員一致の意見によるものである。」と記されています。

（関連）昭和36年度全国中学校一せい学力調査とはどんなものであったか（事実関係）

はじめに

学力調査の法的判断とは別に、学力調査そのものが、一体、どのようなものであったかその事実関係を知っていただくため、その歴史、対象、調査の結果とその活用等を中心に解説します。

1．学力調査の前史

○ 学力調査は戦前にも行われていましたが、それは小地域内か、学校内での児童、生徒の学業の評価、診断に重点を置いたもので、全国的な視野からの学力の実態を把握しようとする調査ではなく、いわゆる「学力テスト」の域を出るものではありませんでした。

○ ところが、戦後、新学制が施行され、教育内容・方法にも抜本的な改革が加えられました。そして数年を経過し、新教育の効果をさまざまな角度から評価しようとする気運が起こり、戦後の新しい教育を受けた児童、生徒の学力調査を検討するため、全国的規模で学力の実態を示す資料を整備することが要請されることになったのです。

そこで、昭和26年、文部省は、学力水準調査研究会を設け、関東7都県の小、中学校から約4千人の児童、生徒を抽出し、国語、社会、数学、理科の4教科について、最初の大規模な学力調査を実施しました。この調査は、学力の実態と学習指導上の問題点を明らかにするため、国立教育研究所に受け継がれ、27年から29年までの3年間、小学校6年、中学校3年の児童、生徒を対象に、全国の小、中学校から約6千人を無作為に抽出して、同じく4教科について調査が行われました。

一方、民間においても、昭和26年、日本教育学会によって、「中学校生徒の基礎学力」の調査が行われました。

2. 本格的な学力調査の始まり

(1) 昭和31年からの全国学力調査の実施

その後、昭和31年になって、文部省は本格的な「全国学力調査」（抽出）の実施に着手しました。この調査は、普通教育を担う小、中、高等学校の児童、生徒の学力の実態を全国的な規模でとらえ、国の責務である教育の機会均等と学力の全国的な一定水準の維持・向上という目的が確保されているかどうかを確認するとともに、その結果から学習指導のほか、教育施設の改善及び教育条件の整備に役立つ基礎資料を得ることを目的にするなど、従来の調査とは異なる特徴をもっていました。

この全国調査は、原則として、全国の公立学校の中から、小、中、高等学校の最高学年の児童、生徒を抽出して、35年まで毎年継続して実施されましたが、その間、自主的にこの調査に参加を希望する学校が飛躍的に増加し、小、中学校では、全国の半数以上の学校がこの調査を実施するようになっていたのです。

なお、昭和31年以降41年までの全国学力調査の実施状況については、小学校と高等学校については割愛し、中学校だけ掲載しました。

	教科	調査対象学年	調査率
昭和 31	国語、数学	3 年	4 ～ 5%
32	社会、理科	3	4 ～ 5
33	英語、職業家庭	3	4 ～ 5
34	国語、数学	3	4 ～ 5
35	社会、理科	3	4 ～ 5
36	国語、社会、数学、理科、英語	2 3	100 100
37	国語、社会、数学、理科、英語	2 3	100 100
38	国語、社会、数学、理科、英語	2 3	100 100
39	国語、社会、数学、理科、英語	2 3	100 100
40	国語、社会、数学、理科、英語	2 3	20 20
41	国語、社会、数学、理科、英語	1 3	20 20

(2) 昭和36年度全国中学校一せい学力調査の実施（事実関係）

イ．実施の背景

前述したとおり、抽出学力調査において参加中学校の数が年々増加し、過半数に達していたことは、この種の調査が、全国の各学校においては学力の向上に役立つものと考えられていたことを示すものであり、また、文部省としては、学力と教育条件との関係を詳細に分析するには、より豊富な資料を必要としていたことから、昭和36年度から、全国の公立、私立及び国立の中学校に在籍する2年生及び3年生の全生徒約447万人を対象とし、国語、社会、数学、理科、英語の5教科について、全国いっせいに学力調査を実施したのです。

ロ．調査結果の概要

○　この調査は初年度でもあったため、問題を極めて基本的な事項について平易なものにしたことや、選択肢法の問題形式（いわゆる○×式）をとったこともあって、全国平均点は、予期されていたよりも全体的にかなり高くなっていました。

○　また、この調査では、初めて男女別の平均点が取り上げられましたが、男女の全国平均点の差を見ますと、社会、数学、理科では男子の方が高く、国語と英語については、逆に女子の方が高くなっていました。

教科	第2学年			第3学年		
	計	男	女	計	男	女
国語	57.0	56.0	58.1	60.7	60.6	60.8
社会	50.9	54.8	46.9	53.7	57.6	49.6
数学	64.0	65.1	62.9	57.2	59.2	55.1
理科	57.5	60.5	54.3	53.2	57.1	49.1
英語	68.2	66.2	70.2	65.2	64.1	66.2

○　次に、学力と教育条件の関係のうち、学力と生徒の家庭の経済的条件との関係を調べました。この表は、生徒を得点によって10段階に分け、更に、家庭の経

得点段階	全日制高校へ進むに支障のない見込み	全日制高校へ進むことが困難の見込み			計
		要保護・準要保護	その他	小計	
点	%	%	%	%	%
Ⅰ 90.0 ～ 100.0	3.1	0.0	0.1	0.1	3.2
Ⅱ 80.0 ～ 89.9	9.0	0.2	0.3	0.5	9.5
Ⅲ 70.0 ～ 79.9	12.7	0.4	0.6	1.0	13.7
Ⅳ 60.0 ～ 69.9	14.6	0.6	1.2	1.8	16.4
Ⅴ 50.0 ～ 59.9	14.9	1.0	2.1	3.1	18.0
Ⅵ 40.0 ～ 49.9	13.4	1.5	3.5	5.0	18.4
Ⅶ 30.0 ～ 39.9	9.1	1.7	4.0	5.7	14.8
Ⅷ 20.0 ～ 29.9	2.8	0.9	1.9	2.8	5.6
Ⅸ 10.0 ～ 19.9	0.2	0.1	0.1	0.2	0.4
Ⅹ 0 ～ 9.9	0.0	0.0	0.0	0.0	0.0
計	79.8	6.4	13.8	20.2	100.0

済的条件によって再分類し、生徒総数を１００として、各々の比率を示したものです。

一般的にいえば、家庭の経済的条件が比較的良い生徒には成績の高いものが多く、家庭の経済的条件が悪い生徒には、成績の低いものが多いといえます。

○また、心身障害と学力の関係からは、特殊学校、特殊学級の整備拡充を図るための基礎資料を得ることができました。

○このほか、地域類型間の学力の開き（注1）や、都道府県間の学力の開き（注2）も把握することができ、これらの結果についても、その後、文部省が都道府県・市町村教育委員会と提携して取り組んで行くべき課題が見つかったのです。

（注１）成績は、当時の分類で、市街地域が高く、小都市、都市近郊農村がそれに次ぎ、いわゆるへき地の学力は低いという結果が出ていました。

（注２）都道府県間では、各教科いずれについても相当大きな開きがあり、教科別では、数学、英語の開きは相当

大きく、国語、社会、理科の開きは比較的小さいという結果が出ていました。

ハ．調査結果の活用

これらの調査結果については、文部省では教育課程の改善、教育条件の整備等の基礎資料として活用し、また、教育委員会においては、所管地域内の学力の傾向を全国水準との対比において把握し、指導主事等を通じて、各学校の適切な指導を行うとともに、学力と諸条件の検討を通じて、教育条件の整備等の行政施策に活用していました。

そして、学校においては、全国水準と自校の成績とを比較して自校の学力水準の位置を知り、また、問題別、領域別等の長所と短所をつかみ、学習指導の改善の資料として役立てていたのです。

ニ．締めくくりに

文部省では、昭和36年から4年間、国、公、私立のすべての中学校の2年生と3年生を対象とする悉皆調査を行いましたが、37年以降の調査の実施においては、日教組からの妨害もほとんどなく、ほぼ完全に実施されました。

（参考）

1．学力調査をめぐる混乱

(1)「学テ」としての批判

○文部省は、すでに昭和31年から実施していた抽出（4～5％）による学力調査について、昭和36年、全国の公立、私立及び国立の中学校に在籍する2年生及び3年生の全生徒を対象として、初めて、全国一せい学力調査を実施しました。文部省が行う学力調査は、最高裁も認めているとおり、「行政調査」の一種であり、あくまでも教育の機会均等の確保等の目的から、生徒全体の一般的な学力の実態を把握し、学習指導や教育条件の改善のための基礎資料を得るために行うもので、個々の生徒の成績を評価するために行うものではありません。

○ところが、昭和31年から実施されてきた「学力調査」が、いつの頃からかジャーナリズムの世界では、「学力テスト」と呼ばれるようになり、それに日教組やそれを支援する教育学者グループも加わって、しだいに「学テ」という呼び方で通用するようになってしまっていたのです。そして、文部省の学力調査が、それが始まるよりもずっと以前から行われ、進学競争に拍車をかけていた民間のさまざまないわば非教育的な学力テストと同様に扱われ、それらの行き過ぎた実施に伴う弊害の責任のすべてを国の学力調査に負わせるような風潮さえつくり上げられていたのです。

こうして、このいわば歴史的意義をもつ「昭和36年度全国中学校一せい学力調査」が、国自らがテストブームをあおり、教育と子供をゆがめていると批判される環境が整っていた中で実施されたことは、誠に不運なことだったのです。

(2) その他の混乱

○日教組は、学力調査を止めさせる大義名分として、全国一斉学力調査は教育の国家統制を図るものと批判し、また、学力調査に反対する理由の一つとして、昭和33年に抜本的に改正され、法的拘束力をもつことになった学習指導要領を定着させないという目的を明らかにしていました。ところが、一斉学力調査が行われて困るのは、組合そのものよりもむしろ日常の教育に自信の持てない個々の組合員教師であって、全国一斉学力調査の結果が、始まったばかりの勤務評定にそのまま使われるのではないかとの不安が強くあり、むしろそのために反対活動に参加していた組合員が多かったのです。

ただ、学力調査が、実際にはそのような使われ方をされなかったため、この不安に伴う反対活動は、急速に沈静化して行ったのです。

○なお、学力調査の正常な実施を妨害する行為は、日教組側とは全く異なる観点から、一部の県の一部の学校等によっても行われていたのです。これらの県、学校等では、文部省が実施する全国学力調査で「日本一」をとりたいという思わくから、単に成績を上げるためだけのさまざまな策が講じられ、正しい調査結果を得ることを妨げたと報じられていました。

当時、この事件を調査した学者らは、この心得違いをした一部の関係者たちの「浅ましさや、弱さをあげつらうことに終始するならば、事の本質をそらすおそれがある」とし、こういった事態が生ずることは予想できたことであり、「一、二の県のボスや教育当局の罪は大きいが、そんな狂態を演じさせるのはまさに一斉学力テストというものの施行である」と、あくまでも文部省が学力調査を実施したこと自体に問題があるかのごとき言動に終始していたことは、誠に残念なことでした。

しかし、学力調査はその後しばらく継続されましたが、このような混乱はこれらの学者の心配通りにはならず、もっぱら36年度だけの出来事として終わったのは幸いでした。

2. 試験と「競争」について

○ 教育界では、以前から、試験に関連して「競争」はよくないこととされ、ある日教組の委員長は、「教育から競争を取り除いていくべきだ」と強く主張していました。

○ ここで、入学試験や入社試験を念頭において「競争」というものについて考えてみますと、まず、人間の能力、適性そして将来の志望は千差万別であり、他方、学校や企業等はそれぞれの特色を備え、その要求は複雑・多岐となっており、それぞれ、自己のところに必要な人材を集めようと懸命に努力しています。したがって、一人ひとりの人間が自分の志望する学校、企業等に入りたいと思えば、選別としての「競争」は避けることはできないのです。このことは、社会が民主化されればされるほど機会均等が保障され、競争はなくなるどころかますます盛んになってきているのです。

○　人類の文明は、競争によって進歩してきたといえるのであり、人間の世界から競争を取り除くことはできないのではないでしょうか。そこで、単に競争を否定するのではなく、学校、企業等の試験をそれぞれ意味のある競争にするよう、絶えず改善の努力が行われるよう関係者全員が意を注がなければならないのです。

二、平成19年度再開の全国学力調査の意義について

はじめに

前述したように、昭和31年から続けられた学力調査は、主として義務教育終了段階における学力調査で、これによって教育課程改善等のための必要な資料は一応得られたため、従来の方式によるものは、昭和41年で打ち切られていました。ここで、平成19年、その延長上に学力調査が41年振りに再開されるに至った背景と意義について考えてみます。

○昭和59年に設置された臨時教育審議会（臨教審）は、「戦後教育の総決算」を提唱して「教育の自由化」を打ち出し、「画一性、硬直性、閉鎖性」を打破した「個性重視の原則」に基づいて、教育における規制緩和、教育サービス提供の主体の多様化、教育を受ける側の選択機会の拡大など、平成に入り具体化をみるさまざまな方策を提示していました。

○このような流れの中で、学習指導要領の変化を見ますと、平成元年の改訂では、「知識偏重の学力観」を改め、「子どもが自ら考え、主体的に判断し、表現できる資質や能力の育成を重視する学習指導」へと、いわゆる「新学力観」への転換が示されていました。

そして、その延長上に、平成10年の学習指導要領の改訂では、学校5日制の完全実施と教育内容の3割減が示され、合わせて、教科などの枠をこえた横断的、総合的な学習の時間である「総合的な学

習の時間」が導入され、各学校の創意工夫による運用が認められ、ここに「ゆとり教育」が本格的に動き出していたのです。

ただし、この「ゆとり教育」が始まって間もなく、これに対して学校現場や保護者からの不安もあり、また、教育専門家の間でも学力低下が引き起こされているのではないかと批判され始めていました。(注)

（注）学力調査の再開とほぼ同時期に準備されていた平成20年の学習指導要領の改訂では、総授業時数の増加、「総合的な学習の時間」の削減などが行われました。

1．平成19年度学力調査再開の背景と経緯

○「ゆとり教育」による児童・生徒の学力低下が本格的に憂え始められた頃、その判断に拍車をかけるような国際機関による調査結果が発表されたのです。

ＯＥＣＤが平成12年度（２０００年）に実施した第1回国際学習到達度調査（ＰＩＳＡ(注)）についての調査結果が、まず平成13年度に公表され、続けて平成15年度（２００３年）に実施した調査結果が、平成16年度（２００４年）に公表されました。その結果は、次のとおりです（なお、参考のため、それ以降に実施された結果についても、併せて掲載します。）。

（注）ＰＩＳＡは、ＯＥＣＤが加盟国30か国を中心に、２０００年（平成12年度）から3年ごとに、「読解力」、「数

学的リテラシー」、「科学的リテラシー」の3分野で、15歳の生徒がそれまで身につけた知識や技能を実生活で生かす能力を測るための調査です。

	読解力	数学的リテラシー	科学的リテラシー
平成 13 年度	8 位	1 位	2 位
平成 16 年度	14 位	6 位	2 位
平成 19 年度	12 位	6 位	3 位
平成 22 年度	5 位	4 位	2 位
平成 25 年度	1 位	2 位	1 位

○　平成13年に続いて平成16年度の上記調査結果が公表された頃、中山文部科学大臣は、この調査結果について、まだ上位にあるものの低下傾向にある（読解力が大幅に低下するとともに、数学や理科についても低下傾向にある）ことを憂え、国会において、大要、次のような答弁をされています（平成16年12月1日、文部科学委員会）。「高齢化と少子化が進み、しかも天然資源に恵まれない我が国が、今後とも競争力を維持し、将来にわたって活力ある国家として発展していくためには、チャレンジ精神を持ったたくましい人材の育成が不可欠である。そのためにも、学校教育において確かな学力をはぐくみ、世界のトップレベルの学力の向上を図る必要がある。」

そして、全国的な学力調査を実施する必要性については、次のように述べています。

「学校教育の到達目標の明確化とあわせて、児童、生徒の学力状況を全国的、客観的に把握し、教育の成果を評価する。そして、各都道府県、市町村そして学校のそれぞれに、全国の状況との比較において、教育指導の改善と児童、生徒の学習意欲の向上についての動機づけを与え、実際にも学力の向上に生かすことが大切である。」

○　そして、実際の全国的な学力調査の再開は、この中山文部科学大臣の提案が発端となったのですが、文部科学省が平成17年に実施した「義務教育に関する意識調査」の結果、保護者の6割強が全国学力調査の実施に賛成し、児童、生徒の学力水準の保証に対する社会的関心や要請が高まりを見せていたのです。

　こうした中、平成17年6月21日の閣議決定、同年10月26日の中央教育審議会の答申で実施の方針が決まりました。そして、文部科学省は、平成19年度から実施するため、具体的な実施方針等の検討を専門家の会議に委嘱し、「教育再生会議」は第一次報告（平成19年1月24日）において、平成19年度からスタートする全国学力調査を継続的に行い、学力の把握・向上と教育内容の改善に生かす必要があると提言したのです。

○　なお、平成19年度から学力調査と共に「学習状況調査」が実施されていますが、それは一つは、小学校6年生の児童と中学校3年生の生徒に対し、それぞれ「児童質問紙」（15問）と「生徒質問紙」（15問）によって、「学校や家での勉強や生活の様子について」尋ね、その状況を把握しようとするものです。

いま一つは、小学校は小学校長に対し、中学校は中学校長に対し、それぞれ、「小学校学校質問紙」（17問）と「中学校学校質問紙」（17問）によって、「学校の教育活動全般についての取組や学校の人的・物的整備の状況」について尋ね、その状況を把握しようとするものです。

学習状況調査は、学力調査と一体のものであり、その目的も学力調査と同じであることについては、後述します。

2. 平成19年度からの全国学力・学習状況調査の実施状況

平成19年度から平成28年度までの実施状況は、次のとおりです。（注1）

平成19年度（2007年度）全国学力・学習状況調査を、国・公・私立学校の小学校6年生、中学校3年生の児童生徒を対象に、国語、算数・数学の2教科での悉皆方式で実施（4月24日）

平成20年度（2008年度）同右（4月22日）

平成21年度（2009年度）同右（4月21日）

平成22年度（2010年度）同右（ただし、悉皆方式に替えて、抽出調査（4～5％）及び希望利用方式で実施）（4月20日）

平成23年度（2011年度）東日本大震災の影響等を考慮し、実施を見送る。希望する教育委員会と学校に対し、問題冊子を配布した。

平成24年度（２０１２年度）平成22年度と同じ。ただし、教科に理科を加え、３教科で実施（注２）（４月17日）
平成25年度（２０１３年度）平成21年度に同じ（４月24日）
平成26年度（２０１４年度）同右（４月22日）
平成27年度（２０１５年度）同右　ただし、教科に理科を加え、３教科で実施（４月21日）
平成28年度（２０１６年度）平成26年度に同じ（４月19日）

（注１）平成22年度と24年度の実施が抽出調査となっているのは、「民主党」政権（平成21年9月16日〜平成24年12月26日）下の政策判断によるものです。
（注２）平成24年度と27年度の教科に「理科」が加わっていますが、今後も、3年ごとに理科が加わります。

3. 全国学力調査の適法性について

平成19年度以降、文部科学大臣が企画、立案し、その要求に応じて実施されている行政調査としての性格をもつ全国学力調査が、教基法16条（改正前の10条）との関係において適法であることは、この全国学力調査が、昭和36年度に実施された全国中学校一せい学力調査と基本的性格（目的、必要性、実施方法等）において全く変わりがないことから明らかです。

ちなみに、平成19年度に実施された「全国学力・学習状況調査」の実施要領には、「調査の目的」

が次のように記載されています。なお、この目的は、同時に行われた「学習状況調査」の目的と共通したものとして書かれていることに留意して下さい。

調査の目的

（1）全国的な義務教育の機会均等とその水準の維持向上の観点から、各地域における児童生徒の学力・学習状況を把握・分析することにより、教育及び教育施策の成果と問題を検証し、その改善を図る。

（2）各教育委員会、学校等が全国的な状況との関係において自らの教育及び教育施策の成果と問題を把握し、その改善を図る。

4. 日教組の対応

日教組が、平成2、3年以降、文部省、教育委員会に対する基本的姿勢について「対決」、「反対」から「対話」と「協調」のいわゆる現実路線へ転換したことについては、前述したとおりです。

その上、かつて文部省によって実施された全国一斉学力調査については、前述したように、昭和51年にすでに最高裁からその適法性を詳細に論じた判決が出されていることから、平成19年度から再開された全国学力調査について日教組本部は「容認」するとの姿勢を示していました。そのため、地方レベルでは平成19年の実施前に、一部に抵抗する動きも散見されましたが、実施の段階では、かつて見られたような調査妨害等は全く見られず、以後の調査は学校現場をはじめ関係する多くの人たちの理解と協力を得て、順調に続けられています。(注)

（注）公立学校では、愛知県犬山市教育委員会だけが、「自ら学ぶ力」を向上させるための検証を独自に行っているなどの理由から、平成19、20年度の国の調査への参加を見送りました。

（関連）学力調査を正しく理解するために（二つの基本的な問題への回答）

平成19年度から、41年振りに文科省の学力調査が再開されるのを間近に控えて、相変わらず国が行う学力調査の性格、趣旨等を正しく理解しないまま、いくつかの反対論が提起されていました。そこでここでは、学力調査に関する次の二つの基本的な問題について、解説しておくこととします。

学力調査の実施は、「地方分権の流れに逆行した教育の国家統制になりかねない」という主張について（毎年度でなく、抽出でもよいのではないかという主張を含めて）

○　教基法3条には、「すべて国民は、ひとしく、その能力に応ずる教育を受ける機会を与えられなければならない」と定められています。すなわち、国は、普通教育とりわけ義務教育については、教育の機会均等の確保と、全国的な一定水準の維持・向上を図るという極めて大切な責務を負っているのです。

具体的に言いますと、国は、義務教育諸学校で学ぶすべての子供たちが日本全国のどの地方のどの学校のどの先生から学んでも、等しい内容・レベルの教育が受けられるように配慮しなければならないのです。

○ そこで、文科省では、毎年度、全国一斉学力調査を実施して、日本全国の子供たちが、小、中学校のそれぞれの最終学年である小学校6年生と中学校3年生になったとき、最も基本的な教科である国語と算数（数学）について、小学校と中学校で要求されている最低限度の学力を身につけているかどうかを把握し、まず、国としての役割が果たされているかどうかを確認しているのです。したがって、この学力調査は、毎年度、そして全国悉皆《しっかい》で行うことが基本とされているのです。

○ それとともに、文科省では、実施要領の「調査の目的」(注)に示されているように、学力調査で得られた各地域における児童生徒の学力・学習状況の結果を分析し、国としての立場から、それまで行ってきた教育と教育施策の「成果」を見つけて、より一層の施策の充実を図り、「問題」を見つけて、教育課程の改善あるいは教育条件の整備・充実を図って、学力向上に役立てることとしているのです。

（注）「調査の目的」は、年度によって表現に若干の違いが見られますが、本質的な差異はありません。

○ 文科省が行っている全国学力調査の趣旨と目的は以上に述べたとおりであり、教育の国家統制を図ろうとする意図とは全く無縁なのです。

このことは、これまで行われてきた全国学力調査の実態からもお分かりいただけるのではないでしょうか。

学力調査によって「市町村・学校が序列化される」という主張について

○　学力調査に伴ういわゆる学校等の「序列化」が問題となることを根絶することは、人間の弱さその他のさまざまな事情があって、これまでの経験から中々困難だと思われます。しかし、これを防ぐ努力を尽くすことは大切で、文科省が定めたこの末尾に掲載している「結果公表の取扱い」に基づいて、市町村教育委員会を中心に、都道府県教育委員会、更には学校（校長及び教員を含む。）においても、調査結果の公表にはこれまで以上に細心の注意を払うことが望まれます。

○　ところで、学力調査の結果については、前述した国の目的とは別に、各教育委員会、学校等（以下、この説明の中では「学校等」という。）においても、全国的な状況との関係において、自らの教育と教育施策の成果とともに、課題を把握して、その改善を図ることを目的としているのです。そのためには、各学校等は、近隣の学校等との序列化を競い合うのではなく、何よりもまず、全国の学校等の中で、自分の学校等の学力がそれぞれどのような位置にあるのかありのままの姿を知ることが大切なのです。そして、そこから問題点を見つけ、改善するための目標を定めて学力の向上を目指すことが求められているのです。

各学校等で校長はじめすべての教員がこのことをしっかり認識して、学力調査がこの目的どおりに活用されれば、日本全体の学力の水準は着実に高まっていくと期待できるのではないでしょうか。文科省が平成19年度から全国学力調査を実施したねらいは、ここにあるのです。

○ ここで最初に戻りますが、学校等の関係者の皆様方は、学力調査の「負」の部分すなわち学校等の「序列化」の問題については恐れ過ぎず、関係者の良識と努力によってその影響を最小限にとどめつつ、その「正」の部分すなわち各学校等の「学力の向上」に期待をもって、学力調査を最大限に生かす努力を続けていただきたいものです。

○ なお、つけ加えますと、平成28年度に実施された小・中学校学力調査の結果が、昨年10月、公表されました。新聞・テレビ等の情報によりますと、全体としては学力の底上げが進み、下位の都道府県と全国平均との差が縮小しているなど、学力調査の目的が着実に達せられつつあることは、誠に喜ばしい限りです。これまで成績がかんばしくなかった都道府県や学校において、他県の学校との情報交換や指導者の交流などによって、日常の教育活動を高めるためのさまざまな工夫や努力が行われているようです。学力調査の実施をめぐって、いたずらな競い合いではなく、このような動き（学校間の協力関係）が一層進むことを期待したいものです。

平成26年度以降の結果公表の取扱い

	保有・提供する調査結果及びその取扱い
文部科学省 結果提供	国全体　各都道府県　（公表） 各市町村　各学校　各児童生徒＊　（非公表） ＊個人の特定はできない
都道府県教育委員会	—　当該都道府県　各市町村　各学校 市町村教育委員会の同意を得た場合、配慮事項に基づき、市町村名、学校名を明らかにした公表を行うことが可能
市町村教育委員会	—　—　当該市町村　各学校 市町村教育委員会の判断で、配慮事項に基づき、市町村名、学校名を明らかにした公表を行うことが可能 各児童生徒＊ ＊個人の特定はできない 非公表
学　校	—　—　—　当該学校 学校の判断で、配慮事項に基づき、公表を行うことが可能 各児童生徒 本人のみ提供

◆教育委員会等において調査結果を公表する場合の配慮事項

- 公表内容・方法等は、教育上の効果や影響等を考慮して適切なものとなるよう判断する。
- 単に平均正答率等の数値のみの公表は行わず、分析結果を併せて公表する。また、分析結果を踏まえた改善方策についても公表する。
- 市町村教育委員会において個々の学校名を明らかにした結果の公表を行う場合は、当該学校と公表内容・方法等について事前に十分相談する。なお、平均正答率等の数値を一覧にしての公表や各学校の順位付けは行わない。
- 児童生徒の個人情報の保護や学校・地域の実状に応じた必要な配慮を行う。
- 調査の目的や、調査結果は学力の特定の一部分であること、学校における教育活動の一側面であることなどを明示する。

第三章　政治と教育

一．教基法と政治教育

（政治教育）
第14条　良識ある公民として必要な政治的教養は、教育上尊重されなければならない。
　2　法律に定める学校は、特定の政党を支持し、又はこれに反対するための政治教育その他政治的活動をしてはならない。

(1)「政治的教養」の尊重

はじめに

○　戦後間もない頃の普通教育の学校現場の政治教育の状況を論じた学者の説明によりますと、多くの先生方は、政治を教育の対象として扱うこと、したがって、「政治的教養」に関する教育を行うことについてもなるべく避け、力を入れて取り組もうとはされなかったと指摘されています。そう評価される背景には、次のような事情があったようです。

○　政治と教育（ないしは教員）との関係については、戦後いち早く昭和22年3月に教基法が制定され、その8条の1項（改正後の14条1項。内容の基本は変わっていません。）では、「政治的教養」が教育上尊重されなければならないこと、そしてその2項では、学校は、一党一派に偏した政治教育その他政治的活動をしてはならないことが定められています。

当時の多くの教員の皆さんは、民主主義の土台をつくる国民の政治的教養の重要さについて、まだ自分たちにとって大切なことと十分理解することができないまま、この1項と2項の関係について、1項で行う政治的教養の教育が、2項で禁止されている偏向教育に当たりはしないかと気をつかい、それを避けるため、社会科等の授業においても、もっぱら教科書どおりに政治の制度についての「知識」を教えることに終始されていたのではないでしょうか。

○　他方、昭和20年代の末頃、一部の先生方が日教組本部の指導に基づいて、組織的に後述（この章の（参考―その一）「政治的に偏向した教育に関する昭和20年代末の二つの事件」参照）するような政治的に偏向した教育を行う例があちこちの都道府県の小・中学校で見られるようになったのです。

この新たな事態に対処するため、文部省では、後述するように昭和29年、急遽、いわゆる「教育二法」の制定に踏み切りました。この「教育二法」は、いずれも教育職員の行う教育活動を直接規制するものではありません。また、二法のうち「教育公務員特例法」の改正によって、地方公務員である教員の政治的行為の制限を国立学校の教員と同様にしながら、政治的行為の制限に違反した地方公務員である教員には、国立学校の教員とは異なり刑罰を科さないとされているにもかかわらず、日教組を支援する一部の学者は、不勉強のためかあるいは意図的にか、この二法によって、教育職員の一切の政治的言動が禁止され、しかも違反には刑罰が科せられるとの二重に誤った情報を伝えていたのです。

そのため、この「教育二法」の制定を契機に、多くの一般の先生方の政治に関する教育への取組みを、残念ながらそれまで以上に畏縮させ、沈滞させてしまったといわれ、近年まで、その姿勢がほとんど変わることなく引き継がれてきたといってよいのではないでしょうか。

○ところが、最近、高等学校を中心として、今までの姿勢のままではすまされない事態が生じているのです。すなわち、平成27年6月、公職選挙法が改正され、選挙権年齢が満20歳以上から満18歳以上に引き下げられたことにより、高校3年生の一部には選挙権を持つ者が生まれ、学校での政治的教養の教育をこれまでとは異なる立場から積極的に取組むことが求められるようになったのです。
しかも近年、小学校高学年生や中学生でも、家族と一緒にテレビニュースを視聴する者が多くなり、日本の防衛問題、沖縄の米軍基地問題、政治と国民生活の問題、災害問題など、日本の直面する実際の政治的問題に強い関心を持つようになっているといわれています。こうした中、とりわけ高校生については、政治的教養に関する教育の一環として、議会制民主主義など政治や選挙に関する「知識」を基本としつつ、生徒が身近に経験し実感をもって受け止めている現実の政治問題についても、教育の政治的中立を確保しながら、具体的かつ実践的な指導を行うことが求められるようになってきているのです。

①　政治的教養の教育の必要性

○　教基法の前文は、日本国憲法に示されている理想の実現は、「根本において教育の力にまつべきものである」と指摘しています。これは、理想的な教育が行われることによって、民主政治が可能となり促進されるということを明らかにしたものです。

民主政治は、国民自らが直接又は間接に行う政治であり、また多数決政治ですから、国民が民主主義とはどういうものであるかをわきまえず、民主政治の組織と運営についての見識を備えていなければ、民主政治は衆愚政治に堕してしまうのです。すなわち、民主政治の成否は、国民が相当に高いレベルの政治的教養を持っているかどうかによって決まってくるのです。したがって、民主主義による再出発を決意した我が国が、教育基本法に、「良識ある公民たるに必要な政治的教養は、教育上これを尊重しなければならない」と定めたのは、当然のことなのです。

○　ここで、「良識ある公民《(注)》たるに必要な政治的教養」とは何かについて、教基法を所管する文部省では、「民主政治の根本規範である憲法及びその原理を具体化した議員内閣制や地方自治等現代民主政治上の各種の制度についての知識並びに現実の政治の理解力とこれに対する公正な批判力、更には、民主国家の公民として必要な政治道徳及び政治的信念などをさす」ものと考え、指導してきました。

（注）「良識ある」とは、単なる常識を持つ以上に十分な知識を持ち、健全な批判力を備えているということであり、「公民」とは、積極的に社会を形成していく場合の国民、すなわち、政治との能動的地位における国民をいうもの

と考えられています。

○　このような内容を持つ政治的教養は、学校教育のみならず、社会教育、家庭教育等あらゆる形態の教育において尊重されなければなりませんが、とりわけ学校教育においては、教育基本法の制定当初から「さう言ふ政治的教養を与へるやうな教育を与へなければならぬ」ものと考えられてきたのです。したがって、現在でも、**高等学校**学習指導要領(注)の公民科「政治・経済」の「目標」としては、「広い視野に立って、民主主義の本質に関する理解を深めさせ、現代における政治……などについて客観的に理解させるとともに、これらに関する諸課題についても主体的に考察させ、公正な判断力を養い、良識ある公民として必要な能力と態度を育てる」こととされ、また、その「内容」においては、「……民主政治の本質や現代政治の体質について理解させ、政党政治や選挙などに着目して、望ましい政治の在り方及び主権者としての政治参加の在り方について考察させる」こととされています。

(注)なお、**小学校**においても、第6学年の社会科の目標では、「政治の働きと我が国の政治の考え方……を理解できるようにし」という記述が見られ、また**中学校**第3学年の社会科の「内容」においては、「国会を中心とする我が国の民主政治のしくみのあらましや政党の役割を理解させ、議会制民主主義の意義について考えさせるとともに、多数決の原理とその運用の在り方について理解を深めさせる」こととされています。

○ところで、民主主義は、それ自体が一つの政治理念であり、思想、表現、結社等の自由を尊重し、政治上の信念や意義の多元性を認めるものです。したがって、学校において民主主義の正しさについて、例えば「議院内閣制を建前とする我が国においては、自民党、民進党……といったような多数の政党が対立し、互いにその主義、政策の正しさを争っている。国民はそれらを比較し、判断して、選挙によって自民党に政権を担当させたり、次には民進党……に政権を担当させたりする。こういう政治のやり方が一番よいのだ」と教えることは、現憲法下の議会制民主主義を支持することにはなっても、自民党を支持することにも、民進党……に反対することにもならないのは当然のことであり、各学校において、政治的教養に関する教育へのとっかかりとして、このような知識を与える教育が、普通に行われてきたことと思われます。

② 現実的政治問題への対応

○政治は生き物であるといわれます。ところが、学校教育において今述べたような社会科の教科書に沿った無難な解説を行うだけでは、現代の若者にとっては、毎日、身近に見、聞きしている国や社会の政治の動きとは縁遠い、いわば無味乾燥なものになってしまい、やがては重要な政治問題に対しても、素朴な関心すら示そうとしない多くの若者たちを育ててしまうことになりそうです。

学校教育の場で、実際に生じている政治問題を避けたり、取り扱わないというのは、そういう問題に関心を持つことすらいけないと学校が伝えようとしているようで、高校生ともなれば極めて不自然なことだったのではないでしょうか。

○文部省においても、前述したように、教基法制定後間もなく出版した解説書の中で、「良識ある公民たるに必要な政治的教養」として、各種の（政治）制度についての知識にとどまらず、「現実の政治の理解力及びこれに対する公正な批判力」を育てることも必要であると考えていたのですが、これらは、実際に生起している政治問題に適切に触れないで身につけられるものではありません。高校生の一部が選挙権を持つようになったからということではなく、もっと以前から生徒たちが身近に経験し、実感をもって受け止めている現実の政治問題に触れつつ、政治的教養の教育が行われていてもよかったのですが、今こそ確実に、政治的教養の教育をあるべき姿に変えなければならない時が到来しているのです。

○さて、これまで、政治的問題についてはもっぱら受け身の姿勢だけに終始していた高校生たちが、今や実際の政治の世界の問題について具体的なイメージを育み、彼ら自身の問題として受け止め、そしてさまざまな問題について、彼らなりの解明に乗り出していくことが期待されているのです。そして、その成果は、さまざまな試行錯誤を乗り越えて進められる今後の学校側の指導のあり方いかんにかかっているといってよいと思われます。

そこで、学校でこのようないわゆる「政治学習」が行われる際、すなわち、政治的に対立する見解がある実際の問題を取り上げる場合に留意すべき点について、まず、学校の管理者としての校長の立場から、次に、実際にその教育を担当する教員の立場から考えてみることとします。

イ．学校（校長）として

・学校として、政治的中立（偏りがないこと）の姿勢を保つことを徹底させる。

・教員間でバラバラな取り組みとならないよう、学校として取り組む姿勢や基本的な問題については、共通の理解を持つようにすること（教員間の考え方や指導の不一致による、生徒への影響などを考慮して）。

・政治的立場がからむ問題については、保護者との関係（事前連絡等）に留意すること。

・学校の講演会に政治的立場にある人（国会議員、首長等）を招く場合は、事前の打ち合わせで、学校の立場について理解を得ておくこと（選挙運動期間中は、避けることが望ましい。）。

ロ．担当教員として

（イ）基本的事項

・取り上げる問題については、指導者としてそれを取り扱う意義（何を生徒に考えさせ、伝えるのかを含む。）をしっかり持っていること。――授業の準備

・議論し合う過程では、特定の生徒に集中させることなく、できるだけ多くの生徒が参加できるように配慮すること。――授業の展開

・具体の問題を取り上げる場合、生徒の意見、考えを、全体としてどういうところに導くか、おおよその見当をつけておくこと（多少のぶれはあっても、ぶれ過ぎないよう、また、特定の生徒の議論に振り回されないように配慮する）。――授業の締め

（ロ）一般的な留意事項

・教員は、常に、自然体（感情的にならず、冷静に）で、どんな問題にも、中立、公正な立場で指導すること。すなわち、特定の事項を強調し過ぎたり、偏った取扱いをしないこと、また、特定の考えを押し付けないこと、とりわけ、政党の政策については、一つの政党の見解だけでなく、必ず、主要な複数の政党の主張を取り上げること。

・特定の政党の政策を多様な見解の中の一つとして提示するに当たっては、教員個人の主義・主張を述べることは避けて、中立かつ公正な立場で指導するよう留意すること。

・まだ未確定の問題など、多様な見方、考え方ができるものについては、生徒の考えや議論が深まるよう、それとなく教員の側からさまざまな提案をすること。

・教員が個人として意見や考えを述べる場合には、それが複数ある見方の一つであることを分からせるようにすること。

・生徒に自分の考え（意見）を発表させるとともに、他の生徒の意見にもしっかり耳を傾け、自分の考えを深めさせるとともに、合意形成が図れるように指導すること。

・これらを通じて、政治の問題に親近感（自分たちの生活、生き方に密接に関係していること）を抱かせるようにすること。

（ハ）特に、政治的な配慮を必要とする事項

・教員は、公職選挙法１３７条及び日本国憲法の改正手続きに関する法律（平成19年法律第51号）１０３条2項において、その地位を利用した選挙運動及び国民投票運動が禁止されています。その言動が生徒の人格形成に与える影響が極めて大きいことに留意し、学校の内外を問わず、その地位を利用して特定の政治的立場に立って生徒に接することのないよう、また、不用意に地位を利用した結果にならないようにすること。選挙運動中は、特に留意すること。

・国会等で審議中の問題を取り上げる場合には、複数の新聞等で、当該問題について対立する見解の違いを、どちらの立場にも立たず、公平に、正しく理解させること。

（ニ）特別な事項

・18歳以上の生徒と18歳未満の生徒がいる場合の指導に当たって、政治的な教養を育む教育の重要性についてこれまで説明してきたことについては、特に両方の生徒を区別する必要はありません。

しかし、両者の選挙権の有無や公職選挙法上の選挙運動が可能かどうかなど法律上差異があること、満18歳以上の生徒が、同じ高校生という理由で満18歳未満の生徒に同じ行動を求めることは違法とな

る場合があること等について理解させておくことが必要です。

・外国籍の生徒に対する政治的教養を育む教育は、学校教育の一環として行われるものであり、日本人の生徒と同じ指導を行うことは大切なことです。

なお、外国籍の生徒についても、日本人生徒と同様に、満18歳未満の生徒は公職選挙法上、選挙運動に当たる行為を行うことはできませんので、留意することが必要です。

③ 学校における補助教材の適切な取扱いについて(注)

(注) 以下に掲げる補助教材の取扱いに関しては、平成27年3月4日付、文科省初等中等教育局長の「学校における補助教材の適切な取扱いに関して(通知)」から、重要と思われる部分を引用し、掲載しています。

なお、2の(3)は、教育委員会の学校に対するかかわり方を記述しています。各学校は、学校としての受けとめ方を、これから正しく汲み取って下さい。

1. 補助教材の使用について

(1) 学校においては、文部科学大臣の検定を経た教科用図書又は文部科学省が著作の名義を有する教科用図書を使用しなければならないが、教科用図書以外の図書その他の教材(補助教材)で、有益適切なものは、これを使用することができること(学校教育法34条第2項、第49条、第62条、第70条、第82条)。

なお、補助教材には、一般に、市販、自作等を問わず、例えば、副読本、解説書、資料集、学習帳、問題集等のほか、プリント類、視聴覚教材、掛図、新聞等も含まれること。

（2）各学校においては、指導の効果を高めるため、地域や学校及び児童生徒の実態等に応じ、校長の責任の下、教育的見地からみて有益適切な補助教材を有効に活用することが重要であること。

2．補助教材の内容及び取扱いに関する留意事項について

（1）学校における補助教材の使用の検討に当たっては、その内容及び取扱いに関し、特に以下の点に十分留意すること。

・教育基本法、学校教育法、学習指導要領等の趣旨に従っていること。
・その使用される学年の児童生徒の心身の発達の段階に即していること。
・多様な見方や考え方のできる事柄、未確定な事柄を取り上げる場合には、特定の事項を強調し過ぎたり、一面的な見解を十分な配慮なく取り上げたりするなど、特定の見方や考え方に偏った取扱いとならないこと。

（2）補助教材の購入に関して、保護者等に経済的負担が生じる際には、その負担が過重なものとならないよう留意すること。

（3）教育委員会は、所管の学校における補助教材の使用について、あらかじめ、教育委員会に届け出させ、又は教育委員会の承認を受けさせることとする定を設けるものとされており（地方教育行政の組織及

び運営に関する法律第33条第2項)、この規定を適確に履行するとともに、必要に応じて補助教材の内容を確認するなど、各学校において補助教材が不適切に使用されないよう管理を行うこと。

ただし、上記の地方教育行政の組織及び運営に関する法律第33条第2項の趣旨は、補助教材の使用をすべて事前の届け出や承認にかからしめようとするものではなく、教育委員会において関与すべきものと判断したものについて、適切な措置をとるべきことを示したものであり、各学校における有益適切な補助教材の効果的使用を抑制することとならないよう、留意すること。

なお、教育委員会が届出、承認にかからしめていない補助教材についても、所管の学校において不適切に使用されている事実を確認した場合には、当該教育委員会は適切な措置をとること。

（関連）

高校生の政治的活動等の指導上の留意点（注）

（注）このテーマは、教員による「② 現実的政治問題への対応」の一環をなす課題としてここで記述することとしました。

なお、このテーマについては、もっぱら昭和27年10月29日付、文部省初等中等教育局長の「高等学校等における政治的教養の教育と高等学校等の生徒による政治的活動等について（通知）」を引用しつつ説明します。

はじめに

公職選挙法の改正により、被選挙権の引下げが行われ、満18歳以上の生徒が選挙運動をできる（18歳の誕生日の前日以降可能となる。）ようになったのであり、高等学校等は、これを尊重しなければなりません。

このような法改正は、未来の我が国を担っていく世代である若い人々の意見を、現在と未来の我が国のあり方を決める政治に反映させていくことが望ましいとの意見に基づくものであり、今後は、高等学校等の生徒が、国家、社会の形成に主体的に参加していくことがよりいっそう期待されているのです。

1. 一般的留意事項

他方、学校は政治的中立性を確保することが求められており（教基法14条2項）、また、高等学校等は学校教育法50条、51条及び学習指導要領に定める目的・目標を達成するべく生徒を教育する公的施設であり、更に高等学校等の校長は、各学校の設置目的を達成するため、生徒の政治的活動について必要かつ合理的な範囲内で制約をする権能を有しているのです。なお、高等学校等の生徒が「住民投票」を行う場合は、選挙運動に準じて指導等を行うこととし、「国民投票運動」を行う場合は、政治的活動に準じて指導を行うことが必要です。

これらのことを踏まえて、高等学校等は、生徒による選挙運動及び政治的活動について、次のような事項について留意することが必要とされています。

2. 具体的留意事項

(1) 正規の活動中の留意事項

学校では、教科・科目等の授業だけでなく、生徒会活動、部活動等の授業以外の活動も学校の教育活動の一環として実施されているのです。したがって、生徒がこれらの教育活動の場を利用して本来の目的を逸脱した選挙運動や政治的活動を行うようなことがあれば、教基法14条2項に基づいて政治的中立性が確保されるよう、学校ではこれを禁止することが必要です。

(2) 放課後や休日等における活動中の留意事項

① 学校の構内での選挙運動や政治的活動については、他の生徒の日常の学習活動等への支障、学校施設での物的管理上の支障、その他学校の政治的中立性の確保等の観点から、教育を円滑に実施する上での支障が生じないよう、学校はこれを制限又は禁止することが必要です。

② 学校の構外で行われる選挙運動や政治的活動については、違法なもの、暴力的なもの又はその恐れが高いと認められる場合には、制限又は禁止することが必要です。

また、生徒が政治的活動等に熱中する余り、学業や生活等に支障が生じ、又は生徒間に政治的対立が生まれるなどして学校教育の円滑な実施に支障があると認められる場合には、学校は生徒の政治的活動等について、それぞれの支障の状況に応じて、必要かつ合理的な範囲で制限又は禁止することを含め、適切に指導を行うことが求められます。

③ なお、放課後や休日等に学校の構外で行われる選挙運動や政治的活動は、家庭の理解の下、生徒が判断し行うものであることを共通認識として持っていることが大切です。その際、生徒の選挙運動や政治的活動は、政治的教養の教育を現実の政治を素材とした実践的な教育活動として実施するための大切な方法となるものであり、そのためには、学校としての方針を保護者やＰＴＡ等に十分説明し、理解を共有することを通じ、家庭や地域の団体等との連携・協力を図ることが望まれます。

(3) インターネットを利用した政治的活動等

インターネットを利用した選挙運動や政治的活動については、さまざまな利便性、有用性が認められる反面、公職選挙法上認められていない選挙運動を生徒が行うことのないよう、政治的教養の教育や高等学校等の生徒による政治的活動等に係る指導を行うに当たっては、こうしたインターネットの特性についても十分留意することが望まれます。

このテーマの中での用語の定義

「**選挙運動**」とは、特定の選挙について、特定の候補者の当選を目的として、投票を得又は得させるために、直接又は間接に必要かつ有利な行為をすることをいい、有権者である生徒が行うものをいう。

「**政治的活動**」とは、特定の政治上の主義若しくは施策又は特定の政党や政治的団体等を支持し、又はこれに反対することを目的として行われる行為であって、その効果が特定の政治上の主義等の実現又は特定の政党等の活動に対する援助、助長、促進又は圧迫、干渉になるような行為をすることをいい、選挙運動を除く。

「**投票運動**」とは、特定の住民投票について、特定の投票結果となることを目的として、投票を得又は得させるために、直接又は間接に必要かつ有利な行為をすることをいう。

(2) 学校の政治的中立性の確保

はじめに

教基法14条2項（改正前の8条2項）は、「法律に定める学校(注1)は、特定の政党(注2)を支持し、又はこれに反対するための政治教育その他政治的活動(注3)をしてはならない」と規定しています。

教基法制定当時、文部省は、この規定を設けた趣旨について、この規定の中に政治的活動という文言がありながら、通達の中で、この「第2項の趣旨は、学校の政治的中立性を確保するところにあります。」と説明しています。すなわち、この条項は、次の「2．政治的行為の規制」で説明するような、教育職員の「政治的行為の制限」に主眼があるのではなくて、学校における正しい政治教育のあり方を示し、政治教育として許される限界を示そうとしたものと理解することができるのです。

（注1）「法律に定める学校」とは、学校教育法第1条に定める学校及び「幼保連携型認定こども園」を指し、国・公・私立を問いません。

また、学校教育法第1条に定める学校とは、幼稚園、小学校、中学校、義務教育学校、高等学校、中等教育学校、大学及び高等専門学校です。

なお、各種学校等は、ここにいう「法律に定める学校」ではありません。

（注2）「政党」とは、ここでは政治的な目的を有し、その目的達成のために政治的活動をする結社又は政治団体をいうのです。

（注3）「政治的活動」とは、その行為の目的が政治的意義を持ち、その効果が政治に対する援助、助長、促進又は圧迫、干渉になるような行為をいい、特定の政党との関係の有無にかかわりません。

①「教育の政治的中立」について

現行法上、「教育の政治的中立」という文言は、後述する中確法に用いられていますが、この中確法の立案者は、この法律が確保しなければならない「教育の政治的中立」は、教基法8条2項に示されていると考えていたのです。

○ところで、教基法が制定された当時、8条2項は、次の二つの意味を含むものと考えられていました。一つ目は、学校を利用する政治活動を禁止するということです。このことは、政党勢力が学校の中へ入り込み、学校が党勢拡張の場として利用されて、本来の目的とする教育の営みを遂行できなくなるような事態を起こさせてはならないということを意味するものとされていました。このことが大切であることは言うまでもありません。しかし、現在では、国民の政治意識の成熟により、このような配慮は全く無用のものとなっています。

○二つ目は、学校の教育活動又は教育内容の政治的偏向を禁ずるということです。このことが要求されるのは、第一には学校教育の特質に基づくものであり、第二には民主政治の本質に基づくものであるといわれています。

○第一の学校教育の特質の一番目は、学校特に義務教育諸学校における教育の対象となる児童、生徒は、心身の発達が未成熟であり、政治意識の面においても、教育のいかんによっては容易に右にも左にも行き得るものであるということです。したがって、年少者の純白な政治意識に対し、一方に偏した政治教育を与える機会を絶対に起こさせないような適当な措置がとられなければならないのです。

学校教育の特質の二番目は「法律に定める学校は、公の性質を有するもの」（教基法6条1項）であり、そこで行われる教育は国民から信託されたものであるということです。したがって、学校教育は国民全体のものであり、「全体の奉仕者」である教員によって、国民全体のために行われなければならず、決して一部の利害関係や特定の政党的立場によって教育が利用されてはならないのです。

○第二の民主政治の本質とは、民主政治が国民が政治の利害得失を自分自身で判断する能力を持っていることを前提としていますので、何よりも国民の政治的価値判断の自主性を重んずるのです。したがって、民主政治は、教育が一党一派によって利用されることを極力排除しようとするのです。

○以上のような学校教育の特質と民主政治の本質から見て、学校又は教員は、児童、生徒に対して大きな影響を持つ学校教育の場で、彼らに対して特定の政治的既成判断を与えることは、どこまでも避けなければならないのです。教基法が、14条として特に一条を設けて「政治教育」に関する規定を置いたのは、現在では、前述したように政治活動に対する考慮よりも、このような正しい政治教育のあり方、政治教育として許される限界を示すことにあったと解すべきものとされています。

すなわち、教基法14条2項が確保しようとしている「教育の政治的中立」とは、公の性質をもつ学校において、心身の未発達な児童、生徒に対して行われる教育は、「政治的に一方に偏したものであってはならない(注)」ということを意味しているのです。

(注)「政治的に一方に偏した教育」であるかどうかは、その施される教育内容自体について客観的に判断すべきであって、教員の意図を問題とすべきではありません。
そして、その施される教育内容自体が一方に偏しているかどうかは、第一には、教育の材料自体が一方に偏しているかどうかによって判断されます。例えば、政党の政策に言及するときは、一つの政党だけのものを教えるということではなく、各政党のものにも及ぶべきなのです。

第二には、選択した教育の材料に対する教員の態度が一方に偏しているかどうかによって判断されます。例えば、ある政党の政策は支持するが、他の政党の政策には反対するというような態度をとってはならないのです。

ただ、現行の学校制度は、幼稚園から大学までを含み、したがって、被教育者の心身の発達の程度や政治意識は、各学校段階ごとに著しく差異がありますから、一方に偏しているかどうかを判断するに当たっては、画一的にならないよう配慮しなければなりません。

○　この点は大切な問題ですので、くり返すことになりますが、後述するいわゆる中確法制定のきっかけをつくった中央教育審議会の「教員の政治的中立性維持に関する答申」（昭和29年1月）は、次のように述べています。

「教基法（当時の8条2項を指す。）は、すべての教員に対し、一定の政治的活動の禁止の規定を設けている。これは教育の中立性を維持し、教員をして特定の政治的活動から中立を守らしめようとする趣旨に出たものである」とし、その上で、心身未成熟の高等学校以下の生徒、児童は、「その政治意識においても、正確な判断をするにはまだ十分に発達していないのであるから、教育のいかんによっては容易に右にも左にもなりうるものである。しかるにかれらに対して、強い指導力、感化力を有する教員が自己の信奉する特定の政治思想を鼓吹したり、またはその反対の考え方を否認、攻撃したりするがごときは、いかなる理由によるも許さるべきことではない。教員の政治的中立に関する諸問題はすべてこの原則を基本として、解決されなければならない」としめくくっています。

文部省の「教育の政治的中立」についての姿勢は、この答申の趣旨を、学校現場にしっかり定着させていこうとするところにあるといってよいのです。

②「教育の政治的中立」を確保するための公立学校の教員の職務遂行のあり方

ア．一般職地方公務員としての無党派性

○ 公立学校の教員すなわち市町村が設置する小・中学校の教員は、市町村の教育行政にたずさわる一般職の地方公務員であり、「全体の奉仕者として、公共の利益のために勤務し……なければならない」（地

公法30条）という一般的義務を負っています。この「全体の奉仕者」という文言は、その職務を遂行するに当たっては、厳しい政治的中立の立場を堅持し、一部の国民やあるいは特定の政党の奉仕者となってはいけない、すなわち不偏不党の立場を貫くというその反面の意味の方に重点を置いて理解すべきものなのです。

○　また、市町村立学校の教員は、当該市町村の公務員として、その職務に関して制定される国の法令に従うことはもとより、その学校の管理運営等に関して定められたその市町村の条例、規則及び教育委員会規制に従わなければならず、市町村の教育委員会を頂点とする職務上の上司（校長、教頭等）の職務上の命令に、たとえそれが自己の意思に反していても、忠実に従わなければならないのです（地公法32条、地教行法43条2項）。

○　このように、市町村立学校の教員は、地方公務員法上は、行政職職員等と同じく、広く、地方公共団体の行政にたずさわる一般職公務員として位置づけられ、一般職公務員としての服務規定が適用されるのです。そして、市町村立学校の教員を含む一般職地方公務員の職務の特殊性は、職務を遂行するに当たっては、みずからは政治的価値判断をすることはできず、国民を直接に代表する国会で決定される法律を頂点とする法令等に示される公共の利益を、各行政機関の長の指揮のもとに、忠実に実施していくこととされているのです。このことによって、全体の奉仕者としての使命を全うすることができるのです。

○　以上を要約しますと、市町村立学校の教員を含む一般職地方公務員は、その職務を遂行するに当たっては、みずからは政治的価値判断をすることはできないという意味での無政治性、無党派性を要求されているのです。

イ．公立学校の教員としての政治的中立性

公立学校の教員は、個人としての政治的信念がどうであれ、このように「一般職地方公務員」としては、みずからは政治的価値判断をすることはできないという意味での無政治性、無党派性の態度をとることが要請されているのですが、また、「教員」としては、くり返し述べてきましたように、児童・生徒に対して政治的に一方に偏した教育を与えてはならないという意味での政治的中立性の態度をとることが要請されているのです。

ウ．まとめ

ここで、この両者すなわちア．とイ．の関係について説明しますと、公立学校の教員は、「教員」としての身分と「一般職公務員」としての身分を併せ持っているのですが、前者の身分は後者の身分とは別にその外に存在するというものではなく、前者の身分は後者の身分と重なり合っていると解すべきなのです。したがって、公立学校の教員は、職務を遂行するに当たって、「教員」として政治的中立の態度をとることによって、同時に「一般職公務員」として無政治性、無党派性の態度をとっていることに

もなるというように解すべきものなのです。

すなわち、公立学校の教員は、学校において、児童生徒に対する教育活動を行う場合には、まさにこうした意味での「政治的中立性の態度＝無政治性、無党派性の態度」をとることが義務づけられているのです。

③ 政治的中立性を保つ政治学習の進め方の工夫

○「中立」という言葉を辞書で引きますと、「いずれにも偏らないこと」との意味が記されています。そして、このことを念頭に置いて「特定の政党を支持し、又はこれに反対するための政治教育……をしてはならない」という教基法14条2項の規定を読み返しますと、学校教育では、およそ一党一派に偏した政治教育を排除する、すなわち現実に生じている具体的な政治問題を取り扱う場合、特定の政党の政策だけを取り上げ、あとは無視するとか、いい加減に取り扱うことは許されないというのがこの条文の趣旨なのです。

○そこで、ある学者は、文字どおりこの点に重きを置いて、例えば、あるクラスが学習課題として憲法改正、安保、沖縄基地等の現在の重要な政治問題について学習する場合、一つの政党の見解だけに限定して進めたり、あるいは自民党、民進党という特定の政党の方針だけを取り上げるのでは、上述した教基法の趣旨に沿っているとはいえません。そこで、当該問題に対する各政党の方針、政策をすべて網羅し、公正にデータを並べて比較検討するのであれば、文字どおり一党一派に属しない形で、具体的な政治学習の指導をすることが可能になると説いています。

○これに対して、別の学者は、自らは「中立性」の定義づけをしないまま、「中立性を保っている政治教育というのは、教基法14条2項に違反しない教育全般をさし、幅広い概念である。蒸留水のように毒にも薬にもならない教育や、一方の立場を説明するときには必ず他方の立場をも説明すべきであるとするような八方美人的教育に、中立性ある政治教育を限定する必要もないし、またそうすべきでないと信ずる」と述べています。

○上述した二人の学者の主張のうち、前者については、その発想は理解できるのですが、実際の学校現場での対応を考えますと、学校としてあるいは一教員として、すべての政党から当該問題についての適切な資料、情報をもれなくしかも平等に集めるのは、中々骨の折れる作業であると思われますし、また、学習する時間についても、その進め方に対応できる十分な時間がとれるか不安が残るのではないでしょうか。さまざまな制約があって、期待したとおりに実行することは、中々容易ではないと思われます。また、後者の主張は、昭和20年代の末頃に日教組の組合員が全国各地で起こしたいわゆる偏向教育の事例（例えば、156頁参照）に何の反省もないまま、教基法14条2項について、学校現場にふさわしい解釈・運用の仕方を生み出す努力を全く放棄して、組合員に更なる偏向的教育をすすめているだけといえるのではないでしょうか。

○それでは、この問題にどのように対処すればよいのでしょうか。現実の日本のこれまでの政治の世界の動きを見ていますと、政府（与党）が進めようとしている政策とこれに反対して野党（通常、多くの政党ときには与党を除くすべての政党）が提案している政策とがあります。そして、通常、各政党の方針や主張、すなわち問題について国民に訴えたいことはすべてこれら与党と野党の政策の中に込められているように思われます。したがって、各党すべての政策や主張を個別にすべてもれなく集めなくても、重要な政党がもれていないか確かめつつ、与党と野党の政策を中心に集めて検討の資料とすれば、特定の政党に賛成し又はこれに反対する政治教育を行ったことにはならない、すなわち教基法14条2項の趣旨に沿っているといえる場合が多いのではないでしょうか。

○そして、多くの場合、その情報・資料は新聞を通じて得ることになると思われますが、その際、必ず、異なる見解を持つ複数紙を使用することが望まれます。そして、同じ問題を取り扱っても、各紙がとっている政治的立場によって見解がさまざまに異なっていることを生徒に理解させることが大切です。

その上で、教師が特定の見方や偏った取扱いをしないよう留意し、中立、公正な姿勢で指導に当たることが大切です。現実の大きな政治問題には、対象とする生徒の年令や心身の発達状況等に応じて、賛成、反対の根拠と理由とを広くしかも深く掘り下げて、一点に集中させない指導をすることが期待されます。

（参考―その一）

政治的に偏向した教育に関する昭和20年代末の二つの事件

はじめに

ここで、いわゆる教育二法が生まれるきっかけを作った昭和20年代末期に生じた政治的に偏向した教育の実例を二つ、少し詳しく紹介し、当時の日教組とそれに属する教職員の姿勢がいかに異常であったかを見ていただくこととします。

これらは、組織の指導者が、新憲法下の議会制民主主義に飽き足らず「社会主義体制」への移行を目指して活動していたことを現場の組合員が肌で感じていた時代のいわば「歴史的な出来事」として記憶にとどめておいていただきたいのです。これ以後、学校現場で、このような子供たちに対して組織的に行われる偏向的あるいは反体制的教育の例を見ることがなくなっていることは、誠に喜ばしいことです。

なお、教育二法の制定前に、教員の政治的行為が問題とされなかったわけではないのですが、それは昭和20年代の専ら都道府県及び市町村に設置された教育委員会の委員の選挙に際しての家庭訪問などであって、学校における教員の政治的活動に関する問題ではなかったのです。

1. 山口日記事件と大達文部大臣
――偏向教育によって、教育二法制定のきっかけとなった事件――

はじめに

昭和28年、29年頃を中心に、全国各地でいわゆる偏向教育、すなわち「特定の政党を支持し、又はこれに反対するための政治教育」（教基法８条２項）あるいはそれに準ずる教育(注)が、日教組の組織的活動として進められ、その教育に賛同する教員がそれに従って子供たちの教育に取り組むという事態が、あちこちの県で生じていました。その典型的な事例として大きく取り上げられたのが、昭和28年の春、山口県岩国市で生じたいわゆる「山口日記事件」で、次のような経緯をたどって発生したのです。

（注）ここで取り上げた事例が、厳密な意味で「特定の政党を支持」するものであるかどうか、すなわち、教基法8条2項で禁止されている「偏向教育」に当たるかどうかは別として、特定の政治的意図の下に、著しく一方に偏向した教育内容の典型例であることは明らかです。

(1) 事件の発端

○ 山口県教職員組合では、県内に岩国基地を抱える山口県としては、平和を何よりも子供たちの心の中に植え付けようという県大会の基本方針に沿って、「小学生日記」と「中学生日記」を編集したのです。

その内容について一例をあげますと、その欄外には次のような文章が掲載されていました。これは、冷戦時代に入り、日米安全保障条約に基づいてソ連（現在のロシア）に対する防衛を堅めるため、アメリカに軍事基地を提供するための、当時、政府（自由党）が盛んに叫んでいた「戸じまり論」をからかい、批判するものでした。

「日本人の心の中には、泥棒が家に入るのをふせぐために、戸じまりをよくし、錠前をかけねばならない、といってソ連を泥棒にたとえ、戸じまりは再軍備と同じだという人がいます。これは正しい話でしょうか――。表の錠前を大きくばかりして裏の戸をあけっぱなしにしているので、立派な紳士が、どろ靴で上って、家の中の大事な品物を８０６個も取ってしまいました。それでも日本人は気がつきません。とられた品物は何かよくみると、それが日本の軍事基地だったのです。一体、どちらが本当の泥棒かわからなくなってしまいますね。」

○　また、日記帳には、大人にとってすら答えるのが難しい次のような質問が、子供たちに投げかけられていました。

「再軍備についての議論の代表的なものを六つばかりあげてみます。学級の問題にしてどれが正しいか考えてみましょう。

(1)日本にしっかりした軍備がなければ、いつソ連や中共がせめてくるかもしれない。
(2)強い軍隊があれば外国からせめてこない。
(3)いまの世界のありさまから見て、ソ連や中共は日本へせめてくるはずがない。だから軍隊をつくる必要がない。
(4)今、軍隊をつくればアメリカに利用される。アメリカについて戦争をすれば、日本はまためちゃくちゃにやられてしまう。だから軍隊はない方がよい。
(5)軍隊をつくるのには多くの費用がかかる。軍隊をつくる金があれば、貧乏で困っている国民の生活をよくするのに回した方がよい。
(6)国と国との問題は戦争で解決しようとせずに、どこまでも話し合い(外交)で解決することができるはずだ。
などですが、あなたはどれとどれに賛成しますか」

○これらの日記帳は、28年4月の新学期から、これによって平和教育の指導を行うようにと各学校に配布されました。そして、これを受け取った教師たちは、現実の国際政治の動きにまだ関心がほとんどなく、また、国や社会の出来事に健全な批判力が備わっていない小・中学校の児童・生徒たちに対して、日頃、組合を通じて得ている知識によって、上記の設問ごとに自分の考えを一方的に伝え、あるいは押しつけ、それを「平和教育」の指導と称していたのです。

このように、「日記帳」に掲載された文章からは、当時の政府（与党）の政策を、野党の立場に同調して反対することを目的とする意図が明らかに読み取ることができ、それを使って行われる指導は、まさに教育の中立性をおびやかすものであり、教基法8条の趣旨に違反するものであったのです。

(2) 事件の拡大

配布後しばらくたった6月3日、岩国市教育委員会は、管下の学校長に対し日記帳の使用禁止と回収を命じました。これに対して市教組、県教組は、直ちに抗議活動を開始しましたが、岩国市教育委員会は、日記帳の欄外に書かれた上記の引用文を含むいくつかの文章が、「穏当を著しく欠く」との理由を伝え、回収命令を撤回しなかったのです。そして、県教委も、全県の校長に日記帳の回収を命じました。

(3) 大達文部大臣の登場と教育二法の成立

山口県でこの回収事件が始まる数日前の昭和28年5月21日、文部大臣に大達茂雄氏が就任しました。大達文部大臣の秘書官として仕えた今村武俊氏（後に初中局長、著者が文部省時代に最も薫陶《くんとう》を受けた人）によれば、大達文相は、一貫して、「先生方は、戦前・戦中は右に傾き過ぎ、戦後は左に傾き過ぎている。先生が個人としてどういう思想を持っていようと自由だが、自分の信念を教室に持ち込んではいけない。子供たちには、ぜひ、真ん中を歩かせてやりたい。」と持論を述べておられたのです。

すなわち、大達文相にとって最も大切な関心事は、子供たちの教育の内容を中庸に保たせるにはどうしたらよいか、そのために、教師にはどのような注文をすればよいのかということであり、日教組とそれを支援する学者等が最も心配していた教師の政治教育、政治活動の自由そのものを奪うことなど、毛頭、念頭にはなかったのです。

(4) 教育二法案の国会提出と成立

○これら偏向教育の事例は、教育に関する緊急の課題として国会でも大きく取り上げられ、また中央教育審議会も、29年1月、「教員の政治的中立性維持に関する答申」を文部大臣に提出しました。それは、「日教組の行動があまりに政治的であり、しかもあまりに一方に偏向している」こと、そして、「その決議、その運動方針が組合員たる50万の教員を拘束している点とその教員の授業を受ける1，800万の心身未熟の生徒・児童の存在する」ことを考えれば、「これを放任することは、やがて救うべからざる事態を惹起するであろう。」と憂え、結論として、「教員の組織する職員団体およびその連合体が、年少者の純白な政治意識に対し、一方に偏向した政治的指導を与える機会を絶無ならしむるよう適当な措置を講ずべきである。」と提言していました。

○この提言を受けて、政府はいわゆる教育二法案を作成し、29年3月、国会に提出しました。これらは、「教育公務員特例法の一部を改正する法律」と「義務教育諸学校における教育の政治的中立の確保に関する臨時措置法」として成立し、同年6月に公布、施行されました（内容の詳細は、177～192頁参照）。

2. 旭丘中学校事件(注)
――偏向教育から、生徒を巻き込んだ「学校の自主管理」へと発展した事件――

(注) このテーマを書くに当たっては、竹内洋氏著『革新幻想の昭和史』を参考としました。

はじめに

○ この事件は、京都市の旭丘中学校で偏向教育が行われており、子供を行かせたくない学校として、昭和28年末に、一部の保護者が京都市長、京都市教育委員会（以下「市教委」という。）と校長に抗議し、その改善方を申し入れたことに端を発しているのです。

保護者が訴えた偏向教育の具体例としては、数学や理科の授業中に、軍事基地や再軍備の話をすること、「アカハタ」を読んで聞かせること、生徒に労働歌を歌わせることなどです。これに対して校長は、「憲法や教基法に基づいて教育を行っており、何ら問題はない。」と回答したのですが、これを不満とした保護者有志は市教委に陳情し、「旭丘中学校教育問題に関する声明書」を発表しました。

○ 当時の旭丘中学校の特異な事情としては、教員数50人近くのうち、日本共産党に入党している者は8人、その同調者は6人で、一つの学校にこれだけ共産党系の教員がいたのは異例のことでした。

そして、昭和20年代の半ば以降、職員会議は校長主導ではなく議長を輪番制にしていたほか、生徒会活動が異様に活発で、生徒を政治活動に導き、また、PTA役員の多くは共産党に同調する者によって固められるなど、学校が組合（管理）学校化されていたのです。

○次に、旭丘中学校事件に影響を及ぼした当時の学校の外部の事情としては、共産党員の教員の周辺には、あたかもこの事件を教唆・煽動するかのような次のような言論にあふれていたのです。

・昭和28年初頭、日本共産党は、「教育労働者は、地域の民主勢力と結んで、平和と独立と民主主義のために闘う青少年を育成する教育をしなければならない。」と指示していました。

・矢川徳光氏（日本共産党員で、ソヴィエト教育学者）は、その著書の中で、「学校は、子供は子供なりに、人民革命の一翼をになうことができるような者に、これを合目的的に育成すべきである。それをこそ、われわれは正しい意味の教育とよぶ。」と煽っていました。

(1) 事件の発端

○このような内外の状況を抱えた旭丘中学校において、激しい事件の端緒となったのは、昭和29年3月24日、市教委が、それまでの旭丘中学校をつくり上げるのに中心的役割を果たしてきた3人の共産党員の教員に異動の内示をしたことでした。

この内示後、旭丘中学校の教員、保護者、地域住民等が、連日、内示撤回と3教諭留任を訴えて市役所に押しかけていましたが、31日には、生徒250人がこれに加わるなど、異常な雰囲気に包まれていったのです。その翌日の4月1日、3教諭の転任が正式に発令されましたが、3教諭はそれを拒否し続けたため、5月5日、臨時の京都市教育委員会が開かれ、「職務上の命令に服しない」ことにより、3教諭の懲戒免職処分が決定されました。

○ 他方、4月1日付で前校長は退任し、新校長が迎えられましたが、この懲戒処分が行われたことにより、新校長が教育委員会の手先として、糾弾の対象となったのです。5月6日、校長を相手として、保護者代表、教員、生徒会代表の数十人により、3教諭の授業続行を認めるよう17時間に及ぶ交渉が続けられ、そして、5月7日の午後、生徒大会が開かれ、校長辞職決議が決定され、これに基づいて、校長は教職員、保護者それに生徒およそ１００人の罵倒の叫び（生徒たちは、校長に対して、「おい！ おっさん早く書かんか」と口々に叫んでいたのです。）の中で辞職を迫られ、辞表を書かされ、そして全員の前で、「私の意見で書いたものである」と確認させられた上、市教委に正式に辞表を提出したのです。

(2) 事件の拡大

○ しかし、この辞表は、強要されたものであるとして、市教委は受理しませんでした。そして、校長名で生徒に対し、5月10日から旭丘中学校を休校とする旨、また、市教育長と校長の連名で、教職員に対しては、自宅研修するようにとの職務命令が通知されました。ところが、5月10日、教職員側はほぼ全員が出席して、旭丘中学校の校舎で、学校の設置者であり管理者である市教委と、学校の管理運営の責任者である校長を排除した、いわゆる自主管理授業を強行したのです。

○　これに対抗して、市教委は、翌日の5月11日、岡崎の京都勧業館で、補習授業を開き、こうして前代未聞の学校を挙げての分裂授業となり、両方で生徒を奪い合い、分裂授業以後は、岡崎の補習授業と旭丘中学校校舎の自主管理授業に出席した生徒の割合は、9日間（5月11日から5月20日まで）、およそ2対1で推移していたのです。

(3)　事件の収束への努力

○　分裂授業が始まって3日目の5月13日、東京から、この状況の継続に大きな影響を及ぼす事態が、三件続けて生じたのです。

まず最初は、左右両社会党が、共同声明を発表し、次に、この声明を受けて、同日、日教組本部も見解を公表し、更に、その日の夕刻には、文部省が市教委に対して、文部省事務次官通達を出したのです。これらはいずれも、生徒を事件に巻き込まないこと、速やかに学校を正常に戻すことを内容とするものでした。

○　ただ、このような状況の中でも、日本共産党だけは、旭丘中学校と京教組の闘争に全面的な支援を行っていたのです。

(4) 事件の決着

○ 上述した三者からの声明等は、何よりも旭丘中学校で教育を続けてきた教員たちに大きな痛手を与えて孤立無援にさせ、5月20日、とりあえず分裂授業が中止され、休校に入りました。

○ そして、45名の自主管理授業をした教諭たちには処分は行わず、45名の教諭と組合専従教諭1名を加えた46名全員を転任させ、旭丘中学校は、新校長と新しい教員によって再開されることになり、6月1日午後3時、元の校舎で、新しい校長と教員のもとで開校式が行われ、授業が再開されて、事件は終止符が打たれたのです。

(5) 事件に対する評価・意見

○ この事件は、京都市民の理解も得られず、また、教育関係者をはじめ一般世論は、自主管理授業を応援するために学校の周辺に林立した「赤旗」に対する感覚的な反発も相当なものだったのですが、それよりも子供を巻き込んだ闘争の仕方に対する、あってはならないこととする理性的な見識の方が、それを上回るほど強かったといわれています。

○ また、旭丘中学校事件のさ中に現地を訪れた評論家の臼井吉見氏は、いわば部外者である多くの進歩的文化人や教育学者は、例によって事件中はもとより事件後も本音を語らず、建前だけで、「旭丘教育」は憲法と教基法の精神につらぬかれた民主的な教育であったと自賛していたと語っていました。

そして、この事件について、後に、次のように発言しています。

「ぼくはこゝへやってくる前から、今度の事件の根本は、複雑な国際政局のせめぎ合いのなかにある平和擁護のスローガンを、観念的に義務教育のなかにもちこんだところにあるのではないかと思っていたが、この見当に誤りはなかったらしい。……朝起きるや否や、中学生が新聞の第一面を読んで、政治に対して嘆いたり、憤ったりするような状態は、何といっても変態であって望ましいものとはぼくは考えない。」（文芸春秋、昭和29年7月号）

○　旭丘中学校事件のさ中に、作家の平林たい子氏は、子供を大人の闘争に巻き込んだこの事件について、それは単なる子供の「教育」、あるいは「偏向教育」の問題ではないと、次のように述べています。

「問題は、成長途上の児童に、大人の結論である何々主義を教え込むこと自体である。……子どもは大人と質的に違うものとわかった現在、結論を詰め込むよりは、大人になって、よりよき結論を自ら採るよう、その素地をつくるのが教育だとさとるべきである。」（朝日新聞、昭和29年5月17日）

○　臼井氏も平林氏も法律家ではありませんから、右のような言い方をされていますが、その心は、子供は子供として尊重されるべきであり、旭丘中学校の教師対生徒の関係（当時の日本共産党による指導通りに、子供は、「小さな国民」とみなされている。）には、極めて強い違和感を抱き、子供たちの人間形成にとって決してあってはならないと指摘されていることを理解しなければなりません。

（参考―その二）

1．教育において、「中立というごときものは存在しえない」との主張について

○　かつて、日教組の活動を支援してきたある学者は、昭和29年に後述するいわゆる「教育二法」が制定された際、「当時、文部省はこの立法を強行したけれども、ついに中立性の概念を人びとに納得するように明らかにすることができなかった」とし、更に「教育において中立性を説くことは明らかに誤りであると思う。中立というごときものは存在しえないというのが真実だからである。」と述べていました。この問題をどう考えればよいでしょうか。

○　この学者は、人間の世界にはさまざまな政治的な思想、見解（右から左まで）がある中で、丁度、全体の真ん中に位置する思想、見解を「中立」であると考えているようです。すなわち、「中立」という言葉を政治的な思想、見解の「内容」のあり方を示す言葉[注]としてとらえようとしているのです。

（注）この学者は、別のところで、「今政権をにぎる人びとに好都合な思想が中立であり、不都合な思想が偏向と評価される」という文章を書いていますが、これは、政治的な思想、見解をその内容で中立あるいは偏向ととらえている例といえます。

しかし、複雑な利害関係やさまざまな思惑に包まれた政治的な思想、見解の中から、「内容」を吟味して、

これが丁度全体の真ん中の思想、見解だと誰もが納得するものを見つけることは、容易ではないというより不可能であるといってよいでしょう。すなわち、中立を「内容」の問題としてとらえる限り、この学者の言う通り、「教育において中立性を抱くことは明らかに誤り」であり、「中立というごときものは存在しえない」のです。

　したがって、文部省は、これまで当然のことながら、ある特定の政治的思想、見解の「内容」をとらえて、これが「中立」であるというような指導をしたことはありません。

○ところで、「中立」とは、そもそも、政治的な思想、見解の「内容」について、こうあるべきだと期待される言葉として用いられているのではなく、政治的な思想、見解を評価する「立場」に偏りがあってはいけないということを表わす言葉として用いられているのです。

　どの辞書を見ても、「中立」とは、「どちらにも味方せず、また、敵対しないこと」と説明されています。この「中立」という言葉の定義を今検討している対象にあてはめて考えてみますと、政治的な思想、見解を評価する「立場」が一方に偏っていないことを示す言葉として用いられているのです。「中正」（これは、内容の評価を伴う言葉です。）ではなく、「中立」という言葉が使われている本当の意味は、ここにあるのです。

○くり返しますが、「中立」という言葉が、政治との関係で使われる場合、政治的な思想、見解の「内容」

の位置づけを決めるための言葉としてではなく、政治的な思想、見解に対してとるべき「立場」に偏りがないことを求める言葉として用いられていることに留意することが大切なのです。

そこで、教基法の制定以来、文部省・文科省は、この「中立」の意義を正しく踏まえて、一貫して義務教育諸学校の現場での政治にかかわる教育については、政治的に一方に偏しないことを求めて「中立」であってほしいと指導してきているのです。

○教員の皆さんは、教育の政治的中立という言葉を教育する内容が全体の真ん中でなければならないと考え、それを子供たちに伝えるのは至難の業だと思って悩まれてきたのではないでしょうか。それは正しくないのです。教育の政治的「中立」とは、くり返し説明したように、子供たちには政治的に一方に偏った教育をしてはいけないということなのです。本当の意味の教育の政治的「中立」の意味をしっかり理解して、今後の政治に関する教育に当たっていただくことを期待しています。

2. ある作家のエッセーを読んで
——政治との関係で、子供たちを育てる基本姿勢について——

（作家の見解）

○ 最近、ある雑誌に掲載されたある作家の「中立と偏向」と題するエッセーを読みました。その全体を読みますと、政治との関連で「中立」という言葉を自分なりに解釈され、その上で、多くの学校の先生方の政治に取り組む姿勢をあるいはからかい、あるいはあざけっておられるものでした。

○ 具体的には、その作家は、政治に関する教育に携わっている先生方について、「中立とは一種の意見放棄・議論放棄であり、臆病者の逃避、無知者のだんまりである。……こうした人畜無害の中立者を……」とさげすみ、また、政治的な問題について、生徒と自分の考えを率直に述べ合い、四つに組むように激論してくれない先生については、「事勿れ、日和見を決め込み、及び腰になる教員は、保身を見抜かれ、失望された」とも述べて軽蔑されています。

（これまでの不幸な状態）

○ これまでの教育界には、長い間、政治に関して次のような不幸な時代が続いていたのです。
まず、戦後の昭和20年代から50年代ころにかけての日教組（当時の組織率は90%～50%）の政府・文部省への対決姿勢の中には、表面では国家主義体制復活の反対を唱えつつ、現憲法下の議会制民主主義よりも社会主義体制に向うべきであるとするリーダーによって指導されていた時期があり（２０４頁参照）、そして、これに呼応して一部の教員は、学校教育の現場で、幼い子供たちの心に政治的に一方に偏した教育を植え付けようと懸命に力を注いでいたのです。

○これに対して、文部省、教育委員会では、前述した「教育の政治的中立」を守る立場から、学校現場に対し、次のような指導を続けてこれを防いできたのです。

・子供たちは心身ともに未熟であり、政治意識についても正しい判断力が備わっていないこと。
・したがって、教育のいかんでは容易に右とも左ともなりうること。
・しかも、先生は彼らに対して強い指導力・感化力を持っていること。
・そこで、先生はいかなる理由があっても、子供たちに政治的に一方に偏った指導をしてはいけないこと。

○こうした状況の中で、多くの先生方は、そもそも「教育の政治的中立」とはどういうことかについての理解が十分でないまま（前述したように、教育の内容が「真ん中」でなければならないと考えますと、良心的である先生方ほど、およそ子供たちへの政治に関する教育は避けたくなる。）、できることなら政治と関わることを避けたいという消極的な姿勢をとらざるを得なかった。そしてそれをとらえて、この作家はいわば政治教育について良心的な先生方を及び腰と批判をしていたと思われます。

〈子供たちを育てる基本姿勢のあり方について〉

○ そこで、今まで述べてきたことから、先生方が子供たちへの政治に関する指導に当たる際にとっていただくべき基本姿勢について説明し、今後の仕事に生かしていただきたいと考えています。

まず、子供たちと政治との関係については、「教育の政治的中立」の精神に沿って、「政治的に一方に偏した教育から子供たちを守る」ことが大切であることは言うまでもありません。しかし、単に子供たちを守るという姿勢から一歩前に進めて、「成長の途上にあって自らの判断力が備わっていない子供たちの心に、大人の世界の主義、主張を教え込むあるいは植え付けるようなことは決してしてはいけない」という積極的な気構えを、すべての先生方がしっかり持っていただくことがもっと大切なことではないでしょうか。

このことに関して、ある有名な法哲学者は、次のような厳しい言葉で忠告されています。学校教育において、「純白な児童の心に偏った政治的下地を植え付け、彼らの将来を政治的に方向づけるということは、重大な罪悪であり、教育の悲劇である。」すべての先生方に、この言葉を胆に銘じておいていただきたいのです。

○ 以上述べてきたことから判断しますと、担任教員がたとえ勤務時間外に、しかも校外であっても、特定の政党の政策について生徒から意見を求められた場合、前述したように、生徒への影響力、感化力を考慮して、自分の意見を述べることは慎重にし、中立な立場で対応することが求められるのです。

そういう意味では、この作家とは逆に、現実の政治に関する問題について、生徒からの質問に慎重な姿勢を示す先生方を臆病者というよりも、むしろ、生徒からの質問にあたかも自分の仲間と語り合うかのように、何のためらいもなく、気楽に、自分の考えを示す先生の教育者としての資質こそ問題にされなければならないのではないでしょうか。

二、政治的行為の規制

はじめに

○　公立学校の教員の政治的行為は、元々、昭和26年12月に制定された地方公務員法36条によって規制されていたのですが、その後、昭和29年に、当時各地域で生じていた教員によるいわゆる政治的に一方に偏った教育活動を阻止するため制定された、いわゆる「教育二法」によって規制されることになったのです。この措置は、当時の文部事務次官の施行通知によりますと、これらの法律は、教育職員の行う教育活動を直接規制するものではありませんが、その制定の趣旨は、その動機からうかがえるように、教育が教基法8条（現在の14条）の精神に則って行われるべきこと、すなわち学校教育における政治的偏向を排除することを主眼とするものであると述べており、このことを踏まえて、この二法を解釈・運用していくことが求められるのです。

○　このうち、「義務教育諸学校における教育の政治的中立の確保に関する臨時措置法」（以下「中確法」という。）は、政治的に一方に偏した教育が行われないよう、何人であっても、義務教育に従事する教育職員に対し、特定の目的、手段をもって党派的教育を行うよう教唆、せん動することを禁止し、その違反に対しては刑罰を科することとしているのです。

○　また、「教育公務員特例法の一部を改正する法律」は、教育公務員の職務と責任の特殊性にかんがみ、公立学校の教育公務員の政治的活動の制限の範囲を国立学校の教育公務員と同様とすることにより、教育公務員が妥当な限度を越えて政治に介入することを防止し、もってその公務たる教育の公正な執行を保障しようとするものです。

この制限の違反については、国立学校の教育公務員と異なり刑罰を科せられませんが、制限規定が遵守されるべきことは、罰則の有無によってなんら影響を受けるものではありません。

○　このほか、公立学校の教員は、選挙運動の公正さを害するおそれがあることから「公職選挙法」によって、「教育者」としての地位を利用して選挙運動を行うことと、「公務員」としての地位を利用して選挙運動を行うことがそれぞれ禁止されています。

○　なお、以上のほか、公立学校の教員の広く政治に係わる行為を律する法律(注)がありますが、これらについては、前述した法律（とりわけ後者の二つ）を正しく理解することで、適切な対応をとることが可能ですので、ここではその説明は省略します。

（注）例えば、政治資金規正法22条の9及び日本国憲法の改正手続きに関する法律１０３条2項があります。

以下、前述した順に従い、各法律等による公立学校の教員の政治的行為の規制について説明します。

(1) 中確法による政治的行為の規制

> **○義務教育諸学校における教育の政治的中立の確保に関する臨時措置法**
>
> （特定の政党を支持させる等の教育の教唆及びせん動の禁止）
>
> 第3条　何人も、教育を利用し、特定の政党その他の政治団体（以下、「特定の政党等」という。）の政治的勢力の伸長又は減退に資する目的をもつて、学校教育法に規定する学校の職員を主たる構成員とする団体（その団体を主たる構成員とする団体を含む。）の組織又は活動を利用し、義務教育諸学校に勤務する教育職員に対し、これらの者が、義務教育諸学校の児童又は生徒に対して、特定の政党を支持させ、又はこれに反対させる教育を行うことを教唆し、又はせん動してはならない。

中確法は、教育の政治的中立を確保しようとする教基法8条（改正後の14条）を具体化するための一つとして定められたものです。この法律は、教育職員の活動に対し直接規制を加えるものではありませんが、何人に対しても、義務教育に従事する教育職員を相手方として、特定の目的をもって、また、特定の手段によって、政治上の一党一派に偏した教育を行うように教唆、せん動することを禁止しているのです。具体的に説明しますと、次の通りです。

① この法律によって禁止される行為の内容

この法律が禁止する党派的教育の教唆、せん動は、次の各要件に該当するものであって、この要件の一つが欠けても、禁止される行為とはならないのです。

イ．教唆・せん動が、「教育を利用して、特定の政党等の政治的勢力の伸長又は減退に資する目的」をもって行われること。

したがって、例えば学術的な意見の発表や研究成果の公表を本来の目的とする行為などは、本法の禁止行為には該当しません。

ロ．教唆・せん動が、「学校教育法に規定する学校の職員を主たる構成員とする団体（その団体を主たる構成員とする団体を含む。）の組織又は活動を利用し」て行われること。

ここでいう「学校教育法に規定する学校」とは、国立、公立、私立の別を問わず、小学校、中学校など学校教育法1条に規定する学校をさし、専修学校、各種学校、保育所は含まれません。

「学校の職員」とは教育公務員たると否とを問わず、右に述べた学校に勤務するすべての職員をさします。

「職員を主たる構成員とする団体」とは、構成員の過半数が職員である団体です。そのような団体を主たる構成員とする団体も含まれます。なお、「団体」とは、特定の共同目的を達成するための複数人による継続的結合体であって、法人格を有すると否とは問いません。

ハ．教唆・せん動の相手方は、「義務教育諸学校に勤務する教育職員」であること。

したがって、例えば、高等学校や大学の教育職員に対して教唆・せん動した場合は罪とはなりませんが、その者が小・中学校の教育職員の職を兼ねているときは、罪となります。

なお、「義務教育諸学校」とは、小学校、中学校、義務教育学校、中等教育学校の前期課程、特別支援学校の小学部・中学部をいいます。

「教育職員」とは、校長、副校長、教頭、主幹教諭、指導教諭、教諭、助教諭、講師をいい、養護教諭、事務職員は含まれません。また、講師は常勤、非常勤を問いません。

ニ．「義務教育諸学校の児童又は生徒に対して」党派的教育を行うことを教唆・せん動すること。

ここでいう義務教育諸学校の児童・生徒とは、当該職員の勤務する学校の児童・生徒に限るのではありません。したがって、教育の対象を職員の勤務する学校の児童・生徒と特に指定した場合のみ、本法の禁止するところとなるのではありません。

ホ．「特定の政党等を支持させ、又はこれに反対させる教育」を行うことを教唆・せん動すること。

この教育には、児童・生徒を特定の政党を支持し、又はこれに反対する行動に駆り立てるような教育が含まれることはもちろんですが、その程度にまで至らないでも、児童・生徒の意識を特定の政党等の支持又は反対に固まらせるような教育は、これに該当します。

単に、特定の政党を支持、反対させる結果をもたらす可能性があるとか、これに役立つとかいう程度では該当しませんが、必ずしも政党等の名称を明示して行う教育には限らず、暗黙のうちに児童・生徒に特定の政党を推知させるという方法をとる場合にも、該当する場合があります。

また、「教育」は、義務教育諸学校における教育の一環として行われるもののすべてが含まれ、教課外活動、修学旅行等の正規の授業時間外や学校の施設外で行われる活動も、学校の教育としてなされるものは含まれます。

② 教唆・せん動の意味

本法は、教唆・せん動を独立罪として処罰するものであり、教唆・せん動が相手方である教職員に到達すれば足り、教職員がこれに応じて党派的教育を行ったか否かを問いません。

なお、「教唆」とは、通常、特定人に対して、実行の意思を生ぜしめるに足りる行為であり、「せん動」とは、通常、不特定の人に対し、実行の決意を生じさせ、又は既に生じている決意を助長するような勢いのある刺激を与えることですが、現実に実行の意思が生ぜしめられ又は助長されたことは必要としません。

③　違反行為に対する制裁

この措置に違反した者は、１年以下の懲役又は３万円以下の罰金に処せられます。

④　処罰の請求

イ. 処罰の請求は、公訴提起の訴訟条件とされ、請求がなければ起訴することができません。

ロ. 処罰の請求は、公立の義務教育諸学校にあっては、学校を設置する地方共同体の教育委員会（特別区にあっては、東京都の教育委員会）です。なお、国立にあっては国立大学の学長、私立にあっては都道府県知事とされています。

なお、処罰の請求は他の者に委任して行わせ、又はこれらに代位して行わせることはできません。

また、請求の手続は、書面で、検察官に対してしなければなりませんが、その際は、犯罪が特定し得る程度の事実を具体的に明示する必要があります。

(2) 国家公務員法と人事院規則14―7による政治的行為の規制
――勤務時間外の政治的行為に対する制限――

○ **教育公務員特例法**

（公立学校教育公務員の政治的行為の制限）

第21条の4　公立学校の教育公務員の政治的行為の制限については、当分の間、地方公務員法第36条の規定にかかわらず、国家公務員の例による。

2　前項の規定は、政治的行為の制限に違反した者の処罰につき国家公務員法（昭和22年法律第１２０号）第１１０条第1項の例による趣旨を含むものと解してはならない。

○ **国家公務員法**

（政治的行為の制限）

第１０２条　職員は、政党又は政治的目的のために、寄附金その他の利益を求め、若しくは受領し、又は何らの方法を以てするを問わず、これらの行為に関与し、あるいは選挙権の行使を除く外、人事院規則で定める政治的行為をしてはならない。

2　職員は、公職による公職の候補者となることができない。

3　職員は、政党その他の政治的団体の役員、政治的顧問、その他これらと同様な役割をもつ構成員となることができない。

なお、人事院規則14―7は、少し長くなりますので、この説明の末尾に掲載します。

はじめに

一般職公務員の政治的行為は、国家公務員の場合にあっては、国家公務員法及びその委任に基づく人事院規則14―7によって、地方公務員の場合にあっては地方公務員法によって、それぞれ、一定の制限を受けています。そして、前者の制限は、後者のそれよりも、制限事項、制限を受ける地域の範囲、および罰則の有無について、いっそう厳しいものとなっています。

① 公立学校の教員に国家公務員法等を適用する理由

ところで、公立学校の教員は、一般職地方公務員ですから、地方公務員法によって政治的行為の制限を受けることとなるはずです。しかし、一般職公務員の政治的行為の制限の範囲や内容は、その公務員の担当する公務の性質によって定まってくるべきものであり、この点、国立学校の教員も公立学校の教員も、国民全体に対して責任を負って行われる学校教育に従事する（一般の地方公務は、当該地方公共団体の住民に対して行われる。）という点においては差異はありません。

したがって、公立学校の教員の政治的行為の制限については、地方公務員法によらず、国立学校の教員の例によることとされているのです（教特法21条の4第1項）。すなわち、公立学校の教員の政治的行為は、国家公務員法102条及びこれに基づく人事院規則14―7によって制限されることとなっているのです。

② 勤務時間外への適用

一般職公務員が職務を遂行するに当たっては、みずからは政治的価値判断をすることはできないという意味での無党派性、無政治性を要求されることについては前述しました。ところで、一般職公務員も、勤務時間外には、一人の国民として、政治的行為の自由を保障されなければならないはずですが、この点に関し、人事院規則14―7の第4項は「法又は規則によって禁止又は制限される職員の政治的行為は、……職員が勤務時間外において行う場合においても、適用される」と規定しています。そして、一般職公務員が勤務時間中に、職務として法又は規則によって禁止又は制限されている政治的行為をするというようなことは、通常考えられません。したがって、法及び規則は、一般職公務員が、勤務時間外に行う一定の政治的行為を禁止又は制限することに意味があると解すべきなのです。

③ 政治的行為が制限される理由

ア．一般職公務員について

このように、一般職公務員が、勤務時間外においても、一定の政治的行為を禁止又は制限されるのはなぜでしょう。

まず、教育公務員を含めて、広く行政に携わる一般職公務員について一般的にいえば、もしも彼らが不偏不党の原則を破って、特定の政党に対する関係をその行動——たとえそれが職務とは関係のない勤務時間外の行為であっても——で積極的に示すようなことがあるならば、上司は、公務の上にもそれが自然に影響を及ぼすのではないかと疑念を抱き、その公務員を部下として信頼できなくなるでしょうし、また、その公務員と異なる政治的立場の国民は、行政の公平さについて疑念を抱かざるを得なくなります。このような状態のもとでは、公務員の地位の安定性は保たれず、したがってまた、行政の継続性を維持することができなくなって、国民の利益にも反することになってしまうからなのです。

イ．教育公務員について

次に、教育公務員に限って考えてみますと、勤務時間外における政治的行為が禁止又は制限されることによって、間接的ながら教育の政治的中立性を維持するのに役立っているのです。このことについて、法律が制定された当時の文部省の担当責任者は、次のように述べています。

「教員があまりに選挙運動やその他の政治活動に深入りをするということは、たとえそれが教員という立場をはなれて一個の個人として行われるものであるにせよ、自然にその教員の政治的色彩を強烈にすることとなり、その結果そのことは公務である教育の上にも自然の影響を及ぼすに至る恐れがあるのである。故に、教員にはできるだけ政治的に深入りしない立場をとることが要請されるのである。すなわち、教員の政治的行為について適度の制限を設けることは、学校の教育に偏向的な影響を及ぼす機会を非常に少なくするものである。」

④　禁止又は制限される政治的行為

ところで、法及び規則によって、一般職公務員はどのような政治的行為を禁止又は制限されているのでしょうか。国家公務員法１０２条の定めている政治的行為の制限は、次の４つです。

①　政治的寄附金の制限（１項）

②　公選の候補者となることの制限（２項）

③　政党等の役員等となることの制限（３項）

④　その他人事院規則の定める制限（１項）

そして、前記④の人事院規則としては、人事院規則14―7が制定されていますが、これは、特定（8項目）の「政治的目的」と特定（17項目）の「政治的行為」とをそれぞれ限定列挙し、これらの「政治的目的」をもって、これらの「政治的行為」を行うことを禁止又は制限することとしているのです。

ここで、もう少し具体的にどのような政治的行為が禁止又は制限されているのか――あるいは逆に、どのような政治的行為を自由に行うことができるのか――を身近な分かりやすい例をあげて検証してみましょう。

一般職公務員は、

①　政党等の発起人となったり、政策の決定に参与する者等になることはできませんが、単に党員等になることはさしつかえない（規則６項５号）。

② 署名運動の発起人となる等署名運動の推進的役割を演ずることは禁止されていますが、単に署名を行うのはさしつかえない（規則6項9号）。

③ デモ行進の発起人や指導者になることは禁止されていますが、単にデモ行進に参加することはさしつかえない（規則6項10号）。

④ 政治的見解を、公園等で拡声器を用いて群衆に対して述べることは禁止されていますが、組合員だけの非公開の会合で述べることはさしつかえない（規則6項11号）。

⑤ 許される政治的行為と許されない政治的行為

以上は、国家公務員法及び人事院規則14―7によって一般職公務員が禁止又は制限されている政治的行為のうちのほんの数例にすぎませんが、これらを通じて、一般職公務員は、政治活動において指導的役割を果たすことを禁止又は制限され、個人的に自己の政治的立場や信念を表現することは許されていると解することができるのではないでしょうか。あるいは、先の引用例からことばを借りれば、「政治活動に深入りするということは、たとえそれが……一個の個人として行われるものであるにせよ」、禁止又は制限されますが、政治活動に浅く入るということは一個の個人としては当然許されているということになるのです。

⑥ 違反行為に対する制裁

国家公務員法とそれに基づく人事院規則14―7に違反した場合、その違反行為の内容及びその程度によって、懲戒処分（戒告、減給、停職又は免職）を受けることになります（地方公務員法29条1項1号）。

なお、教特法（21条の4第2項）には、「政治的行為の制限に違反した者の処罰につき、国家公務員法110条第1項の例（3年以下の懲役又は10万円以下の罰金に処する（筆者注））による趣旨を含むものと解してはならない」と定められていますが、このように地方公務員である教員に、違反行為に対する制裁として刑罰を科さないこととした理由としては、公務員に政治的行為の制限を設けている根拠は、地方公務員たる地位をもっているためですから、違反に対してはこの地位を奪うことが限度であるべきで、それ以上に刑罰を科すことは妥当ではないと考えられたからです。

⑦ 適用の範囲

以上に述べた政治的行為の禁止又は制限に関する規定は、原則として、職員が勤務時間外において行う場合においても適用され（規則4項）、また、臨時的任用として勤務する者、条件付任用期間の者、休暇、休職又は停職中の者及びその他理由のいかんを問わず一時的に勤務しないものを含むすべての一般職に属する職員に適用することとされ（規則1項）、その範囲が極めて広いことに留意することが必要です。

○ **政治的行為（昭和24年人事院規則14—7）**

（政治的目的の定義）

5　法及び規則中政治的目的とは、次に掲げるものをいう。政治的目的をもつてなされる行為であつても、第6項に定める政治的行為に含まれない限り、法第１０２条第１項の規定に違反するものではない。

一　規則14—5に定める公選による公職の選挙において、特定の候補者を支持し又はこれに反対すること。

二　最高裁判所の裁判官の任命に関する国民審査に際し、特定の裁判官を支持し又はこれに反対すること。

三　特定の政党その他の政治的団体を支持し又はこれに反対すること。

四　特定の内閣を支持し又はこれに反対すること。

五　政治の方向に影響を与える意図で特定の政策を主張し又はこれに反対すること。

六　国の機関又は公の機関において決定した政策（法令、規則又は条例に包含されたものを含む。）の実施を妨害すること。

七　地方自治法（昭和22年法律第67号）に基く地方公共団体の条例の制定若しくは改廃又は事務監査の請求に関する署名を成立させまたは成立させないこと。

八　地方自治法に基く地方公共団体の議会の解散又は法律に基く公務員の解職の請求に関する署名

を成立させ若しくは成立させず又はこれらの請求に基く解散若しくは解職に賛成し若しくは反対すること。

(政治的行為の定義)

6　法第102条第1項の規定する政治的行為とは、次に掲げるものをいう。

一　政治的目的のために職名、職権又はその他の公私の影響力を利用すること。

二　政治的目的のために寄附金その他の利益を提供し又は提供せずその他政治的目的をもつ何らかの行為をなし又はなさないことに対する代償又は報復として、任用、職務、給与その他職員の地位に関してなんらかの利益を得若しくは得ようと企て又は得させようとすることあるいは不利益を与え、与えようと企て又は与えようとおびやかすこと。

三　政治的目的をもつて、賦課金、寄付金、会費又はその他の金品を求め若しくは受領し又はなんらの方法をもつてするを問わずこれらの行為に関与すること。

四　政治的目的をもつて、前号に定める金品を国家公務員に与え又は支払うこと。

五　政党その他の政治的団体の結成を企画し、結成に参与し若しくはこれらの行為を援助し又はそれらの団体の役員、政治的顧問その他これらと同様な役割をもつ構成員となること。

六　特定の政党その他の政治的団体の構成員となるように又はならないように勧誘運動をすること。

七　政党その他の政治的団体の機関紙たる新聞その他の刊行物を発行し、編集し、配布し又はこれらの行為を援助すること。

八　政治的目的をもつて、第5項第1号に定める選挙、同項第2号に定める国民審査の投票又は同項第8号に定める解散若しくは解職の投票において、投票するように又はしないように勧誘運動をすること。
九　政治的目的のための署名運動を企画し、主宰し又は指導しその他これに積極的に参加すること。
十　政治的目的をもつて、多数の人の行進その他の示威運動を企画し、組織し若しくは指導し又はこれらの行為を援助すること。
十一　集会その他多数の人に接し得る場所で又は拡声器、ラジオその他の手段を利用して、公に政治的目的を有する意見を述べること。
十二　政治的目的を有する文書又は図画を国、特定独立行政法人または日本郵政公社の庁舎（特定独立行政法人及び日本郵政公社にあつては事務所。以下同じ。）、施設等に掲示し又は掲示させその他政治的目的のために国、特定独立行政法人又は日本郵政公社の庁舎、施設、資材又は資金を利用し又は利用させること。
十三　政治的目的を有する署名又は無署名の文書、図画、音盤又は形象を発行し、回覧に供し、掲示し若しくは配布し又は多数の人に対して朗読し若しくは聴取させ、あるいはこれらの用に供するために著作し又は編集すること。
十四　政治的目的を有する演劇を演出し若しくは主宰し又はこれらの行為を援助すること。
十五　政治的目的をもつて、政治上の政治上の主義主張又は政党その他の政治的団体の表示に用いられる旗、腕章、記章、えり章、服飾その他これらに類するものを製作し又は配布すること。
十六　政治的目的をもつて、勤務時間中において、前号に掲げるものを着用し又は表示すること。
十七　なんらの名義又は形式をもつてするを問わず、前各号の禁止又は制限を免れる行為をすること。
7　この規則のいかなる規定も、職員が本来の職務を遂行するため当然行うべき行為を禁止又は制限するものではない。
8　各省各庁の長、特定独立行政法人の長及び日本郵政公社の総裁は、法又は規則に定める政治的行為の禁止又は制限に違反する行為又は事実があつたことを知つたときは、直ちに人事院に通知するとともに、違反行為の防止又は矯正のために適切な措置をとらなければならない。

(3)　公職選挙法による規制

①　教育者の地位利用の選挙運動の禁止

(教育者の地位利用の選挙運動の禁止)
第１３７条　教育者（学校教育法（昭和22年法律第26号）に規定する学校及び就学前の子どもに関する教育、保育等の総合的な提供の推進に関する法律（平成18年法律第77号）に規定する幼保連携型認定こども園の長及び教員をいう。）は、学校の児童、生徒及び学生に対する教育上の地位を利用して選挙運動をすることができない。

1．規定の趣旨

○この規定は、選挙運動の公正さを害するおそれがあるため、教育者（学校、幼保連携型認定こども園の長や教員）が、その地位を利用して選挙運動を行うことを禁止しているのです。

なお、ここでいう選挙運動は、前述した国家公務員法１０２条及びその委任に基づく人事院規則14―7にいう政治的行為と必ずしも一致しませんが、これに含まれる場合が多いと考えられています。

また、教員が勤務時間中に職務として選挙運動をするようなことは通常考えられませんので、本条は、教員がその地位に伴う影響力を利用して、勤務時間外に行う選挙運動を規制することに意味があると解されています。

○なお、この規定は、教育者がその教育上の地位を利用しないで、一般人と同様の立場で選挙運動をすることまでも禁止しているものではありません。したがって、国・公・私立のすべての学校の教員は、教員という立場のみに立てば、勤務時間外に、一般国民としての選挙運動をすることは許されているのです。（注1）もっとも、後述するように、国・公立の学校の教員は、公務員としての立場からの制約を受けるのは、当然のことです。（注2）したがって、選挙運動において指導的役割を果たすことないしは深入りすることは、禁止又は制限されていると解さなければなりません。

（注1）この点、裁判官が、地位利用による選挙運動のみならず、一般人と同様な選挙運動をすることまでも禁止されているのと異なっているのです（公職選挙法１３６条）。

これは裁判官は、厳正公平なるべき司法権を行使する任務を有する公務員であり、裁判官が自由な党派的活動を行うことが許されるならば、裁判官の行使する司法権の公正さが疑われるおそれが生じ、ひいては、国の秩序が維持できなくなるおそれがあるからです。

（注2）国、公立学校の教員には、別に公職選挙法１３６条の２の公務員の地位利用による選挙運動の禁止の規定が適用されますし、また、前述した国家公務員法１０２条及び人事院規則14―7によって、広い範囲の政治的行為が禁止されています。

しかし、私立学校の教員の選挙運動あるいは政治的行為の制限については、もっぱら本条の適用があるのみです。

○ ここで、本規定について用いられていることばについて解説しますと、学校教育法に規定する「学校」とは、小学校、中学校など学校教育法1条に規定する学校をいい、国立、公立、私立の別を問いません。なお、看護学校、調理学校などの専修学校、各種学校、保育所は含まれません。

学校の長とは、大学の学長、その他の学校では校長などです。

また、「教員」とは、高等学校以下の学校については、学校、幼保連携型認定こども園の教諭、養護教諭、助教諭、保育教諭、養護助教諭などをいい、非常勤講師も含まれます(注)。他方、事務職員、技術職員、P

TAの役職員や退職した教員は含まれません。

（注）大学では、学長、副学長、教授、助教授、助手、講師をいい、高等専門学校では、校長、教授、助教授、助手、講師をいうのです。

2.「教育上の地位を利用」した選挙運動

教育上の地位を利用した選挙運動とは、教員が教育者たる地位に伴う影響力や精神的感化力などを利用して、選挙運動を行うことを意味するのですが、いかなる場合がこれに該当すると認めてよいかどうかは、最終的には、個々具体的な事実関係によって決定されます。

（1）一般的に、「教育上の地位を利用して選挙運動をする」とは、次のような場合であると考えられています。

① 教育者である立場を利用して、授業中に特定の候補者に投票するよう働きかけるなど、生徒又は学生に対して直接選挙運動を行う場合

② 教育者である立場を利用して、ポスターを貼らせ、候補者の氏名を連呼させるなど、児童、生徒又は学生に対して直接、選挙運動を行わせる場合

③ 児童、生徒又は学生を通じて、特定の候補者に投票するよう、保護者に依頼すること。

④ その子弟に対する教育者としての地位を利用して、保護者会の席などで、選挙運動をすること。

(2) 現在、子弟と直接の担任関係がない場合でも、次のような場合には、「教育上の地位を利用して選挙運動をする」と認められることがあります。

① 同じ学校で、担任関係にない教育者が行う場合

② 旧学校の生徒等に行う場合

(3) 「教育上の地位を利用」しているかどうかについては、例えば、教育者が自己の勤務する校区内において選挙演説を行っても、それだけでは地位利用とはなりませんが、積極的に自分の身分を明らかにして保護者に呼びかけたり、校区内で回を重ねて行う場合などには、「教育上の地位を利用」していると認められる場合もありうるのです。

3. 違反行為に対する制裁

この規定に違反した場合は、1年以下の禁錮又は30万円以下の罰金に処せられます。

なお、違反した場合は、刑に処せられた者の選挙権、被選挙権が、一定期間停止されます。

② 公務員の地位利用による選挙運動の禁止

（公務員等の地位利用による選挙運動の禁止）

第136条の2 次の各号のいずれかに該当する者は、その地位を利用して選挙運動をすることができな

い。

一　国若しくは地方公共団体の公務員又は行政執行法人若しくは特定地方独立行政法人の役員若しくは職員

二　（略）

2　前項各号に掲げる者が公職の候補者若しくは公職の候補者になろうとする者（公職にある者を含む。）を推薦し、支持し、若しくはこれに反対する目的をもつてする次の各号に掲げる行為又は公職の候補者若しくは公職の候補者になろうとする者（公職にある者を含む。）である同項各号に掲げる者が公職の候補者として推薦され、若しくは支持される目的をもつてする次の各号に掲げる行為は、同項に規定する禁止行為に該当するものとみなす。

一　その地位を利用して、公職の候補者の推薦に関与し、若しくは関与することを援助し、又は他人をしてこれらの行為をさせること。

二　その地位を利用して、投票の周旋勧誘、演説会の開催その他の選挙運動の企画に関与し、その企画の実施について指示し、若しくは指導し、又は他人をしてこれらの行為をさせること。

三　その地位を利用して、第１９９条の５第１項に規定する後援団体を結成し、その結成の準備に関与し、同項に規定する後援団体の構成員になることを勧誘し、若しくはこれらの行為を援助し、又は他人をしてこれらの行為をさせること。

四　その地位を利用して、新聞その他の刊行物を発行し、文書図画を掲示し、若しくは頒布し、若しくはこれらの行為を援助し、又は他人をしてこれらの行為をさせること。
五　公職の候補者又は公職の候補者になろうとする者（公職にある者を含む。）を推薦し、支持し、若しくはこれに反対することを申しいで、又は約束した者に対し、その代償として、その職務の執行に当たり、当該申しいで、又は約束した者に係る利益を供与し、又は供与することを約束すること。

1．規定の趣旨

○この規定は、選挙運動の公正さを害するおそれがあるため、1項では、国又は地方公共団体の公務員が、その地位を利用して選挙運動を行うことを禁止しています。また、2項では、本来選挙運動に該当しないと考えられている立候補準備行為や選挙運動準備行為など（選挙運動類似行為）であっても、公務員がその地位を利用して行うことの弊害に鑑み、地位利用による選挙運動とみなして禁止しているのです。

そして、この規定も公務員の勤務時間外の選挙運動の規制に意味があると解されています。

○なお、この規定は、公務員がその地位を利用しないで、一般人と同様の立場で選挙運動をすることまでも禁止しているものではありません。ただし、公務員が一般国民として行う選挙運動を禁止した国家公務員法及び人事院規則の14—7の適用を受けますので、選挙運動において指導的役割を果たしたり、深入りすることは禁止または制限されているのです。

○本規定に用いられている「公務員」は、一般職か特別職かを問わず、また、常勤か非常勤かを問いません。

２．「その地位を利用」した選挙運動

一般的に「その地位を利用して」とは、公務員としての地位にあるために、特に選挙運動を効果的に行い得るような影響力又は便益を利用することをいうのですが、いかなる行為がこれに該当するか否かは、最終的には個々具体の事例によって判断されることになります。

例えば、次のような場合がこれに該当すると考えられます。

(1) 補助金、交付金などの交付その他の職務権限を有する公務員が、地方公共団体や関係団体、関係者などに対し、その権限に基づく影響力を利用する場合

(2) 公務員の内部関係において、職務上の指揮命令権、人事権、予算権などに基づく影響力を利用して、公務員が部下又は職務上の関係のある公務員に対し、選挙に際して投票を勧誘する場合

(3) 官公庁の窓口で住民に接する公務員や各種調査などで各戸を訪ねる公務員が、これらの機会を利用して、職務に関連して住民に働きかける場合

３．選挙運動類似行為

特定の候補者を推薦したり、指示、反対するため、又は自分が候補者として推薦され、支持されるため、次のような選挙類似行為（公職選挙法１３６条の２、２項１～５号）を行うことは、公務員の地位

利用による選挙運動とみなされ、禁止されています。

① 推薦行為（1号）

職務上関係のある団体に対し、特定の候補者の推薦決議をするよう干渉することなど

② 選挙運動準備行為

職務上関係のある出先機関や市町村長、市町村の部課長等に、投票の割り当てやポスター貼りを指示することなど

③ 後援団体の結成等（3号）

外部団体に特定の候補者の後援会への参加を要請することなど

④ 文書図画関係（4号）

外部団体の新聞に、特定の候補者についての記事を掲載するよう指示することなど

⑤ 利益供与（5号）

特定の候補者の指示を依頼した市町村長に対し、その見返りとして、その市町村に、所管の補助金を増額支給することなど

4．違反行為に対する制裁

この規定に違反した場合は、2年以下の禁錮又は30万円以下の罰金が科せられます。

なお、違反した場合は、刑に処せられた者の選挙権、被選挙権が、一定期間停止されます。

公立学校教員と政治とのかかわり（まとめ）

—政治教育と政治的行為—

<table>
<tr><th>勤務時間内
（職務上の行為に対する規制）</th><th>勤務時間外
（職務外の行為に対する規制）</th><th rowspan="5">参政権の行使（注2）</th></tr>
<tr><td rowspan="2">教員としての
政治的中立性の確保
（教基法14条2項）</td><td>何人も、
党派的教育の教唆、煽動の禁止
（中確法3条）</td></tr>
<tr><td>教育公務員の
積極的な政治活動の禁止
（国公法102条）
（人規14−7）</td></tr>
<tr><td rowspan="2">公務員としての
無政治性の確保
（地公法30条・32条）
（地教行法43条2項）</td><td>教員の地位利用による
選挙運動の禁止
（公選法137条）</td></tr>
<tr><td>公務員の地位利用による
選挙運動の禁止
（公選法136条の2）</td></tr>
<tr><td colspan="3">政治的教養の尊重
（教基法14条1項）
内心の自由（注1）</td></tr>
</table>

（注1）**「内心の自由」**について

人の内心は、本質的に法律的規制になじみません。教員が職務を遂行するに当たって、政治に対して一定の態度をとることが義務づけられたり、勤務時間外において一定の政治的活動を制限されていたりしても、その際にも、個人として、内心にどのような政治的思想あるいは信念をもっていようと差し支えないのは当然のことです。

（注2）**「参政権の行使」**について

すべての国民は、政治的自由権とは別に、いわゆる参政権すなわち選挙権と票決権（憲法改正の国民投票（憲法96条）と一の地方公共団体のみに適用される特別法の住民投票（憲法95条））を与えられています。公立学校の教員も、国民の一人として、その政治的信念に基づいて、このような仕方で国政に能動的に参加することが認められているのは当然のことです。なお、在職中、いっさいの選挙運動を禁止されている裁判官ですら、参政権は認められています。

第四章　平和教育について

はじめに

○　後年、すっかり日教組の活動の中心となり、他の団体の追随を許さない「平和教育」「平和活動」は、元々、自らの発案によって始まったものではないのです。

○　昭和23年12月、ユネスコ本部の動きに触発された岩波書店からの要請で、清水幾多郎氏、久野収氏らの岩波文化人で構成される「平和問題懇談会」は、「戦争と平和に関する日本科学者の声明」を発表しました（24年３月号の「世界」に掲載）。その中には、平和のための強い関心を国民生活の隅々にまで浸透させるためには「平和のための教育」に重大な意義があると書かれていたのです。

○　そこで、清水氏は、平和問題懇談会のメンバーであり、日教組と深いかかわりのあった宮原誠一氏（後に、東京大学教育学部教授）を通じて日教組との交流を開始し、日教組主催の講習会等で、平和教育の重要さについて熱のこもった啓蒙活動を始めたのです。日教組では、最初の頃（例えば昭和24年７月の教育会館での講演会）の受けとめ方は極めて低調だった(注1)のですが、しだいに共感と熱を帯び、26年11月に行われた第１回全国教育研究大会（日光）での清水氏の「平和と教育」と題する特別講演では、最高の盛り上がり（約３千人出席）を見せるまでになっていました。(注2)そしてこの大会で、分科会の一つとして「平和教育を如何に展開するか」が設けられています。

また、昭和27年6月に決定された教師の倫理綱領の第3項目には、「教師は平和を守る」と明記されています。

（注1）清水氏は、自分の著作物の中で、当時の模様について、参加人数の少なさ（600人の予定が50人ばかり）を嘆きつつ、「だらけた空気……もう厭だ」とか、自分は日教組に「平和教育を押しつけたような気がする」と心境を語っています。

（注2）この講演で、清水氏は、「子供の幸福を願わないところには教育もなければ教育者もない。平和のための願いのないところに教育もないし、教育者もない。」と熱弁を振るい、万雷の拍手を受けたといわれています。

○なお、多くの教師は、かつて戦争に加担して軍国主義教育を担ってきたことへの強い反省があっただけに、子供たちへの「平和教育」については、この頃以降、これこそわれわれ教師の使命だという強い高揚感に包まれていったのです。そして、他の団体の人たちからは、この平和教育を基調にすえた当時の日教組の平和活動については、「宗教的」とみられるほど盛んだったと評されるまでになっていたのです。

一．「教え子を再び戦場に送るな」のスローガンとの関連において

(1) スローガンの発表

○ このように、日教組の活動の中で、平和教育ないしは平和問題に取り組む姿勢がしだいに熱を帯びてくる中、昭和26年1月24日から開かれた日教組の中央委員会で、当時中央執行委員で婦人部長であった千葉千代世氏（後に、参議院議員）発案の「教え子を再び戦場に送るな」のスローガンが発表されました。

戦時中、聖職者として、国の方針に従って戦争に協力して軍国主義教育を推進し、多くの教え子を戦場に送って帰らぬ人としてしまった深い反省の思いを抱いていた多くの教員たちにとっては、彼女が発表したこのスローガンは、「10年間も戦場に夫を取られていた私の自然な気持ちでした」ということもあって、誠に女性らしいしかも強い心意気を感じさせるものだったのです。このスローガンに基づいて、学校で「平和教育」が行われること、言い換えますと、我が国は二度と戦争をしてはいけないという教育をすることについては、当時も今も、反対する人はきっと誰もいないと思われます。なお、日教組の中で、今日まで生き残っているスローガンは、これ一つであるといわれています。

それでは、当時、このスローガンの下で一体どういう国をつくり（注）、そのためどういう子供たちを育てようとしていたのか、そして、実際にどういう教育が行われ、子供たちはどのように育ったのか、振り返ってみることとします。

（注）日教組成立間もない丁度この頃、日教組指導部の政治姿勢については、次のような記述が残されていることに注目してください。

○　昭和26年5月の執行委員会で、岡三郎委員長は、「毛沢東の「新民主主義」を学習したい。日本の現状では、平和改革の可能性が十分あることが認識されるはずだ。それだけに日教組の果たす役割は非常に大きいことを自覚しよう。」と力説していました。

○　成立後数年たつものの、日教組では組合運動の中で、あるときはその「労働者」性が、あるときは「教師」という職業が持つ特殊な性格が強調され、ともすれば統一的把握を避けてきたきらいがあったのです。

こうした中、27年6月に決定された「教師の倫理綱領」には、「教師は労働者である」と、いわゆる労働者宣言が行われたのですが、その草案作成の段階で、前述した日教組支援の中心メンバーの一人であった宮原誠一氏は、「社会主義ということばを使わなくても、労働者のための共同社会の建設という本来の使命をはっきりさせなければならない。」と強調していたのです。

また、その後、倫理綱領の「解説」が、組合員に配布されていますが、その中には「搾取と貧乏と失業を伴う今日のような社会制度は根本から考え直さなければならない」とか、「それには（注、真の意味の「個人の確立」のためには）、社会構造のかなめをとりかえる「社会的な措置」がとられ、全く新しい立場から考えられた社会体制が生れてこなければならないのである」などと説明されています。

○　他方、日本共産党幹部であった野坂参三氏は、昭和24年7月の日本共産党中央委員会総会において、「平和的方法によって、日本が直接社会主義へ移行することが可能である。」と主張していました（なお、この発言は、昭和

25年1月、コミンフォルムから、ブルジョア的な俗物的言葉として厳しい指弾を受けました。)。

○以上を総合しますと、千葉氏のスローガンが提出されていた頃、日教組の幹部と共産党の幹部には、当時の日本の政治情勢を踏まえて、近い将来、日本に社会主義政治体制を平和裡につくることができるという共通の認識（別々にではありますが）があったことは確かなようです。

(2) 具体的な教育目標

○まず、「教え子を再び戦場に送るな」というスローガンが生まれた直後から、日教組では、このスローガンにふさわしい平和のための具体的な教育目標を確立しようと議論が重ねられたのです。そして、「われわれは「戦争に行きたくない」という意思をもった子どもたちを育てなければならない。」という主張が認められ、その後長い間、その方針にのっとった指導が続けられてきたのです。そして、子供たちの心に「戦争に行きたくない」という意思を形成するには、具体的にどういう教育をしたらよいのかについて検討が重ねられ、「子供たちに「戦争」に対する恐怖と憎悪と嫌悪を吹き込む。」（宮原誠一『平和教育の理解を』）ことが最も効果的であるということになり、この考え方の下に、教師によってさまざまな工夫をこらした平和教育の授業が展開されていったのです。

しかし、平和を語るのに戦争を避けて通ることはできないとはいうものの、このような平和教育を受けた子供たちが、果たして本当の意味で日本の平和、そして日本という国を守る人間として成長することができたのでしょうか。

○ 上述したような平和教育を長い間続けてきた教員たちの間でも、昭和50年代に入って、各地の学校でいじめなどのいわゆる学校荒廃が生じ、しかもそれを止められない現場の状況を目の当たりにして、それまでの子どもたちへの平和教育の内容や取り組み方についても、果たして適切であったかどうかと反省され始めていました（この頃の「教育研究集会」とりわけ「平和教育分会」の報告）。教研集会では、多くの参加者の間で、まず何よりも荒れている子供たちを含めて、子供たちの心のひだに働きかけ、子供の感動、やさしさ、連帯の精神を、そして豊かな人格を育てることなどの大切さが語られるようになったのです。

○ そして、昭和50年代半ばに、日教組出版局によって全国各地の平和教育の実践の報告などを中心にまとめて刊行された『平和教育教材・資料集』には、日教組の平和教育に関する三つの目標が、次のように示されています。

① 戦争の持つ非人間性、残虐性を知らせ、戦争への怒りと憎しみの感情を育てるとともに、平和の尊さと生命の尊厳を理解させる。

② 戦争の原因を追求し、戦争を引き起こす力とその本質を科学的に認識させる。

③ 戦争を防止し、平和を守り、築く力とその展開を明らかにする。

ただし、このような目標が示されても、②と③は説明者である教員にとっても大変むつかしい問題であるというばかりか、小・中学生の場合にはたとえそれを聞かされても理解するのは困難ですから、組合員の教師が実際に最も力を入れたのは、相変わらず①の前段部分にならざるを得なかったのです。(注)

（注）平成19年に刊行された『日教組60年　ゆたかな学びを求めて』には、未だに「われわれは「戦争に行きたくない」という意思をもった子どもたちを育てなければならない」という教育目標が掲載されており、これに代わる平和のための具体的な教育目標には、まだお目にかかっていません。

(3) 平和教育の問題点

○このような小・中学校の子供たちに対する日教組の組合員教師による「平和教育」と称する授業を、一体、どのように理解したらよいのでしょうか。

「戦争」とか「平和」という問題は、複雑な世界各国の思わくや動きの中で、大人であってもどう考え、どう判断したらよいか、正しい答えを出すのは容易なことではありません。ましてや、小・中学校の子供たちにとっては、まだ、それらについて知ろうとか、自分の考えを決めようなどと考えたこともないでしょう。したがって、たとえ大人が説明しても、その言わんとする雰囲気は分かるとしても、それを理解し、適切に判断して受けとめることができるわけではないのです。

○そこで、何の批判能力も理解力も備わっていない子供たちの真っ白な心に向って、いきなり戦争の恐怖や残酷さを「吹き込む」、そして、戦争への憎しみと嫌悪の感情を「育てる」というのは、子供たちに対する指導のあり方としては、誠に適切さを欠いているというより、そもそも子供の人権を侵すものであり、教師の行為として決して許されることではありません。それは平和教育の名のもとに、戦争について自ら考えることを一切行わせず、ただ戦争についてどう考えるのかという問いに、条件反射的に「イヤ」という反応しか示せない人間をつくろうとしているのですから。

○くり返しますが、最高裁は、学力調査に関する「永山中学校事件」の判決の中で、「子どもが自由かつ独立の人格として成長することを妨げるような国家的介入、例えば、誤った知識や一方的な観念を子どもに植えつけるような内容の教育を施すことを強制するようなことは、憲法26条（教育を受ける権利）、13条（個人の尊重）の規定上からも許されない」と判示しています。これは国だけを対象としていましめているのではなく、むしろその趣旨は、子供の心に直接向き合う仕事をしている教員を中心に、すべての大人を対象として警告したものと理解し、重く受け止めなければならないのです（51頁参照）。

○なお、前述したように、児童への政治に関する教育のあり方について、作家の平林たい子氏は、「問題は、成長途上の児童に大人の結論である何々主義を教え込むこと自体である。……結論をつめ込むよりは、大人になってよりよき結論を自ら採るよう、その素地をつくるのが教育だとさとるべきである。」と指摘されています（１６７頁参照）。平和教育の問題についても、前述した最高裁の判決とともに、この趣旨を、一般社会人からの良識ある提言として、しっかり受けとめることが大切ではないでしょうか。

二、日本の青（壮）年の「国」、「戦争」についての意識について

戦後の我が国では、普通教育の諸学校の児童、生徒に対し、「戦争」や「平和」について、日教組所属の多くの教員によって極めて長年月にわたり、前述したような極めて特殊な平和教育が行われてきたのです。

その結果、それが、その後の我が国の青（壮）年の「国」とりわけ「戦争」についての意識にどのような影響を及ぼし、それが世界各国の青（壮）年のそれと比較して、一体どの点にどのような特異性をもたらしているのか、内、外の調査によって明らかにします。

(1) 国内調査

──自国に対する意識について──

まず、我が国で行われた**「世界青年意識調査」**（総務庁、後に内閣府）から**「自国に対する意識について」**、**①「自国人であることに誇りを持っているか」**、**②「自国のために役立つようなことがしたいか」**の二つの観点から行われた調査結果を、順次、見ていくこととします。

次に掲げる二つの表は、日米韓の3か国（中国が含まれていないのは残念です。）について、平成10年を起点として、平成25年までの15年間を、それぞれほぼ5年ごとの4回にわたり、比較した調査結果です。

	はい（誇りを持っている）%		いいえ（誇りを持っていない）%		分からない %	
平成25年（第9回）	70.4	米 76.2 韓 59.9	8.3	米 12.9 韓 21.4	21.3	米 10.9 韓 18.7
平成21年（第8回）	81.7	米 91.2 韓 78.0	11.2	米 4.5 韓 10.7	7.1	米 4.3 韓 11.3
平成16年（第7回）	72.6	米 90.7 韓 79.6				
平成10年（第6回）	77.1	米 91.7 韓 84.2				

問① 「自国人であることに誇りを持っているか」

この表で、日本を中心として、特に、注目していただきたい点は、次のとおりです（表中、国名を付していないのは、「日本」です。）。

○「はい」（誇りを持っている）の欄の数字を見ますと、日本の4回の平均は75.45％で、これはそれ以前の調査（第2回〜第5回）の結果（73.8％）とほとんど変わっていません。すなわち、日本の4分の3程度の青年は、ずっと日本に誇りを持ち続けており、3か国中、最も安定しています。

韓国は、経年的にかなり落下（第6回から第9回までに△24.3％）を続けています。

米国は、長期的に非常に高いレベルで安定していましたが、最近時の第8回から第9回にかけては大きく落下（△15％）しています。

○「いいえ」（誇りを持っていない）欄の数字を見ますと、日本はわずかですが減少（△2.9％）していますが、逆に、米国（8.4％）と韓国（10.7％）は増加しています。ここでは、日本だけが好ましい傾向が出ているのです。
○　この調査で最も理解しがたいのは、最近時の第8回から第9回にかけての調査で、「はい」（誇りを持っている）の欄の数字が、日本（△11．3％）、米国（△15％）、韓国（△18．1％）と、いずれも共通して大きく下がっていることです。世界の情勢に、各国の青年の意識にこんな影響を及ぼすような、一体、どんな変化が生じていたのでしょうか。次回以降の調査結果を見たいものです。

	賛成する（役立つことがしたい） %		反対する（役立つことをしたくない） %		分からない %	
平成 25 年（第 9 回）	54.5	米 42.4 韓 43.2	13.4	米 30.3 韓 27.8	32.1	米 27.3 韓 29.0
平成 21 年（第 8 回）	63.9	米 48.8 韓 66.6	21.9	米 25.9 韓 17.9	14.2	米 25.3 韓 15.5
平成 16 年（第 7 回）	50.0	米 63.1 韓 73.3				
平成 10 年（第 6 回）	49.3					

問②「自国のために役に立つようなことがしたいか」

この表で、日本を中心として、特に、注目していただきたい点は、次のとおりです（表中、国名を付していないのは「日本」です。）。

○「賛成する」（役立つことがしたい）の欄の数字を見ますと、日本の4回の平均は54．4％で、3か国中、最も安定しています。なお、第9回の54．5％は、僅差ながら世界（6か国中）第1位です。

これに対して、第7回から第9回にかけて、米国は△20．7％、韓国は△30．1％と、かなり大きく減少しています。

○「反対する」（役立つことをしたくない）の欄の数字を見ますと、日本だけが△8．5％と減少していますが、米国（4．4％）と韓国（9．9％）は増加しています。問①（前の表）の場合と同様、ここでも日本の青年の健全性が目立っているのです。

○ただし、前述した問①の場合と同様、最も注目したいのは、最近時の第8回から第9回にかけての調査で、賛成する(役立つことをしたい）の欄の数字が、日本（△9．4）、米国（△6．4）、韓国（△23．4）と、いずれも共通してかなり下がっていることです。問1の場合と併せて、この頃の世界の情勢に、一体、何が生じていたのか興味深い問題です。

(2) 外国調査

――『世界主要国価値観データブック（1981〜）』――

次は、スウェーデンのストックホルムに本部を置く組織が、世界各国の18歳以上の青壮年を対象としてまとめた『世界主要国価値観データブック（1981〜）』からの調査結果です。最も近いものを基点として、およそ10年前と20年前のものと比較しています。

問「私たちは勿論、新たな戦争を希望しませんが、もし戦争が起こったら、あなたは国のために戦いますか」

この表で、日本を中心として、特に、注目していただきたい点は、次のとおりです（表中、国名を付していないのは「日本」です。）。

○「はい」（戦う）の欄の数字を見ますと、日本は最近では15%台で安定していますが、この数字は各年度の調査を通じ、しかも多くの国（２０１４年の調査では、60か国）の中で、ただ1か国だけ飛び抜けて低いのです。例えば、２０１４年の調査では、日本に次いで低いのはスペイン（28.1%）ですが、40%を下回っているのはこの2か国だけです。

「はい」（戦う）は、50%〜80%台の国（最高は97.8%で、60%台が最も多く15か国）が多数を占め、

	はい（戦う）%		いいえ（戦わない）%		分からない %	
2010～2014年	15.2	米 57.7 中 74.2 韓 63.0	38.7	米 40.6 中 19.5 韓 30.3	46.1	米 1.7 中 6.3 韓 6.7
1999～2004年	15.6	米 64.8 中 89.9 韓 74.4	46.7	米 24.3 中 3.1 韓 25.3	37.7	米 10.9 中 7.0 韓 0.3
1990～1994年	10.3	米 — 中 93.2 韓 85.4	40.5	米 — 中 2.5 韓 12.8	49.3	米 — 中 4.3 韓 1.8

全体のほぼ4分の3を占めています。

米国、中国、韓国でも、いずれも「はい」（戦う）は、近年しだいに減少していますが、まだ、それぞれ前記の順に、57．7％、74．2％、63．0％と、日本よりはるかに高率を維持しています。

○「いいえ」（戦わない）の欄の数字を見ますと、日本は40％前後で安定していますが、米国（16．3％）はもとより、中国（16．4％）、韓国（5％）でも、予想に反して、近年、かなり増加しているです。

そして、米国は、2014年には、「いいえ」（戦わない）が38．7％の日本を上回り、40．6％となっていますが、それでも「はい」（戦う）は、前述したとおり、57．7％とまだ高率を維持しています。

○日本にとってもう一つの大きな特色は、「分からない」の欄の数字が、3回の調査を通じ、いずれも飛び抜けて高いということです。

それは、「はい」（戦う）の数字が他国と比べて低過ぎることの当然の結果ですが、また、「いいえ」（戦わない）が、減じても、これが「はい」（戦う）には行かないで、ここでも「分からない」に回っているからなのです。

ところで「分からない」という回答が「迷っている」ことであると理解しますと、今後、我が国の普通教育の諸学校の児童、生徒に対して、例えば次の三に述べるような健全な平和教育がしっかり行われるようになりますと、「分からない」（迷っている）が減少し、その減少した分が「はい」（戦う）という方に回ってこれを増加させ（２０１４年の「分からない」の46．1％を、「はい」（戦う）の15．2％に加えますと、61．３％となります。）、ようやく他国（普通の国）並みに近づくことになると期待できるのです。

○前の二つの「自国に対する意識について」の調査結果は、他国と比べて決して遜色はないのですが、それと比較して、この三つ目の調査結果だけが日本の青壮年の精神の特異性、不健全性を示しているのです。(注)

それは、戦後、日教組に所属する教員によって長年月行われた前述したような「戦争」と「平和」についての教育が、いかに他国に比べて際立って異質のものであったか、すなわち健全でなかったかを物語っているのではないでしょうか。

（注）この外国調査だけが特別な結果を生み出しているのでないことは、他の団体が行った同じ頃の同様の調査（質問の表現が少し変わっています。）の結果でも、国のために戦わないという日本の青年がおよそ13～16％程度（世界最低）であることには変わりはないようです。

三、平和教育の内容の改善

○　前述した調査に示された「もし戦争が起こったら、あなたは国のために戦いますか」という問いは、日本の場合は、日本が他国に戦争をしかけることは憲法で禁止されていますから、もっぱら他国から日本が戦争をしかけられた場合にどうするかという問いに対する回答を出すことになりますので、この点にしぼって説明を続けます。（注）

（注）現代の戦争は、核の時代に入って様相は大きく変化し、大国が核を使用するいわゆる全面戦争は、多分、起こりえず、地域や島の領有権等をめぐるいわゆる局地戦争が多くなると思われます。
また、日本では従来からの日教組の先生方による平和教育の下でも、国を守るため志願して自衛隊員となっている若者も多数育っていることから、実際には、以下に述べることは現在の日本の実情に１００％沿っているとはいえません（実際には、他国から戦争をしかけられることは、自衛隊と駐留米軍がいることによって抑止されているのです。）が、日教組のこれまでの「平和教育」が正しくないことを明らかにするため、以下、問題を簡潔にしぼって説明を続けます。

最近の日本の青壮年の平和というより戦争に対する「意識」には、日教組のこれまでの平和教育の目的（「戦争に行きたくない」という意思をもった子どもたちを育てる）どおりの成果がはっきりと現れていることは、先に見たとおりです。しかし、戦争になった場合の「行動」の面については、実際にまだそれが試される機会が生じていないことは、誠に幸いです。

○ところで、日本の青壮年の平和と戦争についての意識がこれまでどおり続くものとしますと、今後、万一、他国から戦争をしかけられますと、日本が負けるのは明らかです。そして、戦争に負けた場合、日本は一体どうなるのでしょうか。この点も、国際社会の監視の中で、一昔前までのように人間性を全く無視した非人間的な取扱いを受けるようなことはないと思われますが、日本国家も日本国民も他国の支配下に置かれ、国は主権や領土の制限を受け、国民は人権や自由を制約されて普通の人間らしい生き方ができなくなり、その上、国や個人の財産が失われることなどは、容易に想像することができます。

今後も、これまでの日教組の平和教育の目的どおりに子供たちが育ち、行動しますと、他国から戦争をしかけられた場合、このような結果になることは明らかなのですが、子供たちはこのような悲惨な結果が待ち受けていることを知っているでしょうか。

○もちろん、このような悲惨な事態を含めて、戦争の残酷さ、恐ろしさなどを子供たちに正しく伝えること自体は、決して悪いことではありません。しかし、それだけが平和教育であるとしてすませてしまうことは、教育者として無責任であり、決して許されることではありません。戦争のように「国家や国民の存亡」にかかわる極めて重大な問題については、教員の皆さんは人生の先輩として、あらゆる知識や経験等をすべて活用し、年令や発達段階に応じてできるだけ広く、深く子供たちに教え、そして根本的なことについては、少しでも自ら考えさせ、子供なりに得心させておくことが必要ではないでしょうか。

○なお、ここで別の次元の問題になりますが、国としては他国との利害が一致しない問題が生じた場合、まず、ねばり強い外交交渉（話し合い）によって、平和的に解決するよう最善の努力を尽くさなければなりません。しかし、それでも合意が得られず、相手国が、万一、理不尽にも我が国に戦争をしかけてくるような事態が生じた場合、一体、どうすればよいのでしょうか。そのとき人間らしく生きていくためには、戦争から逃げるのではなく、（注）国の独立と国民の自由を守るため、「平和を犠牲にしても戦争をしなければならない」こともあるのだということを、中学生くらいになれば理解させておくことも必要ではないでしょうか。

（注）とにかく「戦争さえなければよい」というある種の徹底した平和を求めることも考えられますが、それは結局、戦争に負けて他国に支配され、独立や自由のない、いわば普通の人間としての生き方を捨てた平和でもよいということにつながるのです。それでよしとする人が果たしているでしょうか。

また、例えば、国として守るべきものを守らないで、すべて相手国の言いなりになってしまうのは、たとえそのときには争いは起きなくても、真の平和が保たれているとはいえません。そんな偽りの平和は、将来、いつかもっと大きな紛争を引き起こす種として残るのです。

○　辞書で「平和」という言葉の意味を調べますと、どの辞書にも、「戦争がない」ということだけでなく、国土や国民が「安らかである」「無事である」という趣旨が含まれていることが分かります。子供たちに、平和教育としてどういうことを、どこまで伝えておけばよいか、今一度、一人ひとりの先生が根本から問い直され、しっかりした自分の考えを作り上げ、子供たちに伝えていただきたいと願っています。

（参考）子供たちからの「問い」（想定）と、それについての「考え方」について

はじめに

小学生でも高学年になりますと、日本には自衛隊員がいて、大きな自然災害（地震、台風等）が発生する度に、現地に派遣されて、救援活動や復興支援活動に力を尽くし、地域の人たちから感謝されていること、また、沖縄を中心に、アメリカの軍人が日本に駐留しており、しばしば、その基地を取り巻く問題が大きな話題になることなどを知っており、それなりに関心をもっているはずです。

そこで、子供たちから自衛隊の役割や駐留米軍がなぜいるのか、その理由や役割について聞かれた場合、子供たちの年令や発達段階等に応じて、先生一人ひとりが、憲法の正しい理解の上に立って、それらの問題を自分の言葉で説明できるようにしておいていただくことが大切ではないでしょうか。その際の参考にしていただくため、次の四つの「問い」について、ごく手短に「考え方」を述べておきます。(注)

（注）なお、この「問い」（想定）とそれに対する「考え方」について」は、もっぱら、「侵略戦争は決してしてはいけない」、「自分たちの国は、自分たちで守る」という、戦争に関して人間として誰もが抱く最も素朴な二つの信念に基づいて書き進めていることを、申し添えておきます。

1．戦争をしないため、日本はどんな努力をしているのですか。

（考え方）

○戦争は、一人ひとりの人間の安らかな生活を送りたいという素朴な願いや希望を打ち砕くものであり、絶対に避けなければならないのです。

○そこでまず、他国との間で問題が生じたとき、それを具体的な戦争に発展させないで、あくまでも話し合いで解決させようと、さまざまな外交努力が行われています。

○また、日本を含むどの国でも、他国からたやすく攻められないよう、平常から自衛のために必要な軍事力（日本の場合は、軍事力ではない実力部隊としての自衛隊）を備え、互いの勢力均衡（バランス・オブ・パワー）によって、戦争を防ぎ、平和を保とうと努力しています。これが独立国としての基本姿勢です。その上で、厳しい国際環境の中、日本を含む各国は、それぞれ信頼できる同盟国との間で協力関係を結んで、自国の平和と国民の安全を保とうとしているのです。

○更に、国連では必要に応じて軍縮会議を開き、特定の国の軍備が突出しないよう、関係各国間で軍備（特に核兵器）縮少についての話し合いをしています。

2．日本の平和は、憲法9条があるから守られているのですか。

（考え方）

○憲法9条は、我が国が他国への侵略戦争をすることを禁止しています。したがって、たとえ同盟国であるアメリカから、海外での戦争に自衛隊の参加を要請されても、日本の政府はそのつど（例えば、ベトナム戦争、イラク戦争等）しっかり断ることができているのです。9条がなければ、例えばアメリカからの強い要請でベトナム戦争に参戦した韓国のように、多分、自衛隊も早い段階から他国での戦争に参加せざるを得なかったと思われます。その意味では、憲法9条は日本が広く戦争をしないことに一定の役割を果たしていることを認めなければなりません。

○ しかし、このことだけで、すなわち憲法9条があるから日本が戦争に巻き込まれず、平和が保たれていると言い切ってしまうのには問題があるのです。なぜなら、外国の軍隊は、日本には平和憲法（憲法9条）があるから、日本を侵略するのは止めようと考えてくれるわけではないからです。

3．日本が、他国から戦争をしかけられず、平和を守り続けられているのはどうしてですか。

（考え方）

○ 我が国の周辺は、中国（南シナ海への覇権的進出、東シナ海の尖閣諸島周辺での行動、年々の莫大な防衛費の増額等）、北朝鮮（国際連合の勧告を無視した核実験、ミサイル開発等）のほか、ロシア（北方4島の不法占拠）、韓国（竹島の不法占拠）など、我が国との間に重大でかつ危険な問題を抱えた国々によって囲まれています。(注)

（注）平成27年1月に実施された内閣府の世論調査によりますと、「日本が戦争に巻き込まれる危険がある」と答えた

人は75．5％と、「危険がない」と答えた人の19．8％をはるかに上回っています。

このことに関連して、我が国の周辺で関心のある事柄としては、「中国の軍事力の近代化」を指摘した人が60．5％、「朝鮮半島」と答えた人が52．7％と、この二つの国に、特に強い関心が注がれています。

○こうした厳しく、不安定な国際状況の中で、我が国が外国との戦争に巻き込まれず、国民が平和で安全に生活できるのは、単に憲法9条があるからではありません。重要なのは、まず、歴代政府が、国際的軍事状況に対応して、我が国を防衛する（国の平和と国民の安全を守る）ため、憲法の解釈を変更し、(注1)自衛隊（陸・海・空）を創設するとともに、その後の状況の変化に応じて、その拡充を図ってきたことです。(注2)

○その上、それだけでは不足（例えば、我が国は核兵器を持っていません。）する防衛力を補うため、日米安全保障条約等によって米軍が日本に駐留していることです。(注3)

○この両者が外国からの攻撃に対する実際の抑止力となって、我が国は他国からの侵略戦争に巻き込まれず、国の平和と国民の安全が守られていることを正しく認識しなければならないのです。

（注1）ここで、自衛隊発足の頃までに政府が行った憲法解釈等の変遷について見ておきます。

・昭和21年6月（吉田内閣）―「自衛権の発動としての戦争も、また交戦権も放棄した」と憲法草案審議中の帝国議会で答弁

・昭和25年1月（吉田内閣）―米ソ冷戦が始まった現実を踏まえて、「武力によらざる自衛権を日本は持つ」と自衛権はあるとの認識を示した。

・昭和26年9月（吉田内閣）―憲法とは関係ありませんが、政府の方針として、国連ではなく、日米同盟によって安全を守る方針に転換し、（旧）日米安全保障条約を締結

・昭和29年12月（鳩山内閣）―29年7月の自衛隊（陸・海・空）の新設に合わせて、「自衛隊は外国からの侵略に対処する」ための「必要最小限度の実力組織（部隊）」という政府統一見解を発表。

個別的自衛権＝自衛隊を容認

（注2）現在の憲法9条2項の下で、その解釈を変更して創設された自衛隊は、60余年にわたって存続しており（当然のことながらこれには毎年度、相当額の予算措置が行われています。）、しかもこの自衛隊に対する国民の支持率は90％を超えており、自衛隊を合憲とする世論は定着しているといってよいのではないでしょうか。

逆に、このことは、憲法9条2項はいわば「死文」と見なすほかはない状態となっているのです。

（注3）先の平成27年1月に実施された内閣府の世論調査では、「日本を守るための方法」として、「現状通り日米安保体制と自衛隊で」が84．6％と極めて多くの人々がこれに賛同しており、「日米安保条約をやめて自衛隊だけで」の6．6％、「日米安保条約をやめて、自衛隊を縮小または廃止して」の2．6％を大きく引き離しています。

4.「国」と「憲法」との関係について、「憲法守って、国滅ぶ」とは、どういうことだと理解すればよいのですか。

（考え方）

○ 政府（国）の最大の任務は、国の平和と国民の安全を守ることです。また、国の最高法規であり、国民にとって最も大切な基本法規である憲法が、同じ任務を担っていることは、当然のことです。したがって、政府（国）も国民も、憲法を最大限に尊重しなければならないのです。

ただ、憲法が国の最高法規であるといっても、憲法は当然のことながら国のためにあるのであって、決して憲法のために国があるわけではありません。

○ ところで、日本国憲法9条（戦争の放棄）は、さまざまな立場の人たちから、特別の取扱いを受けており、例えば、社会運動家（団体）は、平和活動の原点として、また、憲法学者からは、平和国家（憲法）のシンボルとして、更に、野党からは政府の防衛政策に反対するための根拠として、それぞれ、大切にされています。

そして、これらの人たちによって、憲法9条は手をつけてはいけないいわば神聖不可侵の規定として尊重され、そして、その考え方は、二度と戦争をしてはいけないという、一般国民の素朴なムードに広く支えられ、社会的に大きな力を発揮し続けているのです。

○これらの人たちは、政府（国）とは違い、国の平和と国民の安全に直接の責任を負っていないため、我が国を取り巻く国際安全保障環境の変化（とりわけ悪化）を見る目に厳しさが欠け（注）、したがって、例えば政府（国）が、他国からの侵略の危機が強まっていると判断して、防衛力を強化（そのためには憲法9条の改正か、その解釈の変更が必要です。）したいと考えても、それに反対し、そのため、国が存亡の危機に陥り、更には滅びてしまうというようなことも想定されるのです。

（注）それと共に、我が国は、戦後長い間、いわゆる「平和慣れ」しているため、多くの国民の間で、「自分の国は自分で守る」という国防の原点が忘れられているのではないでしょうか。

○しかし、このような事態は、絶対に避けなければなりません。そこで誰が言い始めたのか、この「憲法守って国滅ぶ」というスローガンは、私たちに対して、我が国が、万一、前述したような憲法9条絶対遵守の人たちに政府（国）をまかせれば、このスローガン通りに憲法（9条）は残って、国が滅びる危険性がありますよと訴えているのではないでしょうか。

憲法は、国の最高の規範であり、国も国民も最大限に尊重しなければなりませんが、それはあくまでも、国の独立と平和のため、そして国民の自由と安全のためにあるのだということを理解し、正しく向き合うことが求められているのです。

第五章　国旗、国歌について

――その定着化への歩みを中心に――

はじめに

日の丸、君が代は、いずれも明治の初めに現在の姿ができてから、国民の間に事実上、国旗、国歌として親しまれてきました。そして、明治31年に制定された「法例」（明治31年法律10号）(注)によって、それぞれ、「慣習法上の国旗」「慣習法上の国歌」となって定着し、以後、明治、大正そして昭和20年の敗戦に至るおよそ50年間、――この間、日の丸、君が代は、外国との戦争のたびに、天皇制国家主義のシンボルとして利用されるという不幸ないわば受難の時期がありました。――国民の間に親しまれ、引き継がれてきました。

国旗「日の丸」と国歌「君が代」は、こういう状況の中で、敗戦とアメリカ占領軍を迎えることになったのです。

（注）法例第2条には、「公の秩序、または善良の風俗に反せざる慣習は……法令に規定する事項に関するものに限り、法律と同一の効力を有す。」と定められていました。

ここで、まず、占領下の日本で、ＧＨＱが国旗、国歌に対してどのような姿勢をとっていたのか、手短に触れておきます。

一．占領軍の姿勢

(1)「日の丸」について

○国旗、国歌が、戦時中、日本国民の間で、軍部の意のままに、軍国主義のシンボルとして使用されてきたことを十分承知していたＧＨＱでは、占領直後の昭和20年10月、「日の丸」掲揚は、ＧＨＱの地方軍政部への個人申請による許可制としていたのですが、22年5月2日（日本国憲法施行日の前日）、マッカーサーは吉田茂首相に、「この国旗をして、個人の自由、尊厳、寛容と正義に基づく新しい恒久的な平和時代が、日本の生活に到来したことを意味するものとしてはためかしめよ……」という内容の書簡を送って、国会、最高裁判所、首相官邸と皇居の４か所での国旗の掲揚を許可したのです。そして、続けて23年4月4日、ＧＨＱは、一般国民が祝祭日に国旗を掲揚することを許可しました。

○更に、マッカーサーは、昭和24年元旦、日本国民へ次のようなメッセージを発表し、以降、国民が好む場所に、自由に「日の丸」を掲揚することを許可したのです。

「余が、今回この挙に出た理由は、一にこの国旗が人類のひとしく探し求めてきた正義と自由の不易の観念に立脚した平和の象徴として、とこしえに世界の前にひるがえらんことを、また、……日本国民の一人ひとりをふるい立たせる輝く導きの光としてひるがえらんことを心から念願するからにほかならない。」

(2) 「君が代」について

○ 他方、国歌「君が代」については、国旗とは全く違った経緯をたどっているのです。すなわち、GHQからの指示によらないで、文部省自身が学校における教育・指導を自粛したのです。

戦時中の音楽教科書の冒頭には、「君が代」のほか「紀元節」「明治節」「天長節」等の祝祭日唱歌が掲載されていたのですが、これらの歌については、文部省の通達(注)でも、各県の削除指示でも墨塗り(教科書等の中の軍国主義的な記述部分を、見えないように墨で塗りつぶす。)の対象として指定されてはいなかったのです。したがって、君が代は21年初期の段階では、引き続き歌われていたという学校の記録も残っているのです。これは、マッカーサー自身が、天皇制存置の政策を早々と決めていたために、天皇制関連の教材を許可する方針に傾いていたからであったと考えられています。

(注) 文部省は、昭和20年9月20日、教科書取扱方(戦時教材の省略、削除等)に関して、また、21年1月25日、国民学校の後期使用図書中の削除、修正箇所について通達を出しています。

○ ところが、21年4月、文部省から発行された、暫定音楽教科書では、「君が代」をはじめとする戦前の祝祭日唱歌は、すべて削除されていたのです。これを見てＧＨＱの担当官は、「なぜ、国歌等を外したのか、マッカーサーは反対ではないのに……」と述べたと言われていますが、ＧＨＱは日本側の自主的削除に反対する理由はないとして、結局はそのまま許可したという経緯があったのです。また、21年10月、「国民学校令施行規則」が一部改正され、国民学校で長らく続いてきた祝祭日の儀式も行われなくなったのです。

このあたりの事情について、当時のある学校教育関係者は、「占領軍は何らの拒否もしなかったにもかかわらず、教育者は自主的に歌うのを遠慮するようになったのです。」と、複雑な心境を語っています。その背景としては、敗戦直後から、国の内外に、天皇の戦争責任を問う声があり、また、戦時中、天皇讃歌として使われた「君が代」は、国民主権を原則とする新憲法の精神に反するのではないかという、すでに出始めていた国民の一部からの声にも配慮したのではないかと思われます。

○なお、この頃、新憲法を記念する歌がいくつか作られています。例えば、昭和22年5月3日、政府が主催し、昭和天皇も出席された「日本国憲法施行記念式典」で、憲法普及会が制作した新憲法施行記念国民歌「われらの日本」が、「君が代」の代わりに歌われているのです。そのほか、昭和21年には、毎日新聞社が新憲法公布記念国民歌「新日本の歌」を、また、23年には、朝日新聞社が国民愛唱の歌「こころの青空」を制作し、それぞれ、レコード化され普及が図られましたが、いずれも「君が代」にとって替わることはできませんでした。

○「君が代」の自粛が、いつ解かれたのかについては、国旗のような明確な指示もなく、それを明らかにした文書も見つけることができませんが、多分、23年4月4日、一般国民が祝祭日に国旗の掲揚を許可された日に、君が代についても祝祭日に歌う自粛が解除されたと考えるのが適切ではないでしょうか。

二．敗戦直後の国民の状況とマスコミの姿勢

(1) 国民の状況とマスコミの主張

○前述したようなマッカーサーの「心からの念願」にもかかわらず、当時の日本国民は、一向に「日の丸」を掲げようとはしなかったのです。昭和25年2月に朝日新聞が行った全国世論調査によれば、国旗をもっている人は73％いたのですが、その中で祝祭日に「日の丸」を掲げる人は30％に過ぎず、国旗を掲げない理由としては、「国旗を出すと、世間から軍国主義者のように思われるから」「誰も国旗を出せと言ってこないし、出さなくても誰からも文句が出ないから」などが挙げられていました。

○このような状況の中で、当時、多くの新聞等は、国民に対し新たな思いで国旗を掲げようではないかと訴えていました。例えば、25年4月29日付の日本経済新聞の社説は、次のように主張しています。

「終戦後、あらたに祭日が設定されたけれども、日の丸の旗がひるがえっている風景を見ることがほとんどない。これはどういうわけだろうか。……日の丸の旗は平和と中立の象徴として新しく生まれ変

わったのである。……国旗を掲げるわれわれ国民が、それを軍国主義の象徴ともし、平和主義の象徴ともするのである。……それもマッカーサー元師から教えられるまで気がつかない、あるいは、教えられてもまだ気づかなかったとしたら、情けないと言わねばならぬ。」

○なお、日本国民のこのような優柔不断さとは逆に、それから少し時が過ぎてはいますが、昭和33年9月20日付の読売新聞の「編集手帳」の欄に、日章旗に対して、当時の中国当局が示した次のような興味深いエピソードが掲載されています。

「北京の見本市のときに掲げられた日章旗に対する人民からの非難の投書に答えて、『今の日章旗は、帝国主義や軍国主義の象徴ではない。民主主義と平和を愛する日本人民の旗である』と釈明した中国当局の態度にも考えさせられるところが多かった。」

(2) 天野文部大臣と君が代

○昭和25年5月、文部大臣に就任した天野貞祐（カント哲学の研究者）は、10月、国民の祝日やさまざまな学校行事に際し、各学校、官庁、家庭において、国旗を掲揚するとともに、国歌を斉唱することが望ましいとの趣旨の談話を発表するとともに、全国の都道府県の知事と教育委員会に、同趣旨の通達を出しました。これは、戦後、国旗、国歌について文部大臣がとった初めての措置でした。

○なお、天野文部大臣は、「君が代」の歌詞の意味について、日本国憲法第1条と結びつけて解釈した次のような独自の見解をもっていたのです。

現在、天皇は日本国の象徴であり、日本国民統合の象徴です。それは主権者である私たち「日本国民の総意」に基づいてそうなっていただいているのです。したがって、「君が代」は、その象徴である天皇をたたえることを通じて、日本国や日本国民をもたたえる歌となっているのです。このように、国民主権の原則と「君が代」との間には、何ら矛盾、抵触は生じないのです。現在の憲法を素直に読めば、そう理解できるのです。[注]

（注）この「君が代」の理解の仕方は、その後ずっと文部省の中に引き継がれており、例えば平成11年8月の国旗・国歌法制定の際、文部省は国歌「君が代」の歌詞の意味について、「日本国憲法のもとにおいては、国歌『君が代』は、天皇を日本国そして日本国民統合の象徴とする我が国が、いつまでも繁栄するようにとの願いを込めた歌である」としているのです（詳細は後述）。

○このような国旗、国歌についての天野文部大臣の勧奨にもかかわらず、当時の日本国民は、学校でも一般家庭においても、これに進んで応じようとする状況は、ほとんど生まれてきませんでした。

その理由としては、まず、敗戦により人的、物的被害のみならず、精神的にも耐えがたい衝撃を受けていた当時の国民の間には、戦争と結びついた一切のもの（とりわけ天皇制軍国主義のシンボルであった国旗、国歌を含めて）を、素直には受け入れられないという気持ちが、相当強く生まれていたからではないでしょうか。

また、それとともに、敗戦直後から行われた後述するGHQによる巧みなWGIPの宣伝（20年10月頃～23年11月頃）と東京裁判史観（23年11月判決）の押しつけによって、一億総懺悔を強いられ、国家や愛国心を徹底的に否定され続けた日本国民にとっては、引き続き占領下でもあり、自己抑制から解放される雰囲気が、素直には育ってこなかったのではないかと考えられます。

(3) 国際的常識の欠如

○ 戦後間もない頃の国旗、国歌に対する一般国民の受けとめ方が前述したようなものであり、また、当時の日教組の子供たちへの教育指導のあり方からみて、国際交流のためのさまざまな会合や催し物などの場で、日本人とりわけ子供たちが、自国の国旗、国歌そしてまた相手国の国旗、国歌に対して示す態度は、国際的な慣習、常識をはずれたものとなっていました。そして、このことに対して、当時の心ある日本人は、大変心配し、遺憾な思いをもち始めていたのです。

国旗と国歌について、昭和27年5月13日付の朝日新聞は、次のような記事を掲載しています。

「一昨年の夏、日米対抗水泳大会のときも、国旗掲揚に対するアメリカ側の厳粛な態度にひき比べて、日本人観衆のだらしなさが批判されたことがあった。あのときはまだ占領下だったからといういいわけもあったかもしれないが、もう日本は独立した国である。いつまでもこんな態度でよいわけはない。……「君が代」に対する礼儀についても、知らなければならない。学校でもこれを教えておいてもらいたい。「君が代」は歌うばかりがそのすべてではないのである。」

誠に適切な指摘なのですが、この頃はまだ自国の国旗、国歌を大切にする習慣すら回復していなかったのですから、朝日新聞のこの指摘に応えるためには、まだまだ時間をかけて努力を続けなければならなかったのです。(注)

(注) この頃からずっと時がたった昭和52年に、小中学校の学習指導要領が改訂された際、文部省が53年に発行した教師向けの「小学校指導書・特別活動編」では、教師に対して、依然として次のような説明をしなければならない残念な状態が続いていたのです。

「国民の祝祭日などに儀式的行事を行うにあたっては、国旗を掲揚し、国歌を斉唱させることが望ましい。このことは、日本人としての自覚をもって国を愛する心情を育成するためのよい機会とするとともに、他国の国旗や国歌をも尊重する態度を養うことに役立つであろう。」

三、文部省・政府の取扱いの変遷
——昭和時代——

(1) 学習指導要領の変遷

○ 新学校制度の発足に間に合わせるため、昭和22年3月、教科課程の基準として急きょ発行された小学校学習指導要領(試案)と、占領下にその一部が手直しされた26年の改訂版(試案)では、国旗、国歌についてはまだ本格的な指導(記述)が行われていませんでした。

○ そして、33年改訂の学習指導要領においては、25年10月の天野文部大臣の国旗、国歌の勧奨に関する談話と通達の趣旨を踏まえ、また、校長、教職員による児童・生徒への国旗、国歌を理解させる教育と、国旗、国歌に向き合う態度の育成が、自発的には中々期待できない状態が続いていたため、はじめて、国旗、国歌について、社会と音楽の各教科のほか「学校行事等」(注1)において、具体的な指導のあり方が明示されたのです。

すなわち、「学校行事等」の中で、「国民の祝日などにおいて儀式などを行う場合には、児童に対してこれらの祝日などの意義を理解させるとともに、国旗を掲揚し、君が代(注2)を斉唱させることが望ましい。」と明記されたのです。ここでは、「日の丸」「君が代」は、これまで何らの勧奨等をすることもなく国民の間にいわば自然に国旗、国歌として定着していることから、学校の儀式においても強制することは控えて、校長をはじめ教職員一人ひとりの良識によって、きちんと取り扱ってほしいという趣旨から、文章の語尾がこのように「……させることが望ましい」という控えた表現がとられていたのです。

（注1）「学校行事等」という表現は、33年改訂版だけで、43年改訂版では「学校行事」となり、52年改訂版からは、「特別活動」の中で定められています。
（注2）52年改訂版から「君が代」は、「国歌」に改められました。

○　前述した（76〜77頁参照）ように、学習指導要領そのものは、33年の改訂によって全体として法的拘束力を持つ（これに違反すれば、違法となる。）ことになっていたのですが、入学式や卒業式などの儀式での国旗、国歌の取扱いについては、一般社会と同様、強制は避けて控えた表現とし、自然に定着することが期待されていたのです。

すなわち、文部省では、入学式や卒業式などの儀式においては、国旗を掲揚し、児童・生徒が君が代を斉唱する際には、教職員も起立し、一緒に斉唱することが望ましい、したがって、校長は、そういう方向で教職員を指導し、教職員はそれを理解して従ってほしいと期待するにとどめ、義務とはしないという立場をとっていたのです。

その結果、学校によっては、この「望ましい」ということばの理解と運用の仕方をめぐって、これを尊重しようとする校長とこれに強く反対する一部の教職員との間で、長い間、さまざまな紛争状態が生じていたのです。

○　このような状況の中で、平成元年、小・中学校の学習指導要領の改訂が行われ、「特別活動」の中の国旗、国歌に関する部分が、「入学式や卒業式などにおいては、その意義を踏まえ、国旗を掲揚するとともに、国歌を斉唱するよう指導するものとする。」と改められたのです。

すなわち、学習指導要領の国旗と国歌に関する記述は、前回（昭和52年改訂）までのものとは、二つの点で大きく変わったのです。その一つは、それまでは、国旗を掲揚し、国歌を斉唱する場合として、「国民の祝日などにおいて儀式などを行う場合には」と、さまざまな儀式が想定されていたのですが、これを「入学式や卒業式など（注）においては」と入学式と卒業式だけを特記したことです。そして、学校における儀式の中でも、どこの学校でも必ず行われる最も基本的な儀式であり、また、学校生活に有意義な変化をもたらし、厳粛な雰囲気の中で行われる入学式と卒業式については、各学校において必ず、国旗を掲揚し、国歌を斉唱しなければならないこととされたのです。

（注）「入学式や卒業式などにおいては」の「など」については、始業式、終業式、運動会、開校記念日など、さまざまな儀式や行事が考えられますが、これらの場合に国旗を掲揚し、国歌を斉唱するかどうかは、学校の設置者（公立小中学校の場合は、市町村教育委員会）と校長の判断にまかされているのです。

○　いま一つは、文章の語尾の表現が、「……望ましい」から、「……するものとする」に改められたことです。これは、学習指導要領そのものはすでに法的拘束力をもっているのですが、特別活動の中の入学式や卒業式での国旗、国歌の取扱いに関しては、これまで語尾が「望ましい」となっていたため、それに従わない場合でも「違法」と取り扱うことができなかったのですが、今回、語尾の表現を「するものとする」と改めたことにより、それに従わない場合は「違法」とすることができるようになったのです。すなわち、「国旗を掲揚するとともに国歌を斉唱するよう指導するものとする」と改めたことによって、この規定に法的拘束力をもたせることにしたということです。なお、このような改正をしてまでも、児童・生徒に対する国旗、国歌の指導を大切にしようとしている趣旨については、「六、締めくくり」に詳述しています。

この改正によって、平成元年以降、職員会議等において、入学式や卒業式で国旗を掲揚し、国歌を斉唱することが決定された場合、校長はこの決定に基づいて教職員にこれに従うよう指導を行い、この指導に従わない教職員に対しては職務命令を出し、それに従わない教職員には懲戒処分を行うことができるようになったのです（このことが、最高裁の判決によって合憲、合法と認められていることについては、276〜279頁参照）。

○ そして、学習指導要領の入学式、卒業式における国旗、国歌の取扱いについては、この平成元年の改訂による考え方が、現在も維持されているのです。

学習指導要領における国旗、国歌の取扱い

（1）小学校学習指導要領

改訂年 ＼ 教科等	社会	音楽	特別活動
昭和 33 年	（第6学年） 我が国の国旗をはじめ諸外国の国旗に対する関心をいっそう深め、これを尊重する態度などを養うことがたいせつである。	第1学年の表現（歌唱）「日の丸」 ――― 「君が代」は、各学年を通じ児童の発達段階に即して指導するものとし……。	国民の祝日などにおいて儀式などを行う場合には、児童に対してこれらの祝日などの意義を理解させるとともに、国旗を掲揚し、君が代をせい唱させることが**望ましい。**
昭和 43 年	（第6学年） 我が国の国旗に対する関心やこれを尊重する態度を深めさせるとともに、諸外国の国旗に対しても同じようにこれを尊重する態度が必要なことを考えさせるような配慮することが必要である。	第1学年の内容の歌唱 共通教材「日のまる」（文部省唱歌） ――― 同右	同右
昭和 52 年	（第6学年） 我が国や諸外国の国旗に対する関心やこれを尊重する態度を育てるように配慮する必要がある。	第一学年の内容の歌唱 共通教材「日のまる」 ――― 同右（ただし、冒頭の部分が国家「君が代」となる。）	同右（ただし、「君が代」が国家となる。）
平成元年	（第4学年） 我が国や諸外国には国旗があることを理解させるとともに、それを尊重する態度を育てるよう配慮する必要がある。 （第6学年） 我が国の国旗と国歌の意義を理解させ、これを尊重する態度を育てるとともに、諸外国の国旗と国歌も同様に尊重する態度を育てるよう配慮すること。	第一学年の内容の歌唱 共通教材「日のまる」 ――― 同右	入学式や卒業式などにおいては、その意義を踏まえ、国旗を掲揚するとともに、国歌を斉唱するよう**指導するものとする。**
平成 10 年	（第3及び第4学年） 我が国や外国には国旗があることを理解させ、それを尊重する態度を育てるよう配慮すること。 （第5学年） 我が国や諸外国には国旗があることを理解するとともに、それを尊重する態度を育てるよう配慮すること。 （第6学年） 我が国の国旗と国歌の意義を理解させ、これを尊重する態度を育てるとともに、諸外国の国旗と国歌も同様に尊重する態度を育てるよう配慮すること。	第1学年及び第2学年の内容の歌唱 共通教材「日のまる」 ――― 国歌「君が代」は、いずれの学年においても**指導すること。**	**同右**
平成 20 年	（第3及び第4学年） 同右 （第5学年） 同右 （第6学年） 同右	第1学年及び第2学年の内容の歌唱 共通教材「日のまる」 国歌「君が代」は、いずれの学年においても歌えるよう**指導すること。**	**同右**

(2) 中学校学習指導要領

教科等＼改訂年	昭和 33 年	昭和 43 年	昭和 52 年	平成元年	平成 10 年	平成 20 年
社会	記述なし	記述なし	記述なし	(公民的分野) 国旗及び国歌の意義並びにそれらを相互に尊重することが国際的な儀礼であることを理解させ、それらを尊重する態度を育てるよう配慮すること。	(公民的分野) 同右	(公民的分野) 同右
特別活動	国民の祝日などにおいて儀式などを行う場合には、生徒に対してこれらの祝日などの意義を理解させるとともに、国旗を掲揚し、君が代をせい唱させることが**望ましい**。	同右 (ただし、君が代が「君が代」となる。)	同右 (ただし、「君が代」が国歌となる。)	入学式や卒業式などにおいては、その意義を踏まえ、国旗の掲揚をするとともに、国歌を斉唱するよう**指導するものとする**。	同右	同右

(3) 高等学校学習指導要領

教科等＼改訂年	昭和 33 年	昭和 43 年	昭和 52 年	平成元年	平成 10 年	平成 20 年
特別活動	国民の祝日などにおいて儀式などを行う場合には、生徒に対してこれらの祝日などの意義を理解させるとともに、国旗を掲揚し、君が代をせい唱させることが**望ましい**。	同右 (ただし、君が代が「君が代」となる。)	同右 (ただし、「君が代」が国歌となる。)	入学式や卒業式などにおいては、その意義を踏まえ、国旗の掲揚をするとともに、国歌を斉唱するよう**指導するものとする**。	同右	同右

（2） 政府の世論調査

○ ここで、学習指導要領を一たん離れて、学校で、学習指導要領によって国旗、国歌についての指導が本格的に始まった昭和30年代から40年代に、日本国民は、日の丸、君が代についてどのような意識、感情をもっていたのか、ここに、昭和36年11月と49年12月に行われた内閣総理大臣官房広報室の世論調査（満20歳以上の男女を対象）の結果を紹介します。なお、これらの調査は少々古いので、これら以後に新しい調査が行われているか内閣府に尋ねました（平成27年10月）が、行っていないとのことでした。

日の丸、君が代に対する感情（36年11月）

	日の丸（%）	君が代（%）
尊敬又は愛着の気持ちをもっている	57	59
別に特別な感情はもっていない	40	36
反感をもっている	0	1
その他・不明	3	4

日の丸、君が代は国旗、国歌としてふさわしいか（49年12月）

	日の丸（%）	君が代（%）
国旗、国歌としてふさわしいと思う	84	77
国旗、国歌としてふさわしいと思わない	4	9
わからない	12	14

○ まず、「日の丸」と「君が代」に対する感情について聞いたところ、「尊敬又は愛着の気持ちをもっている」については、昭和36年の場合でも、いずれも過半数をこえていますが、まだそう高くはありません。ところが、それから13年後の49年の調査では、日教組など革新系の人たちのそれまでの継続した、激しい反対運動にもかかわらず、「日の丸」「君が代」を「国旗、国歌としてふさわしいと思う」国民が着実に増加し、それぞれ、8割前後を占める状態になっているのです。一般国民の意識と組合の強かった学校現場の意識とでは、相当のへだたりが生ま

れるようになっていたのです。

君が代を国歌として認めるか

賛成	79%
一概にいえない	11%
反対	3%
不明	7%

日本の国旗は日の丸でよいか

日の丸がよい	92%
変えた方がよい	1%
不明	7%

上記で賛成の者に、学校の式などで歌わせるようにした方がよいか

歌わせるようにしたい	71%
そう思わない	14%
不明	15%

国旗あり（74%）中

いつも立てる	28%
時々立てる	31%
全く（ほとんど）立てない	15%

君が代について

（単に）いい歌だ	68%
（単に）よくない	2%
節はよいが文句がよくない	5%
文句はよいが節がよくない	1%
その他	1%
別に何とも思わない	23%

国旗を立てない理由

立てる場所がないから	6%
近所であまり立てないから	33%
面倒だから	34%
関心がない	21%
日の丸が嫌いだから	0%
時々立てる	6%

（参考）前頁の調査と関連して、これとは少し違ったいくつかの観点から調査した結果（いずれも前述した組織により36年11月に実施されたもの）を掲載しておきます。

○これらの調査結果は、特に「君が代」について、「それが天皇制確立の積極的な支柱として、また軍国主義への突入に際して果たした魔術性は消せない」と平成元年においても、なお、主張していた日教組の見解とは異なり、一般国民の多くは、早々と「君が代」の持つ日本民族の心を引き継いだ、そして、現行の象徴天皇と私たちを結びつけた世界にも稀な素晴らしい国歌であることを理解し、賛同していることを示しているのです（後述する「『君が代』の由来について」を参照）。

これを見れば、日教組が、昭和27年と57年の二度にわたり、「君が代」を廃止するため「国歌を考える会」などを中心とする「国民歌をつくる運動」に取り組みましたが、いずれも成功していないのも当然の成り行きといえるのではないでしょうか。

(3) 文部省・政府の国会答弁

平成の初め頃までの国旗「日の丸」と国歌「君が代」に関する文部大臣等による国会答弁は、前述した世論調査の結果（すなわち、昭和30年代から40年代にかけて、「日の丸」が国旗として、「君が代」が国歌としてふさわしいとする国民の意識が順調に伸び、定着してきていること）を踏まえて行われてきましたが、これらの答弁のうち、重要だと思われるもの（ただし、要旨）は、次のとおりです。

（国旗、国歌としての定着）

○明治以来の長年の慣行によって、「日の丸」が国旗、「君が代」が国歌であるという認識が、広く国民の間に定着している。

世界の人々も、日本の国旗を「日の丸」、国歌を「君が代」と認めている。

（君が代について）

○　新憲法においては、天皇は日本国の象徴であり、日本国民統合の象徴である。その日本という国とその国民が、未来永劫に、平和でそして永久に繁栄してもらいたい、こういう願いを込めて歌うという意味で、「君が代」は国歌として世界に誇ってよいものである。

○　新憲法下において、「君が代」を国歌として何ら支障はない。国民主権を建前とする日本国憲法と、この「君が代」を国歌としようという国民の考えとの間には、何らの矛盾はない。

（国旗、国歌を尊重する教育的意義について）

○　次代を担う子供たちに、自分の国の国旗や国歌を大切にする心を養う。こういう中で、他の国の国旗や国歌を大切にする態度を養う。

○　自国の国旗などを尊重しない人間が、他国の国旗などを尊重することができるだろうかと思う。他国の国旗などを尊重できない人間が、他国から信頼され、尊敬されるだろうかという心配をもたざるを得ない。

○学習指導要領の記述は、これを義務づけたものではないけれども、学校教育の場においては、われわれは、ぜひ、こういう方向で指導してほしいということを常に申し上げている。

（「望ましい」という表現について）

○国民的な常識で定着している国歌「君が代」ですから、国家権力をもって強制するというようなことはなじまない。したがって「望ましい」という言葉は、まさに望ましいと判断している。

○「望ましい」という言葉を素直に受け取ってくれればいいんですが、「どうでもいいんだが、望ましいんだ」というような議論が行われ、職員会議で校長との対立を招いているところもある。

（「指導するものとする」という表現について）

○学校の教育目標、方針として、入学式、卒業式のときに「君が代」を斉唱することが認められた以上、そこで働く教職員に、その方針にそって指導することが、公務員関係における当然の義務である。

(4) 文部省の全国実態調査

○日教組による国旗・国歌に対する激しい反対運動が相変わらず続けられていた中で、昭和50年代の中頃になって、家庭や社会環境の変化に伴う児童・生徒の教育環境が悪化し、小・中学校では、いじめ、登校拒否、校内暴力等の社会的に大きな関心を呼ぶ事態が頻発していました。

　こうした中、文部省では、集団活動等を通じて児童・生徒の人間形成上極めて重要な役割を果たしている特別活動について、昭和60年4月、全国の公立小・中・高等学校（全日制）の実態調査を実施しましたが、その中には入学式、卒業式における国旗掲揚と国歌斉唱についての調査も含まれていました。そしてこの調査は、その後、しばらく継続して実施されたのです。

　文部省は、同年8月には、その結果を各都道府県・指定都市教育委員会教育長に通知するに当たり、国旗、国歌については、「入学式及び卒業式において、国旗の掲揚や国歌の斉唱を行わない学校があるので、その適切な取り扱いについて徹底すること。」と、特に強い指導を行ったのです。その第1回目の調査結果は、次のとおりです。国旗に比べて、いずれの学校においても国歌の低さが目立っています。

○なお、毎年、全国実態調査を実施し、その結果の通知とともに、各都道府県・指定都市教育委員会に適切な指導を継続して行ったことは、先に述べた平成元年の学習指導要領の改正と、とりわけ、平成11年8月の国旗・国歌の法制化と相まって、国旗掲揚と国歌斉唱の全国的な実施状況を着実に改善させ、そのことは、毎年度、文部省担当局長が出す通知書に、必ず、前回の調査に比べて「全体として実施率が上昇し」と記述されていたことに示されています。そして、この調査は、実施率の大幅な改善によってほぼ目的を達成したため、平成16年春以降の調査は中止されました（その際の実施結果については、283頁参照。）。

昭和59年度の卒業式（60年3月）

国　旗（%）			
	小学校	中学校	高等学校
掲揚した	92.5	91.2	81.6
掲揚なし	7.5	8.8	18.4
国　歌（%）			
	小学校	中学校	高等学校
斉唱した	72.8	68.0	53.3
斉唱なし	27.2	32.0	46.7

昭和60年度の入学式（60年4月）

国　旗（%）			
	小学校	中学校	高等学校
掲揚した	89.9	90.2	81.3
掲揚なし	10.1	9.8	18.7
国　歌（%）			
	小学校	中学校	高等学校
斉唱した	46.4	62.3	49.0
斉唱なし	53.6	37.7	51.0

― 平成時代 ―

(1) 村山首相の答弁と政府の統一見解

○ 平成に入っても、社会党の幹部の中には、「日の丸」と「君が代」を区別し、「日の丸」は条件付きで認めてもよいが、「君が代」については認めず、「新たな国歌制定を求める」という見解を発表する者もいました（平成3年）。ところが、平成6年7月2日の国会において、社会党所属の村山首相は、「長年の慣行により、「日の丸」が国旗、「君が代」が国歌であることの認識が国民の間に定着しており、私自身もそのことを尊重していきたい。」と明言したのです（その日教組本部に与えた影響については、後述します）。

○ また、同年10月13日の衆議院予算委員会理事会で、学校における「日の丸」、「君が代」の指導に関する政府統一見解（3項目）が示されました。そのうち、重要なのは、次の2項目です。

・ 学習指導要領は、「入学式や卒業式などでは、国旗を掲揚するとともに、国歌を斉唱するよう指導する」とあり、校長、教員は、これに基づいて児童・生徒を指導する。

・ このことは、児童・生徒の内心にまで立ち入って強制しようとする趣旨ではなく、あくまでも教育指導上の課題として指導を進めていくことが必要である。

○ この統一見解の第1項目は、校長、教員は、平成元年に改訂された学習指導要領（法的拘束力をもっている。）に基づいて入学式や卒業式などにおいて、児童・生徒に国旗、国歌の指導をしなければならないこと、そして、教員は校長の指導に従わなければならないことを確認したものです。

また、第2項目は、児童・生徒への指導は、内心への強制にわたることのないような教育指導であるべきことを提言していますが、このことも文部省のこれまでの考え方どおりです。

結局、文部省としては、この二つの統一見解を、これまでの学習指導要領の解釈、運用を変えることなく、適切な指導を続けるようにとの提言として受けとめたのです。

(2) 国旗「日章旗」、国歌「君が代」の法制化

○平成11年2月、広島県下のある高校で、校長が職員会議で、10年度の卒業式では県の指導に従い、学習指導要領に定められているとおり、これまでの国旗の掲揚のほか、国歌斉唱も行いたいと提案していました。これに対して「国歌斉唱を実施するなら、これまで続けてきた国旗掲揚は今年は認めない」という組合側からの激しい抵抗をくり返し受けて、校長は打開の途が見つからず、自殺に追い込まれるという不幸な事件が生じたのです。

この事件を一つの契機として、政府としては、組合員の中には、日の丸、君が代は法律で定められていないから正式な「国旗」「国歌」とはいえないと主張する者もいることなどに配慮し、学校現場で再び同様な不幸な事態を招かないためにも、21世紀を目前に控えた平成11年8月13日、「国旗は日章旗とする」「国歌は君が代とする」と「国旗及び国歌に関する法律」を定めることにしたのです。

○　以下、法制化に当たり、平成11年8月9日付で出された内閣総理大臣談話と文部大臣談話を踏まえて、国旗、国歌の法制化の意義についてまとめてみます。

・我が国の国旗である「日章旗」と国歌である「君が代」は、いずれも長い歴史を有しており、既に慣習法として定着していたのですが、このたび「国旗及び国歌に関する法律」が公布、施行され、「国旗は、日章旗とする。」（第1条）、「国歌は、君が代とする。」（第2条）と定められました。

・国旗と国歌は、いずれの国でも、国家の象徴として大切に扱われており、国家にとってはなくてはならないものなのです。また、国旗と国歌は、国民の間に定着することを通じ、国民のアイデンティティの証として重要な役割を果たしているのです。

そして、学校教育における国旗と国歌に関する指導は、児童・生徒が、我が国の国旗と国歌の意義を理解し、諸外国の国旗と国歌を含め、これらを尊重する態度を身につけることができるよう、学習指導要領に基づいて実施されているのです。

・法制化に伴い、国旗と国歌に関して、国民に新たに義務が課されるようなことはありません。また、学校における学習指導要領に基づくこれまでの指導のあり方が変わるものでもありません。

しかし、これを契機として、国民の「日章旗」の歴史や「君が代」の由来、歌詞などについて認識が改まり、理解が深まるとともに、学校教育においても、国旗と国歌に対する正しい理解が更に進むことが期待されているのです。

更に、法制化により、我が国のみならず、他国の国旗と国歌についても尊重する教育が適切に行われることを通じて、次代を担う子供たちが国際社会で必要とされるマナーを身につけ、尊敬される日本人として成長することが期待されているのです。

――法制化に関連して――

ここで、外国では、国旗、国歌がどのように扱われているか、手短に説明しておきます。

○前述したとおり、我が国では、ようやく平成11年8月、法律によって「日章旗」が国旗、「君が代」が国歌として認められたのですが、国旗、国歌、とりわけ国旗に関して、法律[注1]でそれを守り保護するという観点から定められたものとしては、外国の国旗等を保護するため、刑法（明治40年）92条「外国国章損壊罪」があるだけで、自国の国旗に対する尊重義務すら、これまでもそして今回の法律でも定められていません。今回の法制化は、「国旗と国歌に関し、国民の皆様方に新たに義務を課すものではありません」というのは、このことを指している[注2]のです。

（注1）法律で国旗の掲揚について定めているものとしては、船舶法（明治32年）、海上保安庁法（昭和25年）、自衛

隊法（昭和29年）があります。

（注2）これは、国民一般（学校の教育活動を離れた教職員や子供たちを含む。）に向かって述べられたもので、学校教育においては、国旗、国歌について「学習指導要領」に基づいた、適切な教育指導が行われなければならないのは、これまでと変わりはないのです。

○　これに対して、外国では、国旗を法律で定めている国は多く、中には憲法で定めている国もあります。そして自国の国旗に対する尊重義務は当然のこととして、国旗に対する侮辱的な行為を行った者に対しては、「侮辱罪」で罰することとしている国も多数あります。

また、法律によって、公共の建物などに国旗の掲揚を義務づけている国も多く、民間への国旗の掲揚を義務づけたり、勧奨したりしている国も少なくありません。(注)

なお、国歌については、劇場やコンサート会場、映画館などで、上演前に演奏される国もあるようです。

（注）我が国では、国民の祝日等における国旗掲揚については、昭和60年4月、内閣官房長官から国民に対し呼びかけがあったほか、同年9月、内閣官房長官から、各省政務次官を通じて各省庁やその所管団体の建物に国旗掲揚の協力要請が出されるとともに、自治省から各都道府県知事、地方自治6団体会長に対し、国旗掲揚について協力を要請しました。

○ なお、我が国では、国旗、国歌について、長い間、慣習法として定められていただけで法律で定められていなかったこと、そして、今でも国民に国旗、国歌に対する尊重義務も課していないのは、国（政府）が国旗、国歌を軽く扱っているからではないかという意見、批判があるとすれば、それは正しくありません。むしろ逆なのです。

戦時中の極めて異常な時期を除いては、戦前も戦後も、「日の丸」「君が代」は国民の間で自然に親しまれ、尊重され、定着していたので、あえて法律で定めなかったのです。

しかも、後述するように、長い歴史と高い文化を誇る我が国において、「日の丸」「君が代」は、その形や色そして言葉が昔人の心に芽生え、延々と民族に引き継がれ、育まれ、そして近代に入って完成した世界に類のない誠に価値の高いものなのです。したがって法律に根拠を設けたり、尊重義務を課したりしないで、国民の自然な感情と判断にまかせて存続を図るのが最もふさわしいということから、慣習法としての位置づけのままとしてきたし、あえて尊重義務も課さないままとしているのです（前述した昭和36年の政府の世論調査では、70％以上の国民が、法律で定めなくてよいと答えていました。）。このことを素直に受け止めてください。

○ 今後も、「日章旗」と「君が代」が法律で定められたからというのではなく、私たちにとってかけがえのない大切な民族の文化の結実として、素直に尊重していこうではありませんか。

四．日教組の姿勢と行動

(1) 国旗、国歌に対する姿勢の変遷

① 昭和時代の姿勢

○日教組の成立後、文部省との間で国旗、国歌が具体的な問題としてもち上がったのは、前述した昭和25年10月、天野貞祐文部大臣が、国民の祝日や学校行事に際して、学校や家庭で国旗掲揚と国歌斉唱を勧奨する談話を発表し、その趣旨の通達を出したときが初めてでした。

これに対して、日教組は直ちに文部大臣に抗議するとともに、「一連の反動文教政策の中の最も集中的問題として君が代に反対するとともに、新国歌制定運動を進める」という方針を決定しました。これが、その後長らく続いた「君が代」をめぐる文部省と日教組の対立の始まりとなったのです。

そして、当時45万人いた組合員から歌詞と楽譜を募集し、昭和27年3月、国民歌「緑の山河」が決定され、レコーディングもされたのですが、日教組内部の歌にとどまり、国民の間に広がることはなく、一応の(注1)終止符が打たれました(注2)。

(注1) ここで「一応の」と書いたのは、日教組は、再び昭和57年1月にも、多くの文化人、学者、音楽家らを集めて「国歌を考える会」を発足させ、「国民の手による国民の歌をつくる運動」を提起したのですが、その歌は再び一般の人々の耳目に届かないまま終わっているからです。

また、平成3年11月、当時の社会党の幹部が、日の丸については条件付で国旗と認めてもよいが、「君が代」に

ついては国歌とは認めず、「新たな国歌の制定を求める」との見解を発表しましたが、これもまた何ら具体的な成果は上がっていません。

なお、昭和36年11月の世論調査で、「君が代を国歌として認めるか」という問いに、すでに79％の国民が「賛成」と答えていることについては前述（２４５頁）したとおりです。

（注2）なお、これらとは別に、昭和28年1月、寿屋（現在のサントリー）が、講和条約発効1周年を記念して「新国民歌」を募集し、「われら愛す」という歌が決定され、日比谷公会堂で発表会も開かれましたが、大々的な宣伝にもかかわらず、その後、一般国民にほとんど何の影響を与えることもなく終わっています。

○　その後、日教組は、昭和20年代後半から30年代、40年代とかけて、平和教育・平和活動の中で、また、憲法改正反対、再軍備反対の活動の中で、「日の丸」「君が代」について一貫して強い反対の姿勢を示してきました。

また、前述したように、昭和33年に学習指導要領が改訂され、学習指導要領そのものは法的拘束力を持つとされながら、「学校行事等」のところに、儀式などを行う場合の国旗と君が代の取り扱いについては、「……させることが望ましい」と記述されていたことから、多くの学校で、入学式や卒業式においてこの趣旨を尊重する校長と、反対する一部教職員との間で、長い間不毛の争いが続けられていたのです。

○　こうした中、日教組は、昭和50年度の定期大会でこれまでの考え方を整理し、「日の丸」「君が代」について、次のような日教組の「統一見解」を決定しています。

「日の丸」「君が代」の強制に対しては、次の日教組「見解」に基づいて、職場の意思統一を図り対処するとともに、父母との共通の理解と連帯の強化に努力します。

（イ）「君が代」は、その歌詞内容とその果たしてきた歴史的役割からして、これを復活させることは、主権在民の憲法原理と教育基本法の民主的教育理念を否定するものです。したがってこれに強く反対します。

（ロ）「日の丸」が国家の標識として、国内外で取り扱われてきたことは事実であり、これを否定するものではありません。

しかし、「日の丸」が明治憲法下の天皇制国家主義のシンボルとして扱われてきた歴史的事実にてらして、この思想を復活する意図に反対します。

（ハ）政府、自民党が、国家主義の復活強化を図ることを目的にすすめようとしている「君が代」「日の丸」の法制化には反対します。

（ニ）学習指導要領をてこに、「日の丸」を学校教育に強制的に持ち込むことには反対し、その背景とねらいについて徹底的に討議を進め、あくまでも教育課程の自主編成の原則的立場に立って対処します。

○　この統一見解に示されている内容は、現在では、平成11年にいわゆる国旗、国歌法が天皇制国家主義の復活などとは全く関係なく制定されたことなどによって、ほとんど意味のないものとなっていますが、日教組は、平成に入ってもしばらくの間は、毎年度出される運動方針の中で、この統一見解の方針は変えないと主張し続けていたのです。

なお、国旗、国歌についての教育指導について、日教組は、「学習指導要領をてこに『日の丸』を学校教育に強制的に持ち込む」ものとして反対していましたが、後述するように、最高裁は、学習指導要領に基づく入学式、卒業式における国旗・国歌についての教育指導は、子供たちに対する教育上、目的も内容も決して不合理ではないと認めていることについては後述（五．を参照）します。

②　平成時代の姿勢の変化

○　平成元年12月、日教組は、全日本教職員組合協議会（全協）と袂を分かち、分裂しました。そして、平成2年6月、組織分裂後初めての定期大会において、「参加・提言・改革」のスローガンを打ち出し、翌3年7月の定期大会では、「対話」と「協調」を基本としたよりソフトな表現の運動方針を決定するなど、従来の「反対、紛争、阻止」の姿勢を現実路線に改める旨を標榜していました。

○　しかし、日教組本部の姿勢は定まらず、例えば「日の丸」「君が代」は、平成元年以来、学習指導要領の改訂によって、入学式、卒業式において国旗を掲揚し、国歌を斉唱するよう児童生徒を教育指導することは、校長、教職員にとって法的拘束力をも持つ（守らなければ違法となる）ことになっていたにもかかわらず、一部の教職員は、依然として反対の活動を続けていました。しかも、これに対して日教組本部からはノータッチの姿勢が示されていたのです（その自然の効果については、後述します）。

また、運動方針の各論部分でも、その後も変化はなく、例えば平成6年10月13日には、「日の丸」「君が代」の指導に関する「政府の統一見解」が示されていた（251頁参照）にもかかわらず、日教組は、終戦50周年に当たり、「日の丸」「君が代」について日教組流の歴史を教えるなどの「平和教育」を推し進めるとともに、従来からの「日の丸」「君が代」に対する方針を変えないことを確認し、6年10月20日に発表された平成6年度の運動方針では、今までの基調どおり、次のように述べていました。

> 「君が代」は、果たしてきた歴史的役割と、歌詞が国民主権の憲法に反することから強く反対する。「日の丸」は学習指導要領などによって学校教育に強制することに反対する。

○ところが日教組本部としては、前述した平成6年7月の村山首相の国会における国旗、国歌尊重の発言があったため、平成7年9月、一応、「日の丸」「君が代」闘争からの撤退を宣言し、国旗、国歌に対する姿勢に大きな変化を示すことになったのです。

すなわち、平成7年度から10年度までの4年間は、日教組運動方針には、国旗、国歌についての記述は行われていませんでした。しかし、一部の都道府県ではその後も個々の教職員による激しい抵抗が続いていたのです（例えば、前述したように、平成11年2月には、広島県立高校の校長の自殺事件が生じています。）。そして、国旗、国歌が法制化された平成11年度の運動方針（法制化前に作成されたものと思われます。）には、未だに次のような反対方針が掲げられていました。

「日の丸・君が代」のいかなる強制にも反対して「国旗・国歌」としての法制化を許さないとりくみをすすめる。

○しかし、村山首相の国会での発言に加えて、平成11年8月の国旗、国歌の法制化は、日教組本部の姿勢に決定的な影響を与え、その直後の平成12年度と、次に示す平成13年度の運動方針では、その表現の基調が「「国旗・国歌」の取り扱いについては、……十分な話し合いを基本として、……とりくむ。」となり、ようやく、文章中「反対する」という文言も見られなくなったのです。

史実にもとづく近・現代史を推進する。また、「国旗」「国歌」の持つ歴史について、正しく指導する。「国旗・国歌」の取り扱いについては、平和・人権と民主主義の視点、そして日教組の組織強化・拡大の立場から十分な話し合いを基本として、地域や学校現場での対立と混乱を増幅させないようとりくむ。また、子どもを中心とした教育課題を大切にするよう、教育委員会・学校関係者との話し合いをすすめる。

○　ここで、昭和60年以来、文部省が続けてきた全国実態調査における、法制化直前の国旗、国歌の実施状況（平成11年3月の卒業式と4月の入学式）と、法制化して3年半経過後の実施状況（平成15年3月の卒業式と4月の入学式）を掲載します。

（法制化直前のもの）

平成10年度の卒業式（11年3月）

国旗（%）	小学校	中学校	高等学校
掲揚した	99.0 (99.0)	98.6 (98.5)	98.8 (98.1)
掲揚なし	1.0 (1.0)	1.4 (1.5)	1.2 (1.9)

国歌（%）		小学校	中学校	高等学校
斉唱した		90.5 (88.2)	87.1 (84.8)	83.5 (80.1)
斉唱なし	メロディだけ流した	1.6 (2.5)	3.1 (4.3)	4.2 (4.1)
	メロディもなし	7.9 (9.3)	9.8 (10.9)	12.3 (15.5)

平成11年度の卒業式（11年4月）

国旗（%）	小学校	中学校	高等学校
掲揚した	99.0 (98.8)	98.6 (98.4)	99.0 (98.1)
掲揚なし	1.0 (1.2)	1.4 (1.6)	1.0 (1.9)

国歌（%）		小学校	中学校	高等学校
斉唱した		89.2 (86.6)	87.2 (84.7)	85.2 (80.6)
斉唱なし	メロディだけ流した	1.7 (2.6)	3.2 (4.2)	3.9 (4.1)
	メロディもなし	9.1 (10.8)	9.6 (11.1)	10.9 (15.3)

（法制化して3年半経過後のもの）

平成14年度の卒業式（15年3月）

国旗（%）	小学校	中学校	高等学校
掲揚した	100 (99.9)	100 (99.9)	100 (100)
掲揚なし	0 (0.1)	0 (0.1)	0 (0)

国歌（%）		小学校	中学校	高等学校
斉唱した		99.8 (99.3)	99.8 (99.2)	99.9 (99.8)
斉唱なし	メロディだけ流した	0.1 (0.4)	0.0 (0.4)	0.1 (0.0)
	メロディもなし	0.1 (0.3)	0.2 (0.4)	0.0 (0.2)

平成15年度の卒業式（15年4月）

国旗（%）	小学校	中学校	高等学校
掲揚した	100 (99.9)	99.9 (99.9)	100 (100)
掲揚なし	0 (0.1)	0.1 (0.1)	0 (0)

国歌（%）		小学校	中学校	高等学校
斉唱した		99.8 (99.2)	99.8 (99.3)	99.9 (99.8)
斉唱なし	メロディだけ流した	0.0 (0.4)	0.0 (0.4)	0.1 (0.0)
	メロディもなし	0.2 (0.4)	0.2 (0.3)	0.0 (0.2)

昭和60年以来、平成元年の学習指導要領の改訂もあり、小中高校の全国的な実施率は、国旗掲揚を中心として着実に伸びてはいたのですが、ここでは、法制化により、特に国歌斉唱の実施率が、いかに大きく伸び、その内容がいかに改善されたか（国歌の「斉唱なし」が大きく減少した）を見ていただきたいのです。

なお、表中の( )の部分は、いずれもその前年度の数値です。

③ 最近の姿勢

○国旗、国歌の法制化によって、実施率が大きく改善されたとはいうものの、前述の表で見るとおり法制化して3年半経過後の平成15年3月の卒業式と同年4月の入学式の実施率は、小・中・高を合わせて完全に100%ということになっているわけではありません。未だに、実施をめぐって、日教組組合員等による抵抗・トラブルが、ごく一部の学校では続いていたことがうかがえるのです(注)。

こうした中、学習指導要領に基づく国旗、国歌の実施に関する校長の教職員に対する指導・命令が合憲・適法であるとの最高裁の判決が、平成18年を皮切りに19年、22年、23年、24年と立て続けに10件以上も出されたのです。そのためか、文科省では、平成20年以降に、学校で国旗、国歌をめぐって何らかの紛争が生じたという確かな情報は把握していないと仄聞しています。

（注）一部の組合員によるこれらの行為が争議行為と認められた場合は、当局からそれぞれ懲戒処分を受け、また、

賃金カットのほか昇給延伸措置を受けることになります。その際、組合本部がすべてノータッチの姿勢を貫き、事前にその行動を止めもしない代わりに、事後の処分の結果（経済的損失）についても一切面倒をみないということになれば、組合本部のノータッチ方針は、組合員によるストを抑止するためには相当効果があるといえるのです。

○　このような状況に至った中で、手元にある最も新しい平成27年度の運動方針では、国旗、国歌について、次のように述べています。

「国旗」「国歌」のもつ歴史について正しく指導するとともに、史実にもとづく近・現代史の教育を推進する。また、卒業式・入学式などでの「国旗」「国歌」の扱いについては、「国旗・国歌法」の制定時の政府見解をもとにとりくむ。

この運動方針には、「反対する」という文言もなく、一見、穏やかな表現で結ばれており、正しく実施されれば問題はないのですが、注意しなければならないことが二つ含まれています。

(1)　一つは、「国旗、国歌の持つ歴史について正しく指導するとともに、史実にもとづく近・現代史の教育を推進する。」という点です。

○　これまで、日教組に所属する教員による、国旗・国歌についての教育指導は、旧憲法下のしかも戦時中の国旗、国歌の使われ方だけを強調したものであったのです。もちろんそのことを指導してはいけないというのではありませんが、それだけでは、「歴史について正しく指導する」ことはもとより、「史実にもとづく近・現代史の教育を推進する」ことにはなっていないのではないでしょうか。

○ 歴史について指導するというのであれば、まず、日教組が強調するような戦時中の国旗、国歌の使われ方だけでなく、なぜそのようなことが起こったのか、その理由についても説明しなければ、「正しく指導する」ことにはなりません。当時の事情を簡潔に説明しますと、明治22年に発布された「大日本帝国憲法」の下、天皇を絶対君主とあがめ、とりわけ対米戦争中は帝国議会は機能せず、しかも、東条内閣の28人の大臣の中には元軍人が4人いたほか、現役の軍人が陸・海軍大臣はもとより、総理大臣にまでなるなど、現在の日本国憲法の下では決して起こりえない状況の下で、(注)戦争へ向けて一億総動員が叫ばれ、戦争に突入していったのです。そして、一般国民はそれに従わざるを得ないという誠に異常な政治体制の下で、「日の丸」「君が代」も、それぞれの役割を果たしてきた、というより果たさざるを得なかったのです。

（注）憲法66条2項には、「内閣総理大臣その他の国務大臣は、文民でなければならない。」と定められています。

○ そして、我が国は昭和22年に施行された「日本国憲法」の下、民主国家、平和国家として生まれ変わり、すでに70年を平和に過ごしてきたこと、その間、「日の丸」も「君が代」も前述した世論調査の結果に示されているとおり、多くの国民から愛され、親しまれ、その上、平成11年8月には、「日章旗」（日の丸）が国旗として、「君が代」が国歌として法制化されて今日に至っているのです。このことについても、説明しなければなりません。

○　また、国旗、国歌は、国内外のさまざまなスポーツ大会の開会式などでも使用されています。とりわけオリンピックなどの国際競技大会で、優勝した日本人選手をたたえるため「日章旗」が掲げられ、「君が代」が奏でられるのを見・聞きした多くの国民が、喜びと誇りを感じ、日本人の心が一つにまとまる瞬間を共に経験しているのです。

○　各国の国旗、国歌がそうであるように、日本の「日の丸」「君が代」についても、裏（悲しみと反省）と表（喜び）の歴史が刻み込まれているのです。児童・生徒には、国旗、国歌について、このようなすべての歴史（表も裏も）を等しく語るのでなければ、「歴史について正しく指導する」ことにはならず、むしろ特定の目的をもって特定の時代の特別な考え方だけを押しつけてしまうことになることを深く心に留めて、教育・指導に当たっていただくことを期待しています。

（2）　いま一つは、「国旗、国歌の扱いについては、「国旗・国歌法」制定時の政府見解をもとにとりくむ」

という点です。

○このことについて、国旗、国歌法制定時の政府見解が正しく理解され運用されていくのであれば問題はないのですが、念のため説明しますと、総理大臣談話の中で、「国民の皆様方に新たに義務を課すものではありません」と述べているのは、国旗、国歌の制定に当たって、一般国民に国旗、国歌を尊重するようにというような新しい義務を課すことはしないで、今までどおり、国民によって自発的に尊重されることにまかせるということなのです。

○このことは、総理大臣が一般の国民に対して語りかけているもので、学校で児童・生徒に教育・指導を行う教師については、別に、文部大臣談話で、「学習指導要領に基づくこれまでの指導に関する取扱いを変えるものではありません」と述べています。すなわち、学校での、国旗、国歌についての児童・生徒への教育・指導については、これまでどおり、校長、教員が学習指導要領に基づいて、適切に行うこととされていることに留意して下さい。

(2) 日教組の活動が残したもの

① 政治と一体になった取組みとそれに対する国民の姿勢

○日教組が国旗、国歌に取り組んできた姿勢の背景には、前述したように、日本という国について、国家や愛国心そのものを徹底的に否定した初期のＧＨＱの占領政策（とりわけ後述する「ＷＧＩＰ」政策を中心とした占領初期の政策）と、かつての戦争での日本の有罪のみを一方的に断罪したいわゆる「東京裁判史観」が根底にあるといってよいと思われます（この点に関しては、４８４～４８５頁参照）。すなわち、日教組の国旗、国歌を含む戦後教育への取り組みは、「思想的」には、「国家軽視」というより「国家性悪説」そして「国家拒否症」に近い立場で展開されてきたのです。

○　そして、国旗、国歌が、労働者の組合の中でもとりわけ日教組によって極端に強く反対され続けてきた背景には、戦前、戦中の教育への深い反省と責任の気持ちを抱く教職員の組合であるということが根本にあり、そして、それ故戦後、国旗、国歌の尊重を唱える保守政党（自由民主党）の長期政権、そして、その政権下で国旗、国歌を学校現場に普及定着させようとしている文部省の施策に、先頭に立って反対し続けていた社会党と一体となって戦うことを基本方針としてきたことにあると思われます。[注]

（注）昭和27年8月、日教組は「日本教職員政治連盟」（日政連、29年11月、「日本民主教育政治連盟」と改称）を民主教育を守る政治団体として結成し、もっぱら当時の左右社会党を支援していました。
そして、昭和36年7月、第23回再開大会（東京）において、社会党支持を決定していました。

○　しかし、前述した昭和30年代と40年代に政府が行った世論調査では、すでに、圧倒的多数の国民が「日の丸」「君が代」を国旗、国歌とすることに賛意を表しているのです。このことは、当然のことながら、多くの国民は「日の丸」「君が代」そのものに悪いところがあるからではなく、過去の一時期それを悪用した人たちがいただけであることをよく承知していたことを示しているのです。

このように、国旗、国歌は、それを取り扱うその時々の人と政治によって軍国主義の象徴とも、平和主義の象徴ともなりうるのです。日教組の組合員はもとより、そうでない先生方も、後述する日の丸、君が代の由来等を一読され、改めて自分の考え方をしっかりまとめ直して下さい。その上で、日本民族がそして数え切れない多くの日本国民が、さまざまな歴史的・文化的背景を踏まえながら作り上げてきた国旗、国歌に対する深い思いを尊重し、二度と戦前・戦中のように特定の政治的立場に左右されないしっかりした気概をもって、「日章旗」「君が代」を日本国憲法を持つ民主国家、平和国家そして文化国家のシンボルとして、大切に守り続けようではありませんか。

②　子供たちの人間形成への影響

「日の丸」「君が代」を思想的に受け入れない教員が在職する学校では、平成に入ってからも、最高裁が平成18年以降、国旗、国歌に関する学習指導要領とそれに基づく校長の教員に対する職務命令が、憲法19条（思想・良心の自由）に違反しないとする判決を立て続けに出し始めるまでは、日教組本部の姿勢の変化とはかかわりなく、入学式、卒業式等の際、国旗の掲揚、国歌の斉唱に関してさまざまな混乱が生じていたところもあったのです。

そして、熱心なあるいは過激な思想を持つ教師によって、純白な児童・生徒の心に、国旗、国歌の問題について「誤った知識や一方的な観念」を植えつけ、その結果、次のような国内だけでなく国際的な場においても適切な判断、行動がとれない多くの日本人をつくり上げてきたのです。

イ．多くは昭和年代のことですが、かつては、高校生による国旗、国歌に関する妨害事件のほか、中学校の生徒が、国旗、国歌について教員に教えられた思想や考えをそのまま主張し、式を混乱させるという事件まで発生したこともありました。

また、海外では、発展途上国で働く日本人の青年たちが、日頃は立派な活躍をして感謝されながら、例えば相手国の国旗が掲揚され、国歌が斉唱されている儀式のときの態度が、当該国からさまざまな非難やトラブルを招いているというニュースも、時折報じられていました。

ロ．これも例は古いのですが、平成元年に日米青少年研究所が行った、日米の高校生の「国旗、国歌に対する意識と態度」についての調査結果によりますと、まず、国旗が掲揚され、国歌が斉唱されるとき、起立するのは、米国の高校生は97％以上であるのに対し、日本の高校生では25％程度と断然低いのです。また、国旗と国歌に愛着を感じるかどうかという調査でも、米国の高校生は86％が愛着を感じると答えているのに対し、日本の高校生は52％以上が何とも感じないと答え、しかも、4人に1人が「君が代」を廃止して国歌を新しく作るべきだと、当時の日教組と同じ主張をしていたのです。これらの例は古いといっても、以上に述べたような態度を示した生徒たちの多くは、現在もまだ、社会の中堅として活躍しているのです。

○　このような過去のいわば表に現れた事件や事態そのものも、見過ごすことのできない問題なのですが、実は、これらの事件等の裏には、もっと深刻で憂うべき問題が含まれていることが見過ごされてはならないのです。

特定の思想をもった教員の中には、児童・生徒に対して国旗、国歌について学習指導要領に反する誤った、一方的な教育・指導を行うだけでなく、それを越えて「国」に対する過度の罪悪感と自虐的イメージを植えつけようとする者もいたのです。

このような教育・指導を行った教員は、それを「過去」のことと考えているのでしょうが、その教えを受けた児童・生徒は、純粋であればある程、それ以後の人間形成に深い影響が残るのです。その結果、国旗、国歌に心からの愛着を抱くことができないばかりか、終生、国を愛する心を持つこともできない人間をつくってしまった可能性すら否定することはできないのです。

(3)　日教組の反対姿勢を支えてきた社会的背景

日教組の国旗・国歌に対する姿勢は、次のような時の流れとともに変化した人々の意識に支えられてきたのです。

○戦争直後、恐らくすべての日本人は、戦争は二度とあってはならないという強い思いと、軍国主義者と思われたくないという気持ちから、国旗を掲げることに素朴なしかし強い自己抑制の姿勢をとっていたと思われます。

○こうした中、昭和25年、天野文部大臣の国旗、国歌を尊重しようという呼びかけに対して、いわゆる革新系の立場の人たちと一部のマスコミからは、「日の丸」、「君が代」は先の戦争で軍国主義のシンボルとして使用され、その思想の復活は認められないこと、とりわけ「君が代」については、その歌詞が天皇をたたえるもので、国家主義の復活と結びつき、主権在民の新憲法の原理を否定するものであることなどを理由として強く反対したのです。

○それから少し時が経過し、朝鮮戦争が始まり（25年6月）、これを契機としてGHQの指令に基づき政府によって「警察予備隊」（25年8月）が設けられ、これが保安隊（27年10月）となり、更に自衛隊（29年7月）に改組され、国民の多くが再び戦争についての意識をもたざるをえなくなっていたのです。こうした中、昭和26年1月19日に開かれた社会党第7回大会で、委員長に選出された鈴木茂三郎氏は、その就任演説で、「青年よ、再び銃をとるな。婦人よ、夫や子供を戦場に送るな」と叫び、党勢を拡大するとともに、国民は、戦争は二度としてはいけないという思いから、戦争のイメージと結びつく「日の丸」、「君が代」に対しても、反発の姿勢を確認していったのです。

○ところで、保守政党（昭和20年代は、自由党、日本民主党。30年以降は自由民主党）は、戦後の早い時期から、民意に支えられて機会が到来すれば憲法を改正し、自衛のための軍備をもてるようにしようと考えていました。

ところが30年代に入り、我が国の経済が、「もはや戦後ではない」（31年）、あるいは「消費革命」（34年）などのことばに代表されるように著しく回復し、国民の生活が豊かになり始めますと、20年代とは異なり、[注]国民の意識は、それまでとは逆に憲法改正反対、再軍備反対の態度（軽武装で経済が豊かになったのだから、現状でよいではないかという意識）を示すようになり始めたのです。

（注）20年代の世論調査によりますと、「日本は軍隊を持つべきだ」という意見が43．9％（反対38．7％）（25年12月22日読売新聞）、また、「日本も……独立国になったのだから、自分の力で自分の国を守るために、軍隊を作らねばならぬ」に賛成が71％（反対16％）（26年9月20日朝日新聞）、更に、「憲法を改正して日本が軍備を持つこと」に賛成が47．5％（反対39．0％）（27年4月読売新聞）という結果が残されており、いずれも、憲法改正と再軍備賛成が反対を上回っていたのです。

そして、革新派の政党（社会党が中心）は、この新しい民意に力づけられて憲法改正反対、再軍備反対を呼びつつ、保守派の人たちが進めようとしてきた国旗、国歌の復活についても、戦争に結びつくものとして強く反対し続けてきたのです。例えば、日教組を支えてきた社会党では、平成元年の運動方針の中で、相変わらず、「日の丸」「君が代」は「軍国主義の助長」につながるという認識に立った主張が行われていたのです。

○なお、以上の立場とは別に、一つには、前述したように「日の丸」「君が代」は、正式に法律によって認められていないのであるから、保守派の人や校長がこれらを一方的に国旗、国歌と決めて押しつけ、あるいは指導するのは反対であると主張する人たちがいたのです（ただし、「日の丸」「君が代」が、平成11年8月、「国旗」「国歌」として法制化されたことについては、前述しました。）。

○また、いま一つは、天皇を中心とした旧い日本の思想が国民を戦争に導いたのであり、新しい日本の再生は、天皇制を容認しない革新的な思想と革新的な政治体制によらなければならないとして、国旗、国歌の尊重を含む政府が行う旧い秩序の回復や戦争に少しでも結びつく（と自分たちが考える）ような政策や事態に対しては、一貫して徹底的に反対の立場をとる人たちがいるのです。日本共産党員と共産主義思想に共鳴する人たち（注）が、この中に含まれます。

（注）日教組の組合員の中に占めるその割合の詳細は不明ですが、その数は、平成元年暮の分裂まで、最も多いときで3割近く、平均2割前後を占めていたのではないかという資料に接したことがあります。最近の全教（共産党系）の組合員数は、日教組組合員数の2割弱となっています。日教組の国旗、国歌に対する姿勢が、これらの組合員に

よって大きな影響を受けていたことは間違いありません。

敗戦直後には、日本共産党の一部の幹部党員は、占領軍を「解放軍」とみなし、革命の成功と「人民共和政府の樹立」は間近しと考えて激しい運動を展開していました。そして、機会が到来すれば「君主制」とみなしていた天皇制を廃止し、政治的（究極的）には、現在の議会制民主主義・資本主義国家体制を倒し、新しい民主人民政府を樹立して、共産党の一党独裁の支配体制を実現しようと活動を続けていたのです（例えば、４２８頁等参照）。そして、かつて天皇制軍国主義のシンボルであり、現在、保守政権が支持している国旗、国歌は、絶対に認めないという主張をもち続けてきたのです。

なお、日本共産党は、天皇制については、戦前を含め、戦後ずっとこのような主張を続けていたのですが、平成16年、それまでの天皇制に対する姿勢を大きく転換させたといわれています。すなわち、新憲法下の近年の天皇制のあり方から、天皇制は君主制ではない、したがって廃止する必要はないとして、（目下）天皇制との共存路線の道を選択することにしたといわれています。ただし、政治的には、社会主義、共産主義を理想として目指す姿勢には変わりはないのですから、それと天皇制や国旗、国歌の取扱いがどう結びつくのかは不明です。

五．国旗（日章旗）、国歌（君が代）をめぐる訴訟

はじめに

公立学校の教員が起こした国旗、国歌に関する訴訟の最高裁判決は、近年に集中し、平成18年以降に12件ありますが、ここでは学習指導要領の国旗、国歌に関する定めが法的拘束力を持つこととなり（平

成元年）、国旗・国歌が法制化（平成11年）された前後の事件に関する最高裁の判決を二つ紹介します。

これらの訴訟は、公立学校教員の入学式と卒業式における国旗、国歌に関する訴訟の典型的なものですが、最高裁は、いずれの判決の中でも、校長の職務命令は、教員の思想・良心の自由（憲法19条）を侵すものではないと明確に判示しています。大切な内容が含まれていますので、少し長くなりますが二つの判決（理由）をわかりやすく要約しておきます。

（事案1）

訴訟の内容は、市立小学校の音楽専攻の教諭が、平成11年の入学式における国歌斉唱の際に、「君が代」のピアノ伴奏を行うようにとの校長からの職務命令に従わなかったため、戒告処分を受けました。

そこで、この教諭は、この職務命令は憲法19条（思想及び良心の自由）に違反し、違法であるとして処分の取消しを求める訴訟を起こしました。これに対して、最高裁は、次のような判決を言い渡しました（平成19年2月27日、最高裁第一小法廷判決）。

（判決理由要旨）

1．教諭は、校長の職務命令に従わなければならないことについて

教諭は、公立学校の教員であり、地位の特殊性と職務の公共性（憲法15条2項、地方公務員法30条、32条）から、その職務を行うに当たっては、法令等に従い、上司の職務上の命令に忠実に従わなければばならないこととされています。

そして、教諭は、音楽専攻の教諭として、校長から、自校の学校行事である入学式に際して、前述したとおりの職務命令を受けたのです。

2．校長の職務命令は、その目的、内容に合理性があることについて

イ．学校教育法は、学校教育の目標として「郷土及び国家の現状と伝統について正しい理解に導き、進んで国際協調の精神を養うこと」と定めています（18条2号、現在は21条3号）。
ロ．また、この学校教育法（20条、現在は33条）、学校教育法施行規則（25条、現在は52条）に基づいて定められた小学校学習指導要領は、学校行事のうち儀式的行事について、「学校生活に有意義な変化や折り目をつけ、厳粛で清新な気分を味わい、新しい生活の展開への動機付けとなるような活動を行うこと」と定めています。
ハ．更に、学校の儀式的な行事である「入学式や卒業などにおいては、その意義を踏まえ、国旗を掲揚するとともに、国歌を斉唱するものとする。」と定めています。
ニ．そして、入学式において、音楽科の教諭によるピアノ伴奏で国歌斉唱を行うことは、前記のイ・ロ・ハの規定の趣旨にかなうものであり、しかも、当小学校では、すでに平成7年から、入学式において音楽専科の教諭によるピアノ伴奏で「君が代」の斉唱が行われてきたことに照らしても、校長の職務命令は、その目的、内容において、決して不合理ではありません。

3．校長の職務命令は、憲法19条に違反していないことについて

イ．入学式の国歌斉唱の際のピアノ伴奏を拒否することは、教諭にとっては「君が代」が過去の我が国において果たした役割等からくる歴史観ないしは世界観に基づく一つの選択ではありますが、一般的には、これと不可分に結びつくものではありません。したがって、職務命令が直ちに教諭の有する歴史観ないしは世界観それ自体を否定するものではないのです。

ロ．入学式において「君が代」が斉唱される際、音楽専攻の教諭等にこのピアノ伴奏を命ずる行為は、音楽専攻の教諭等にとっては、通常、想定され、期待されていることであって、この伴奏を行う教諭等が特定の思想を有することを外部に表明する行為であると評価することは困難であり、とりわけ、職務命令によって行われる場合は、そのように評価することは一層困難であるといえます。

ハ．したがって、校長の職務命令は、教諭に対して特定の思想を持つことを強制したり、禁止したりするものではなく、特定の思想の有無について告白することを強要するものでもなく、また、児童に対して、一方的な思想や信念を教え込むことを強制するものとみることもできません。

（結論）

以上のことを総合的に判断して、最高裁は、校長の職務命令は、教諭の思想・良心の自由を侵すものではなく、憲法19条に違反するものとはいえないと判示したのです。

（事案２）

公立高等学校の校長が、平成16年及び17年の卒業式等で教諭らに対し、国歌斉唱の際に国旗に向かって起立し、国歌を斉唱することを命じた職務命令は、その教諭らの思想及び良心の自由を侵し憲法19条に違反すると主張して起こされた訴訟に対して、最高裁から次のような判決が言い渡されました（平成24年6月6日、最高裁第一小法廷判決）。

なお、この訴訟は、人数、争点等が複数あるのですが、ここでは問題を教諭らの「不起立問題」にしぼり、そして、前述（事案1）の1と2に相当する部分の説明は、重複を避けて省略しました。

（判決理由要旨）

1．校長の職務命令は、憲法19条に違反していないことについて

イ．校長から職務命令が出された当時、公立高等学校における卒業式の式典において、国旗としての「日の丸」の掲揚、国歌としての「君が代」の斉唱が広く行われていたことは、周知の事実であること、また、学校の儀式的な行事である卒業式における国歌斉唱の際の起立斉唱行為は、一般的、客観的に見て、これらの式典における慣例上の儀式的な所作としての性質を有するものであり、外部からも、そのような所作として認識されるものというべきものです。

ロ．したがって、国歌斉唱の際の起立斉唱行為は、その性質の点からみて、教諭らの有する歴史観ないし世界観を否定することと不可分に結びつくものとはいえず、教諭らに対して国歌斉唱の際の起立斉唱行為を求めることを内容とする校長の職務命令は、教諭らの歴史観ないし世界観それ自体を否定するものということはできないのです。

ハ．また、国歌斉唱の際の起立斉唱行為は、その外部からの認識という点から見ても、特定の思想又はこれに反対する思想の表明として外部から認識されるものと評価することは困難であり、職務命令によってそのような行為が行われる場合には、そのように評価することは一層困難であるといえます。

ニ．したがって、校長の職務命令は、教諭らに対して特定の思想を持つことを強制したり、これに反対する思想を持つことを禁止したりするものではなく、特定の思想の有無について告白することを強要するものということもできません。

ホ．そうしますと、校長の職務命令は、これらの観点において、個人の思想及び良心の自由を直ちに制限するものと認めることはできないのです。

2．思想・良心の自由に対する「間接的な制約」には、必要性と合理性が認められることについて

イ．国歌斉唱の際の起立斉唱行為は、一般的、客観的にみても、国旗、国歌に対する「敬意の表明」の要素を含んでいます。したがって、教諭らが職務命令によって起立斉唱することは、敬意をもっていないのに敬意をもっているかのごとき行動をとらされることによって、教諭らにとってその思

想・良心の自由についての「間接的な制約」となる面があることは、否定し難いところです。

ロ．しかしながら、教員らに対して、卒業式における慣例上の儀礼的な所作として国歌斉唱の際の起立斉唱行為を求める校長の職務命令は、高等学校教育の目標（学校教育法の42条1号）や卒業式という儀式的行事の意義とあり方等を定める関係法令等の諸規定の趣旨にも沿っており、生徒への配慮を含め、教育上の秩序にふさわしい秩序の確保とともに、卒業式の円滑な進行を図るものであるということができます。

ハ．以上の諸事情を踏まえますと、校長の職務命令は、教諭らの思想及び良心の自由についての間接的制約となる面はあるものの、職務命令の目的と内容、そしてこれによってもたらされる前記の制約の態様等を総合的に比較考量しますと、上記の制約を許容し得る程度の必要性と合理性が認められるものといえます。

（結論）

以上の諸点に鑑みて、最高裁は、校長の職務命令は、教諭らの思想及び良心の自由を侵すものではなく憲法19条に違反するものとはいえないと判示したのです。

六、締めくくり

はじめに

以上、国旗「日章旗」、国歌「君が代」について、学校教育の場を中心に、日本国民の間でどのように取扱われてきたかを概観してきました。結論的にまとめますと、次のとおりです。

○ 文部省（文科省）が昭和60年から実施した全国の公立小・中・高等学校における国旗掲揚と国歌斉唱の実施率に関する20年近くに及ぶ実態調査の結果は、これに伴う文部省の一貫した強い指導のほか、平成元年の学習指導要領の改訂、そして、平成11年の国旗・国歌の法制化等により、年々、改善を見せ、平成15年3月の卒業式と平成15年4月の入学式の段階で、国旗掲揚と国歌斉唱の実施率は、

		平成15年3月卒業式	平成15年4月入学式
小学校	国旗掲揚	100	100
	国歌斉唱	99.8	99.8
中学校	国旗掲揚	100	99.9
	国歌斉唱	99.8	99.8
高等学校	国旗掲揚	100	100
	国歌斉唱	99.9	99.9

上記の表に示すようにほぼ完全実施といってよい状況に到達しました（再掲。したがって、これ以降、悉皆調査は実施していません。）。したがって、今後は、その維持、継続に留意しつつ、教育・指導の内容の更なる充実に配慮することが求められ

ているのです。

○　この立場からいえば、普通教育とりわけ義務教育諸学校における国旗、国歌についての今後の教育・指導は、すべての児童・生徒を健全な（世界各国共通のコモン・センスとマナーを身につけた）日本国民として成長させるため、次に述べるような知識を確実に習得させ、かつ、姿勢、態度をしっかり養うことが大切であるという共通の認識をもって、努力していただくことが必要ではないでしょうか。

（知識として習得させるもの）

イ．国旗と国歌は、いずれの国でももっており、その国の象徴（シンボル）として大切にされ、そしてそれを互いに認め合い、尊重しあうことが国際的なルール（常識）となっていること。

ロ．我が国の国旗（その色と形）と国歌（その歌詞）は、それぞれ、日本民族の歴史と伝統の中で育まれ、受け継がれてきた貴重な文化の結実であること（後述する（参考―その二）の「国旗「日章旗」、国歌「君が代」の来歴等」を参照）。

ハ．国旗「日章旗」と国歌「君が代」は、長い間、「慣習法としての国旗」「慣習法としての国歌」として国民の間に定着してきましたが、21世紀を目前に控えた1999年（平成11年）8月、「国旗は、日章旗とする」「国歌は、君が代とする」と法律で定められたこと。

ニ．国歌「君が代」は、日本国憲法の下においては、天皇を「日本国の象徴であり日本国民統合の象徴」とする我が国が、いつまでも繁栄するようにとの願いを込めた歌であること。

（養うべき姿勢、態度）

イ．国際社会では、国旗と国歌が重んじられていることに気付かせること。

ロ．我が国の国旗と国歌の意義を理解させ、これを尊重する態度を育てること。

ハ．諸外国の国旗と国歌についても、それぞれ建国の理想や民族の名誉と誇りが込められており、我が国の国旗、国歌と同様に、これを尊重する態度を育てること。

ニ．これらを通じて、国際社会に生きる日本人としての自立と、誇りをもって生きる姿勢、態度を育成すること。

（参考―その一）

「歌う国歌」から「聴く国歌」への提言に寄せて

○　平成27年7月、『ふしぎな君が代』と題する本が出版され、大要、次のような一文が掲載されています。

> 「君が代」は日本の国歌としては受け入れる。だからといって、それは誰もが文句をいわずに歌わなければならないことを意味しない。「君が代」を「歌う国歌」から「聴く国歌」に変えてみてはどうか。もちろん歌いたい人は歌えばいいし、それはまったく自由である。しかし、学校やスポーツの儀式でやむをえず必要な場合には、最低限「聴く」ことは求める。
> 「なぜ歌わないのか」と問い詰めるようなことはしない。これが「聴く国歌」という意味に他ならない。以上が「君が代」肯定論でも「君が代」否定論でもない、私の「君が代」運用論である。

○　これを一読すれば、文中三行目の「学校や」の部分を除いて読めば、国歌「君が代」に対する国の姿勢は、これまでずっと、ここで提言されているとおりになっていることがお分かりだと思います。前述したとおり、平成11年8月13日の国旗、国歌の法制化に当たって出された内閣総理大臣談話では、「国旗と国歌に関し、国民の皆様方に新たに義務を課すものではありません」と明言されています。すなわち、我が国では、それまでの「慣習法上の国歌」の時代から、他の多くの国とは異なり、国歌「君が代」を尊重すべきであるとする「義務」を国民に課したことはないのです。

したがって、一般国民（普通教育を行う小・中・高等学校等の教職員であっても、国歌斉唱に関して言えば、学校で入学式、卒業式等が行われるとき以外は、この一般国民に含まれています。）に対して、たとえそれが国や地方公共団体が主催するいわば公的な集会やスポーツ大会等であっても、法令等によって「君が代」の斉唱が義務づけられるようなことは一切ありません。したがって、これらの会合等でたとえ国歌を歌うことを（事実上）求められることがあるとしても、（小・中・高等学校等の教職員を含めて）歌いたい人は歌えばいいし、歌いたくない人は歌わなくてもいいのです。ましてや、民間団体が主催するさまざまな会合、例えばスポーツ大会等で、国歌を歌うことを求められても、歌っても、歌わなくても、それぞれ、その人の自由なのです。

○　以上、述べてきたことに対する唯一の例外措置がとられているのが、普通教育を行う小・中・高等学校等の入学式、卒業式などにおける児童・生徒と校長、教職員の場合です。
それは、次のような理由によるのです。

①　小・中・高等学校等を通じて、「学校教育法」には、学校教育の目標として、国家の現状と伝統について、正しい理解と国際協調の精神を養うことが掲げられています。そして、子供たちには、将来、日本国民として国際社会の中で活躍するために必要なマナー（常識）として、国旗、国歌（歌うことを含む。）ついて正しい知識と態度を身につけることが求められているのです。

②　そこで、上述した学校では、学校教育法の趣旨に基づいて作成された「学習指導要領」において、

入学式、卒業式など人間としての成長の上で節目となる特に重要な式典において、国旗を掲揚し、児童・生徒に国歌を斉唱するよう「指導するものとする」と定められているのです。

そして、その際、式典の雰囲気、全体の一体感を高め、児童・生徒への教育指導をより効果的、感動的に行うため、校長と教職員（この他、通常、保護者にも同じ行動を求められる場合が多いようです。）が一緒に起立し、国歌を斉唱するという慣行が定着しているのです。

（まとめ）

以上に述べたようなことは、普通教育（国民あるいは社会人として、また人間として、一般共通に必要な知識・教養を与える教育）が行われている小・中・高等学校等においては、極めて自然な姿ではないでしょうか。

入学式、卒業式などを、上述したような形・内容の式典としていることについて、最高裁は、その目的、内容において決して不合理ではないと判示していることを、一般国民の皆様も理解され、学校におけるこの慣行をあたたかく見守っていただきたいのです。

（参考―その二）

1．国旗「日章旗」（日の丸）と国歌「君が代」の来歴等

国旗「日章旗」と国歌「君が代」が、戦後どのように取り扱われてきたかについて、その概要を把握していただけたと思いますが、「日章旗」と「君が代」のそれ以前の姿、とりわけそれらが日本民族の中でどのようにして生まれ、育まれてきたかについては、ほとんどの人は知る機会に恵まれてこなかったのではないかと思います。

そこで、ここには、いく人かの研究者の著書の中から、興味深く、しかもできるだけ真実ではないかと思われるものを引用しつつまとめてみました。これらの生い立ちを知れば、多くの皆様方も、「日章旗」と「君が代」に対して、きっとこれまでとは違った言いようのない親しみと愛着が湧いてくるのではないでしょうか。

かつて、君が代が「天皇をたたえる歌だ」「暗い」などの理由から、新しい国歌を作る運動がいく度か起きたとき、一般国民がほとんど関心を示さなかったのも、以下に述べるように、「日章旗」と「君が代」が、遠い昔からの民族の心を引き継いだ貴重な文化の結実であることを、そこはかとなく感じていたからではないでしょうか。

(1)「日章旗」（日の丸）の来歴について

① 古代から江戸時代までの推移

○ まず、「日の丸」が「日章旗」と呼ばれるとおり、「太陽」をかたどった旗であることには異説はないようですが、それがいつ、どこで、どのような形で発生したのかは、定かではありません。

その日章をデザインに用いた最も古い例としては、文武天皇の時代の大宝元年（７０１年）正月元日、藤原大極殿で行われた朝賀の儀において「日像幢」が立てられたという記録が残っています（正史続日本紀）。しかし、それは、その「しるし」はともかく、風にはためく旗とは全くイメージが異なるものでした。

○ 今の日の丸に近いデザインのものを歴史に求めますと、平安末期の源平時代を叙述した『保元物語』や『平家物語』等の中に、また、鎌倉時代や南北朝時代の伝記等の中にも散見されます。しかし、「日の丸」がはっきりと旗として用いられたことが確かめられるのは、戦国時代も後半に入ってからで、例えば、武田氏については、「白き地に日の丸」を出した小旗を用いたとして記録されている（『甲陽軍鑑』16世紀中頃を中心に活躍した武田信玄、勝頼の2代の事蹟が記されている。）ほか、伊達家については、「その後、日輪をもって御旗の紋としたまひ、「日丸」と名づく」と記された文書が残っています（『伊達治家記録』永禄10年（１５６７年））。

また、関ヶ原の役の徳川方の武将の陣中には、「日の丸」を描いた旗指物が並んでいたのです（「関ヶ原合戦図屏風」）。

○江戸時代に入りますと、徳川の本家でも、御三家でもこの日章を旗印などに用いた例が多く見られるようになりますが、注目すべき出来事としては、寛永11年[注]（1634年）、紀州、水戸、尾張の三家が相談して「日の丸」を幕府の官章と定め、これを公的な印として使うようになったため、他藩ではこれを使用するのを遠慮せざるを得なくなっていたのです。

（注）寛永年間（1624～1644年）には、鎖国の前に東南アジアで活躍した朱印船が、日の丸を旗印として掲げており、また、丁度その頃、山田長政が活躍したシャム（タイ）の首都アユチャにあった寺院の壁画には、四角の金地に赤い日の丸が画かれていたといわれています（模写が現存）。

なお、江戸後期の文化8年（1811年）、朝鮮通信使を対馬で出迎えた官船には、大帆に「日の丸の御印」を掲げることとされましたが、これは、外交上、「日の丸」が使用された初めての例となったのです。

○このような流れにのって、「日の丸」が日本国を代表する旗として正式に採用されるのは、もう少し後のことになります。18世紀末頃から、ロシアやイギリスなどの船が日本近海に出没して通商を迫るようになり、天保年間（1830～1844年）頃から、どの国の船か識別する必要もあって、国旗に関する書物が、次々と書写ないし出版されるようになっていました。

やがて嘉永6年（1853年）、アメリカのペリー艦隊が浦賀に来航し、強硬に開国を要求していた頃、薩摩藩主の島津斉彬は、大船の建造計画とあわせて、船印として「朱の丸の御印小旗」を幕府に提案したところ、前述したような事情から、幕閣からなかなか色よい返事がもらえず、仕方なく「朱の丸」に替えて「中黒」と決めようとしていました。このとき、水戸藩主徳川斉昭は、諸外国の船がそれぞれの国の国旗を掲げての来航が続く中、「日の丸」を幕府が専用するのは本末転倒である。国旗は我が国開闢以来の御章と定まるものであって、日本万世の目印となるのであるから、決して情実にとらわれてはならぬと大義名分を主張して反対し、結局「日の丸」に落着したといわれています。

幕府は、このいきさつを踏まえて、翌年の安政元年（1854年）7月9日、老中阿部正弘から、大船製造については異国船に紛れないよう、「日本惣船印は、白地日の丸幟」を用いるようにと各藩に布告し、こうして「白地日の丸幟」は、日本国を対外的に代表する旗として採用されることになったのです。

○その後、米、英、露、仏、蘭の5ヵ国と和親条約に続いて通商条約を結んで港を開いた幕府は、安政6年（1859年）、今後、大艦には「御国惣印は白地日の丸の旗」を立てるよう老中「達書」を出しています。[注] ここで「御国惣印」とは「国旗」に等しい言葉であるといわれています。

（注）翌万延元年（１８６０年）、安政五か国条約の批准のため、アメリカを訪問した遣米使節団が乗り込んだ咸臨丸には、「日の丸」が掲げられていました。そしてこの使節団は、アメリカで「日の丸」の旗で歓迎されたのです。

② 明治時代以降の推移

○　間もなく、幕府から大政奉還されて発足した明治新政府（１８６８年）にとって、さし迫って必要としたのは、一般に掲げる国旗でした。こうした中、幕末の決定を引き継ぎ、明治３年（１８７０年）１月、商船規則（太政官布告57号）が制定され、船舶に掲げなければならない御国旗として「日の丸」が定められ、ここに「日の丸」は、近代国家日本の船舶に掲げるべき国旗の地位が公的に確立したのです。このようにして、「日の丸」は外国でも、国内でも、日本の国旗として認識され、急速に広まっていったのです。（注）

（注）翌4年末から米欧諸国をめぐった岩倉使節団が、どこでもこれを掲げていたことは当然のことですが、「我が国旗の中央に点ぜる赤き丸形は、……昇る朝日の尊き徽章」などと説明していたといわれています。

○　このような流れの中で、国内（陸上）で用いる「日の丸」については、まず、明治5年3月の太政官の達しにより、開港所在県府や東京府下の官庁で「国旗を掲ぐべきこと」とされました。また、明治6年の元旦の祝賀のために日の丸を掲げたいという民間からの要望に対しては、太政官から御触れが出され、以後、祝日には商船規則で御国旗と定められた「日の丸」が、一般にも使用されることになったのです。

○　このようにして、「日の丸」は、明治10年代からしだいに全国に普及し、祝祭日などには、官庁や学校だけでなく一般家庭でも掲げられ、その習慣が全国に定着し始めました。そして、大日本帝国憲法施行後の明治31年に制定された「法例」(注1)第2条によって、「日の丸」の旗は「慣習法上の国旗」となり、その後の長年の慣行により、国民の間に国旗として親しまれていったのです。(注2)

（注1）法例第2条については、229頁参照。

（注2）「日の丸」に関しては、その後、陸軍用と海軍用の「御国旗」が定められましたが、このうち海軍用のものは縦、横の比率や日章の大きさと位置等が分かりやすく示されていたため、これが明治40年代から国定教科書にも例示され、全国的に普及していったのです。

また、昭和6年（1931年）に国会に提出され、衆議院を通過しながら貴族院で審議未了のため成立しなかった「大日本帝国国旗法案」には、この海軍用のサイズと同じ規格が「国旗の生地は白布を用い、縦径は横径の三分の二、日章は紅色とし、その円径は国旗の縦径の五分の三、その位置は旗面の中心とす。」と定められていました。

一、寸法の割合及び日章の位置

縦　横の三分の二

日章

直径　縦の五分の三

中心　旗の中心

二、彩色

地　白色

日章　紅色

○　平成11年8月13日、「国旗及び国歌に関する法律」が公布、施行されましたが、この法律は、「国旗は、日章旗とする。」と「日章旗」を正式に法律上の国旗としつつ、「日章旗」の制式を上記のとおり定めていますが、これは、昭和6年に成立しなかった前述した法案の中に定められていた「国旗」の規格等と完全に一致しているのです。

(2)「君が代」の由来について

① 古代から江戸時代までの推移

○「君が代」の歌詞の原歌(もとうた)は、平安初期の延喜5年(905年)に成立した古今和歌集の巻7「賀歌」の冒頭に、「題知らず」「読人知らず」の歌として、次のように詠まれており、これが文献に現れた最初であるといわれています。

わがきみは　千代にやちよに　さざれいしの
いわおとなりて　こけのむすまで

初句の「わがきみ」は、長寿を祝う敬愛する相手ならば誰でもよく、大君の天皇のみをさすとは限らなかったのです。この賀歌が「読人しらず」となっているのも、延喜当時、すでに誰が詠んだか不明とされるほど古く、おそらく奈良時代(8世紀~9世紀初頭)頃から、いわば民謡のように「わがきみ」の長寿を祝う席などで歌い継がれてきたからではないかと考えられています。

ところで、この初句の「わがきみ」は、「君が代」に変わってしまうのですが、それがいつからなのかはっきりしていませんが、平安中期の長和2年(1013年)に成立した和漢朗詠集の「祝」の部にも、「読人知らず」として、まだ、初句の同じ歌が登載されていることから、初句を「君が代」はという形で流布するようになったのは、平安末期頃からではないかと考えられています。

ちなみに、「キミガヨ」という表現自体は、すでに万葉集にも見ることができるのです。

○　このように、「君が代」の歌詞は、元来「わがきみは……」の原歌が、前述したように、古今集以前から賀歌として民謡のごとく親しまれ、やがて初句だけが賀歌としてよりふさわしい「君が代は」という表現に改められ、広まるようになったのではないかと考えられています。

そして、中世から近世にかけては、いろいろな所（鎌倉時代以後は、神事、仏会のほか宴席など）で、また、さまざまな地域（マチもイナカも、そして薩摩・大隅の離れ島など）で、そしてあらゆる階層の人々（公家、武士、商人、農民、船頭など）の間に普及し、愛唱されたといわれています。その際、古今集時代の「きみ」は、時代が下るにしたがって、主人、家長、友人、愛人などを意味する二人称、三人称で幅広く愛吟されていたのです。

とりわけ江戸時代には、俗謡として、隆達節（江戸初期の流行歌、近世小唄の源流となった。）、箏曲、地唄、長唄（江戸中期以後）などの中で、祝賀用として歌われていました。隆達節のような遊宴歌謡にまで伝えられたのも、「君が代」の趣意が、対象とする者の永遠の生命を願い、祝うものであることから、国民感情に素直に受入れられやすかったからであろうと考えられています。

②　明治時代以降の推移

○　それでは、1，000年以上も前の古歌が、どのようにして近代国家日本の「国歌」の歌詞として選ばれ、それに曲がつけられて正式に「国歌」として成立していったのか、その経緯をたどってみます。まず、明治2年（1869年）、横浜市滞在のイギリス人軍楽隊長フェントンが、洋楽の講習中に、ある薩摩藩士に日本の国歌を作る必要性を説いたのがはじまりだといわれています。その薩摩藩士が同郷の砲兵隊長であった大山巌に相談したところ、大山はたまたま日頃愛誦していた薩摩琵琶歌「蓬莱山」の中から「君が代」を選んだといわれています。後に大山は、この歌を選んだのは「皇位の隆昌と国家の天壌無窮」ならんことを祈る歌として、誠にふさわしいと思ったからだと述懐したといわれています。

○フェントン（日本語をほとんど理解していなかったといわれています）は、この歌詞にへ長調の曲をつけ、また、文部省でも同じ歌詞に曲をつけ、「小学唱歌集」に採録しましたが、二曲とも歌詞と合わず適切な曲ではなく、改作が急がれました。しかし西南戦争などで大幅に遅れ、明治13年（1880年）、海軍省から宮内省雅楽課に「君が代」の楽譜改訂が委嘱され、伶人長林広守（代表者）の旋律が選ばれました。そして、海軍省雇音楽教師のドイツ人エッケルトによってこれを洋楽器に調和するよう編曲した総譜（吹奏楽譜）が作られ、林広守らのわずかな調整があった上、現行の「君が代」の楽譜が完成したのです。これが文部省編集小学校唱歌集に掲載され、国民の間に広く知られることになったのです。

そして、明治21年（1888年）、「大日本礼式」（日本国歌）と大書した「君が代」の総譜が、国内の諸官庁と欧米の条約国に送付され、ここに「君が代」は、事実上の国歌として、国内的にも国際的にも確定したのです。

○ なお、明治26年（1893年）8月12日に発せられた文部省告示第3号には、「小学校ニ於テ　祝日大祭日ノ儀式ヲ行フノ際　唱歌用ニ供スル歌詞……撰定ス」と書かれ、別冊の楽譜の冒頭には、林広守の作曲した「君が代」が掲載されていました。以後、「君が代」は全国各地で事実上の国歌として歌われ、しだいに定着していったのです。

ただし、国旗の場合とは異なり、実際に声を出して歌う国歌の普及については、大変な混乱と苦労があったことは、容易に想像できます。明治後半には「君が代」が全国的に普及したといわれていますが、歌い方（息継ぎすなわち歌詞とメロディの一致）が統一されたのは昭和初期に入ってからで、それには、レコードの普及、定着が大きな役割を果たしたといわれています。

○「君が代」は、明治31年6月11日、法例第2条により、「慣習法上の国歌」として広められ、明治、大正、昭和、平成と100年以上続いてきたのですが、前述したとおり、平成11年8月、「国旗及び国歌に関する法律」の制定により、正式に法律上の国歌と認められることになったのです。

なお、その際、国歌「君が代」の歌詞は、正式に次のとおり定められました。

君が代は　千代に八千代に　さざれ石の
いわおとなりて　こけのむすまで

2. 国旗「日章旗」と国歌「君が代」についての一問一答

平成11年、国旗、国歌の法制化について審議した第145回通常国会において、いくつかの委員会等における文部省を含む政府側の答弁をまとめた議事録の中から、少し長くなりますが、現在でも、学校現場で役立つと考えるもの（表現を簡潔にしたり、内容をより分かりやすくしたところがあります。）を掲載しました。国旗と国歌の問題に対するこれまでの、そして今後の文科省の基本的な方針（姿勢）を読み取っていただきたいと思います。

1. 国旗・国歌の法制化の意義と役割について

（答）

○ 我が国の国旗である「日章旗」と国歌である「君が代」は、いずれも長い歴史を有しており、既に慣習法として定着していました。他方、我が国は成文法の国であり、諸外国では国旗と国歌を法制化している国もあることなどから、21世紀を迎えることを一つの契機として、これまで慣習として定着してきた国旗と国歌を成文法で明確に制定することも意義深いことと考え、法制化を図ることとしました。

国旗、国歌を成文法としてより明確に位置づけることにより、学校教育において、国旗、国歌に対する正しい理解が更に進み、そして国民の間に定着することを通じて国民のアイデンティティのあかしとして、重要な役割を果たしていくことになるよう期待しています。

○ 法制化することにより、次代を担う青少年を含めて、国旗、国歌に対する認識を深めていただくと同時に、諸外国の国旗、国歌に対しても同様に、国際人として十分な認識のもとに対処していくことができれば幸いです。

国旗、国歌が成文法で明確に定められたことにより、国民の皆様方が、日章旗の歴史や君が代の由来、歌詞などについて、より理解を深められることを心から願っています。

○ 国旗、国歌の過去の歴史、すなわち昭和20年8月15日以前に生起した出来事に対する認識と評価については、歴史認識や歴史観の問題として考えるべきものであり、「日章旗」や「君が代」は、これと区別して考えていくべきものと考えています。

2.「君が代」の歌詞の意味について

(答)

○「君が代」の「君」に関しては、「君が代」の歌詞そのものが平安時代の古今和歌集や和漢朗詠集に起源をもち、その後、明治時代に至るまでの長い間、祝い歌として民衆の幅広い支援を受けてきており、この場合の「君が代」の「君」とは、相手を指すことが一般的で、必ずしも天皇を指しているとは限らなかったと考えられています。

○ ところで、古歌「君が代」が、明治時代に国歌として歌われるようになってからは、大日本帝国憲法の精神を踏まえ、「君が代」の「君」は、日本を統治する天皇の意味で用いられていました。

○ 戦後、日本国憲法が制定され、天皇の地位が戦前とは根本的に変わったことから、日本国憲法下においては、国歌「君が代」の「君」は、日本国及び日本国民総合の象徴であり、その地位が主権の存する日本国民の総意に基づく「天皇」を指しており、したがって、「君が代」とは、日本国民の総意に基づき、天皇を日本国及び日本国民統合の象徴とする「我が国」のことであり、君が代の歌詞も、そうした我が国の末永い繁栄と平和を祈念したものと解するのが適当であると考えられているのです。

○ 上述した「君が代」の解釈は、国旗、国歌が成文法化される際に、政府見解として示されたものです。ところで、文部省はずっと以前から、国歌「君が代」は「日本国憲法の下において、天皇を「日本国の象徴であり日本国民統合の象徴」とする我が国が、いつまでも繁栄するようにとの願いを込めた歌である」と説明し、指導してきました。

今回の政府見解は、説明がやや詳しくそれだけ長くなっていますが、基本的には、従来からの文部省の指導内容と変わるものではありません。

3. 学校における国旗、国歌の指導の意義について

(答)

学校における国旗、国歌の指導は、児童、生徒に我が国の国旗と国歌の意義を理解させ、これを尊

重する態度を育てるとともに、諸外国の国旗と国歌についても、同様に尊重する態度を育てることが大切です。そして、これらを通じて、国際社会に生きる日本人としての自覚や資質を育成することとしているのです。

――関連して、指導の進め方について――

小学校における国旗、国歌の指導については、学習指導要領に基づき、社会科では第3学年から第6学年にかけて、国旗、国歌の意義を理解させ、諸外国の国旗、国歌を含めてそれらを尊重する態度を育てること、音楽科では、国歌「君が代」をいずれの行事においても歌えるよう指導するとともに、国歌の意義については、社会科の指導の内容と関連して、しっかり身につけさせること、そして、入学式や卒業式などでは、国旗を掲揚し、国歌を斉唱するよう指導することとしています。

4．今後の学校における指導について

（答）

国旗、国歌の根拠について、慣習法として定着していたものを成文法としてより明確に位置づけたことによって、学校教育においても、国旗、国歌に対する正しい理解が更に進むものと期待しています。

文部省としては、法制化後も、学習指導要領に基づくこれまでの国旗、国歌の指導に関する取扱い

を変えるものではなく、今後とも、学校における教育・指導の充実に努めてまいります。

5. 学校における国旗、国歌の指導内容について

（答）

〈社会科〉

○ 小学校社会科においても、学年によってそれぞれ主たるねらいを異にしていますが、具体的には、6学年までに、国旗と国歌はいずれの国ももっていること、国旗と国歌はいずれの国でもその国の象徴として大切にされていること、そして互いに尊重し合うことが必要であること、我が国の国旗と国歌は、長年の慣行により「日章旗」が国旗であり、「君が代」が国歌であることが広く国民の認識として定着してきたこと、21世紀を迎えることを一つの契機として、これまで慣習法として定着してきた国旗と国歌を成文法で制定したことなどを習得させることとしています。

そして、6年を修了するまでに、社会科と音楽の授業を通じて、国歌「君が代」は、日本国憲法の下においては、「天皇を日本国並びに日本国民統合の象徴とする我が国が、いつまでも繁栄するようにとの願いを込めた歌である」ことが理解できるようにする。

これが文科省が各学校にお願いしている具体的な指導の内容です。

○ また、中学校では、こうした小学校段階の指導の上に、公民的分野において、国家間の相互の主権の尊重と協力などについて学習する際に、小学校段階と同じような内容を、更に深めて身につけさせ

ることにしているのです。

〈**音楽**〉

○　学習指導要領には、「国歌「君が代」はいずれの学年においても歌えるように指導すること」と定められており、小学校1年生では、みんなと一緒に歌えるようにすることから始めて、小学校6年生では、歌詞や旋律を正しく歌えるようにするというところまで、しっかり教えていくこととされています。

○　その際、国歌「君が代」の意義については、社会科での指導の内容と関連して、その内容をしっかり身につけさせることとしています。

〈**特別活動**〉

前述した小・中学校における社会と音楽の各教科の指導を受けた児童・生徒にとっては、卒業式、入学式という場が、それぞれの学年に応じて、国旗を前にしてきちんとした態度で「君が代」を斉唱するという、いわば基本的マナーを実践する場となっているのです。そして、これらを総体として、小・中・高等学校の各段階を通じて、国旗、国歌に対する正しい理解と態度を育てる指導を行っていくことになっているのです。

6．学校における国旗、国歌の指導と児童生徒の良心の自由との関係について

（答）

○　学校における国旗、国歌の指導は、児童・生徒に我が国の国旗・国歌の意義を理解させ、これを尊重する態度を育てるとともに、諸外国の国旗、国歌も同様に尊重する態度を育てることが極めて重要であることから、校長、教員は、学習指導要領に基づいて、児童・生徒に対し国旗、国歌の指導をしているのです。このことは、児童・生徒の良心にまで立ち入って強制しようとする趣旨ではなく、あくまでも教育指導上の課題として指導をすることを意味するものなのです。

この考え方は、すでに平成6年に政府統一見解として示しており、国旗、国歌が法制化された後も、この考え方を変えることはありません。

○　学習指導要領に基づく国旗、国歌の指導は、憲法、教育基本法に基づいて、人格の完成を目指し、平和的な国家及び社会の形成者としての国民を育成することを目的として行っているものであり、憲法に定めている思想及び良心の自由を制約するものではありません。

国旗、国歌の指導は、児童・生徒の内心にまでに立ち入って強制しようという趣旨ではありませんので、例えば、個々の児童が、最終的に君が代の歌詞の意味についてどのように受け止めるかは、個々人の内心にかかわることなのです。

○　およそ教育は、精神作用を伴うものであり、学校教育では、さまざまな場面で子供の内面にかかわって指導する場面は非常に多いのです。しかしながら、すべての子供に内面にかかわる一定のことを教

えることが直ちに強制であるということになりますと、およそ、公教育は成り立ちません。単に、内心にかかわるということと、内心にかかわって憲法が保障する内心の自由を侵害することになるかどうかという問題とは、教育上きちっと分けて、議論されなければならないのです。

○ 起立しなかった、あるいは歌わなかったといった児童・生徒がいた場合、これに対して事後にどのような指導を行うかどうかは、まさに教育指導上の課題として学校現場に任されているのです。学校全体の教育活動や式の進行全体を著しく妨害するといったような場合は別として、各学校において、あくまでも教育上の配慮によって、校長の指導のもと、全教職員による一致した適切な指導が行われるよう期待しています。

なお、単に従わなかった、あるいは起立をしなかった、歌わなかったというようなことのみをもって、その児童・生徒に対して、学校内で何らかの不利益な取り扱いが行われたり、あるいは心理的強制力が働くような方法で事後指導が行われるようなことがあってはならないと考えています。

7. 国旗、国歌の指導と児童・生徒の評価について

(答)

○ 入学式、卒業式などの特別活動については、文科省としては、単に起立しなかったあるいは歌わなかったというようなことが、そのまま指導要録や内申書の5段階評価等よる評定の対象にはならないよう指導しています。

○　また、これらの書式の中に、児童・生徒の日常の活動状況について、主な事実や所見を記載する所見欄が設けられていますが、文部省としては、この所見欄には、当該児童・生徒の長所を取り上げることが基本となることに十分留意するよう指導しているところです。

8. 国旗、国歌の指導に係る教職員の職務と内心の自由との関係について

（答）

○　一般に、思想・良心の自由は、それが内心にとどまる限り、絶対的に保障されなければならないのですが、それが外部的な行為となってあらわれる場合には、一定の合理的範囲内の制約を受けることがあるものと解されています。

○　校長が、学習指導要領に基づき、法令の定めるところに従い、所属教職員に対して本来行うべき職務を命じることは、当該教職員の思想・良心の自由を侵すことにはならないと考えられます。

○　校長や教員は、関係の法令や上司の職務上の命令に従って教育指導を行わなければならないという職務上の責務を負っています。

学習指導要領は、各学校の教育課程の基準として、法規としての性格を有していますので、各学校においては、この学習指導要領を基準として校長が教育課程を編成し、教職員はこれに基づいて、国旗、国歌に関する指導を含め、教育指導を実施する職務上の責務を負っているのです。

したがって、各学校において、校長の判断と指導で、学習指導要領に基づいて入学式又は卒業式の式典を厳粛に実施するに当たり、児童・生徒に国旗、国歌を尊重する態度を指導する一環として、また、児童・生徒にみずから範を示すことによる教育上の効果を期待して、教職員に対しても国旗に敬意を払い、国歌を斉唱するよう指導し、聞き入れられないため、止むを得ず職務命令を出したとしても、教職員の地位の特殊性と職務の公共性にかんがみれば、社会通念上合理的な範囲内のものと考えられます。すなわち、教職員の思想、良心の自由を制約することにはならないのです。

○ 国旗、国歌の根拠が、慣習法から成文法に変わったとしても、これによって、国旗と国歌に関する教職員の職務について、変更を加えることはありません。

9．国旗、国歌の指導に関する教職員への職務命令や処分について

(答)

〈職務命令について〉

○ 国旗、国歌の指導を行うに当たっては、校長は、自らの見識と指導力により、日頃から職員会議等の場を通じて、教員との間で、国旗、国歌の意義あるいは指導等について、共通理解を図るように努め、いつでもすべての教員が一致協力して、国旗、国歌の指導を行うことができるような体制を整えておくことは、極めて大切なことです。

○　しかし、このような取り組みがあるにもかかわらず、特定の行事や儀式等で、国旗、国歌の指導をすることを拒否する教員がいる場合、校長は、学校運営の責任者として説得をくり返しても聞き入れられず、学習指導要領の趣旨を実施するため、止むを得ないと認める場合には、その教員に対して職務命令を出すこともあり得るのです。

〈処分について〉

○　職務命令を受けた教員は、これに従い、指導する職務上の責務を有し、これに従わない場合は、地方公務員法等に基づいて、懲戒処分を受けることがあります。

○　実際に処分を行うかどうか、処分を行う場合にどの程度（懲戒処分には、戒告、減給、停職及び免職の4種類あります。）の処分をするかについては、基本的には教員の任命権者である都道府県教育委員会の裁量にゆだねられているのですが、都道府県教育委員会としては、個々の事案に応じ、問題となる行為の性質（態様）や処分を受けるのが初めてかどうか、そしてその結果や影響等を総合的に考慮して適切に判断されるべきものです。

10．学校における日章旗及び君が代の歴史や由来の指導について

（答）

○　学校での国旗、国歌の指導では、児童・生徒に我が国の国旗と国歌の意義を理解させ、これを尊重

する態度を育てるとともに、諸外国の国旗と国歌も同様に尊重する態度を育てることが大切です。そして、それを通じて国際社会に生きる日本人としての自覚や資質を育成することになるのです。国旗や国歌は、それぞれの国の成り立ちと深い関係があり、児童・生徒が我が国の国旗、国歌の意義を正しく理解するためには、我が国の国旗・国歌の歴史や由来などについて、教師の適切な指導により学習させることは、極めて大切なことなのです。

○ 現在でも、例えば、「日章旗」の場合ですと、幕末に日本船の総船印（国旗のこと）として定められ、その後、明治政府によって日本の商船旗と定められ、やがて国旗として定着するようになってきたというような記述が、小学校社会科の教科書で増えてきています。

とりわけ、「君が代」については、歌詞の千年以上も前からの歴史的な由来なり、そして私たちの祖先が、その後絶えることなくそれを祝い歌として引き継いで、明治初期まで使われてきたいきさつなどを習得させることは、国歌「君が代」の歌詞の正しい理解とともに、これに自然な愛着を抱き、大切にしようという気持ちをもたせるためにも、極めて大切なことではないでしょうか。

11. 歴史教育、特に近現代史の指導との関係について

（答）

○ 学校における歴史教育は、小・中・高等学校を通じ、児童・生徒の発達段階に応じて、具体的な事

象の学習を通して歴史に対する興味や関心を高めます。そして、歴史的事象を多角的に考察し、公正に判断する能力と態度を育てたり、歴史的思考力を培って、国民としての自覚と国際社会に生きる日本人としての資質を養うことをねらいとして行われているのです。

○特に、近現代史の教育については、国際理解と国際協調の観点から、調和のとれた指導を充実しなければなりません。歴史教育においては、客観的、学問的な研究成果を踏まえて、事実は事実として正しく指導すること、また、あくまでも児童・生徒の発達段階に応じた指導をすることが重要です。子どもたちに、戦前・戦後の客観的な事実をしっかり教えなければなりません。そして、歴史教育、特に近現代史を正しく日本の児童・生徒に教えることは、とりわけ近隣諸国との国際理解を深める上で、極めて重要なことなのです。

12. 入学式、卒業式の実施方法について

(答)

○入学式と卒業式は、学校で行われるさまざまな行事の中でも、学校生活に有意義な変化や折り目をつけるということから、大変重要な意味を持つものです。

そこでは、厳粛かつ清新な雰囲気の中で、新しい生活の展開への動機付けを行い、そして、学校、社会、国家などに対する所属感を深めるためのよい機会になると考えられています。そのような意義を踏まえて、入学式や卒業式などにおいては、国旗を掲揚するとともに、国歌を斉唱するよう指導を

しているのです。このことは、法的拘束力を持つ学習指導要領に明記されているので、すべての学校で、校長も教職員もきちんと守っていただかなければならないのです。

○ 学習指導要領には、入学式や卒業式の式典の内容について、これ以外は書いてありません。そこで、これ以外に各学校でどのような形で子供たちの入学や卒業を祝うのがよいのかについては、学校の設置者（公立小中学校の場合は、市町村教育委員会）の判断があれば、それに従いつつ、もっぱら校長の責任においてさまざまな工夫があってよいのです。式典の内容をどうするかについては、教職員から意見を求めるのは当然のことでしょうが、それ以外に保護者や地域の方々からさまざまな意見を聞きつつ、最終的には学校の設置者、そして校長の判断にゆだねられているのです。

13．学習指導要領に特に定められている場合以外の国旗、国歌の指導について

（答）

○ 国旗、国歌については、学習指導要領で定められている小・中学校の社会科、小学校の音楽科、入学式や卒業式における指導だけではなく、各学校の判断により創意工夫を生かして、地理や歴史を学ぶ地理・歴史科、公民科、外国語科などや総合的な学習の時間などにおいて、国際理解教育を推進するという観点から、国旗、国歌を尊重する教育を行うことは大切なことです。

○ また、学習指導要領で「入学式や卒業式など」においてと書かれている「など」については、始業

式、終業式、学芸会（文化祭）、運動会、開校記念日など、学校においてはさまざまな儀式や行事が挙げられます。これらの儀式や行事を行うかどうか、そしてその際、国旗を掲揚し、国歌を斉唱するかどうかは、学校の設置者そして校長の判断にまかされており、学習指導要領に違反するかどうかなどの問題は生じません。

○ただ、学校において学校の設置者、校長の指導の下に、例えば始業式や終業式そして運動会等においても国旗を掲揚し、国歌を斉唱するという教育活動が一たん決まった場合には、決められた教育課程の実施という点では、すべての教育活動と同様に、学校の設置者、校長の責任において実施されるのは当然のことです。

第六章　公立学校教職員の労働基本権

学力調査最高裁判決（岩教組事件）から

はじめに

昭和51年5月21日、最高裁大法廷は、一般に「永山中学校事件」「岩教組事件」と呼ばれている二つの事件について判決を出しました。いずれも昭和36年10月に実施された全国中学校一せい学力調査をめぐる事件ですが、前者については、直接に検討の対象とされたのは、この学力調査の適法性の問題で、それを判定するため、子供の教育の内容を決定する権能は誰にあるのかという問題と教育と教育行政の関係についての問題が検討されました（第一章と第二章で説明）。

それに対して後者は、学力調査を阻止しようとした岩手県教員組合（以下「岩教組」という。）の幹部役員らの行為が、刑法上の公務執行妨害罪そして地方公務員法上の争議行為等のあおり等の罪に問われたいわゆる刑事事件として注目を浴びたのです。

ここではまず、岩教組幹部役員らのあおり等の行為によって一般組合員らが行った争議行為が、地公法37条1項の違反に問われており、そもそも地方公務員の争議行為を一律に禁止しているこの規定が合憲であるかどうか、次いで、注目を浴びていた岩教組幹部役員らの一般組合員に対して行った争議行為のあおり等の行為を刑罰をもって防止しようとしている地公法61条4号の規定が合憲であるかどうか、この両者について、いずれも第一審及び第二審の判決を踏まえつつ、最高裁が示した考え方を説明することとします。

一・岩教組事件のあらまし

(1) 事件の発端

○ 岩教組の中央執行委員長、書記長、中央委員ら7名は、岩手県下各市町村教育委員会（以下「地教委」という。）が、昭和36年10月26日、その管理する学校で「昭和36年度全国中学校一せい学力調査」（以下「学力調査」という。）を実施するのを阻止するため、岩教組傘下の組合員である市町村立中学校教員に対して、それを妨害するための争議行為を行わせたのです。(注)

(注) 被告人らは、このほか、中学校に行こうとするテスト立会人らを道路上で阻止した行為が、道路交通法違反として起訴されていますが、この件についての説明は、本書の内容とかかわり合いが少ないので、省略します。

○ 具体的には、この被告ら7名は、全組合員が結束して学力調査の実施に関する職務を拒否して、調査の実施を妨害する旨を記載した「指令書」とその内容を敷衍し強調した「指示書」をあらかじめ作成し、各担当校でその指令、指示の趣旨を伝達して、それに従って実行するよう従慂《しょうよう》するなど、争議行為の実施を「あおり」「そそのかし」て、学力調査を妨害したため、その一連の行為が地公法61条4号、37条1項等に該当するとして起訴されたのです。

(2) 一審、二審の判決の概要
――この事件が最高裁に上告されるまでの経緯――

○ まず、第一審の盛岡地方裁判所の判決（昭和41年7月22日）は、それまでの最高裁の判決の考え方（公務員は、地位の特殊性と職務の公共性によって、争議行為の一律禁止と、そのあおり行為に対する刑事制裁が合憲とされていた。）に基づいて、岩教組の幹部らが組合員に対し、地教委が実施しようとした学力調査に協力しないよう従慂した行為は、地公法37条1項で禁止されている争議行為をあおり、そそのかす行為であり、したがって、地公法61条4号の罰則に該当するとして、被告人全員を有罪としたのです。

○ これに対して、第二審の仙台高等裁判所の判決（昭和44年2月19日）は、第一審判決の後でしかもこの第二審の判決の前に出ていた全逓中郵事件最高裁判決（昭和41年10月26日）に示された考え方（そのおよそ2年半後に出された最高裁の都教組事件判決と仙台全司法事件判決（いずれも、昭和44年10月2日）にも、その考え方の基調が引き継がれています。）に従って、判示されているのです。

その考え方によりますと、まずストそのものが政治的目的をも持つスト、暴力を使うスト、長期に及んで国民生活に重大な影響を与えるストというような悪性（違法性）の強い争議行為で、しかも、それをあおり、そそのかすなどの行為が、争議行為に通常随伴するような態称でなく行われるものに限って刑事罰の対象となるというようないわゆる「限定解釈」を施すことによって、地方公務員法の争議行為禁止の規定（具体的には、地公法61条4号、37条1項）が合憲と評価されるとしていたのです。

そして、とりわけ地公法61条4号が、地方公務員の争議行為そのものを処罰の対象としないで、あおり行為等に限って処罰すべきものとしていることからいって、ここにいうあおり等の行為についても、争議行為の一環をなす通常随伴する行為は処罰の対象とされるべきではないと考えているのです。

○ 仙台高等裁判所は、この考えに従って、この事件の被告人らのあおり等の行為について、処罰に値するほどの強度の違法性はなく、したがって、可罰的違法性はないとして、第一審判決を全面的に破棄して、被告人全員を無罪としたのです。

二．最高裁の判決の要旨

それでは、「岩教組事件」最高裁判決が、この第二審の無罪判決を破棄し、第一審の有罪判決を支持したのはどういう理由によるのか、説明します。

判決はまず、その後の昭和48年4月25日に最高裁が出した「全農林事件」判決を引用し、そこで示された非現業国家公務員の労働基本権、特に争議権の制限に関する憲法解釈についての基本的見解は、今日においても変更する必要はなく、その判決で示されている法理は、非現業地方公務員の労働基本権、特に争議権の制限にもそのまま妥当するものであること、したがって、地公法37条1項及び61条4号は、前述した第二審のいうような限定解釈をしなくても、合憲性を肯定できるとその基本的立場を明らかにした上、大要、次のような理論を展開しているのです。

(1) 地公法37条1項（争議行為等の禁止）は、合憲である。

① 地方公務員の争議行為等は、なぜ禁止されているのか

イ．地位の特殊性と職務の公共性があること

地方公務員も憲法28条にいう勤労者であり、同条の労働基本権の保障を受けていますが、地方公務員は住民全体の奉仕者として、実質的にはこれに対して労務提供義務を負うという特殊性を有し、かつ、その労務の内容は、公務の遂行すなわち直接公共の利益のための活動の一環をなすという公共的性質を有しているのです。したがって、地方公務員が争議行為をすることは、公務員のこの地位の特殊性と職務の公共性と相いれず、また、そのため公務の停廃を生じ、地方住民または国民全体の共同利益に重大な影響を及ぼすか、またはそのおそれがあるという点では、国家公務員の場合と同様、私企業における労働者とは異なった対場に置かれているのです。

ロ．勤務条件が法令等によって定められていること

○　地方公務員の勤務条件は、法律及び地方公共団体の議会が制定する条例によって定められ、また、その給与が地方公共団体の税収等の財源によってまかなわれていますので、専ら当該地方公共団体における政治的、財政的、社会的その他諸般の合理的な配慮によって決定されるべきもので、この点においても地方公務員は、国家公務員と同様の立場に置かれているのです。

○　したがって、この場合には、私企業等における労働者の場合のように、団体交渉によって労働条件を決定するという方式が当然には妥当せず、争議権も団体交渉の裏付けとしての本来の機能を発揮する余地に乏しく、かえって議会における民主的な手続によってなされるべき勤務条件の決定に対して不当な圧力を加え、これをゆがめるおそれがあることも、国家公務員の場合と同様の指摘をすることができるのです。

それ故、地方公務員の労働基本権は、地方公務員を含む地方住民ないしは国民全体の共同利益のために、これと調和するように制限されることもやむを得ないところなのです。

ハ．労働基本権の制約に見合う代償措置が定められていること

○　昭和48年の最高裁の「全農林事件」判決は、国家公務員の労働基本権が国民全体の共同利益のために制約を受ける場合においても、その間に均衡が保たれる必要があり、そのためには、制約に見合う代償措置が講じられていなければならないとして、人事院の存在とその職務権限を指摘し、これを労働基本

権制限の合憲性を肯定する一つの理由としていました。したがって、地方公務員の争議権の制限が合憲性を有するかどうかについても、それが重要なポイントであるとして、国家公務員の場合の人事院制度と比較しながら、次のように述べています。

○　この点を地方公務員の場合についてみますと、地公法上、地方公務員にも、また国家公務員の場合とほぼ同様な勤務条件に関する利益を保障する定めがある（殊に給与については、地公法24条ないし26条など）ほか、人事院制度に対応するものとして、これと類似の性格を持ち、かつ、これと同様の、又はこれに近い職務権限を有する人事委員会又は公平委員会の制度（地公法7条ないし12条）が設けられています。

○　もっとも、詳細に両者を比較検討しますと、人事委員会又は公平委員会、特に後者は、その構成及び職務権限上、公務員の勤務条件に関する利益の保護のための機構として、必ずしも常に人事院の場合ほど効果的な機能を実際に発揮しうるものと認められるかどうかについて、問題がないわけではありません。

　しかし、中立的な第三者的立場から、公務員の勤務条件に関する利益を保障するための機構としての基本的構造を持ち、かつ、必要な職務権限を与えられている（地公法26条、47条、50条）点においては、人事院制度と本質的に異なるところはなく、その点において、地方公務員の労働基本権の制約に見合う代償措置としての一般的要件を満たしているものと認めることができるのです。

② まとめ

以上のように見てきますと、地公法37条1項前段において地方公務員の争議行為等を禁止し、かつ、同項後段が、何人を問わずそれらの行為の遂行を共謀し、そそのかし、あおる等の行為をすることを禁止したとしても、地方住民全体ないしは国民全体の共同利益のためのやむをえない措置として、それ自体としては憲法28条に違反するものではないといわなければならないと判示しているのです。

(2) 地公法61条4号（争議行為のあおり等の行為に対する罰則）は、合憲である。

① あおり等の行為は、争議行為の原動力となり、社会的に責任の重いものであること

○公務員の争議行為が国民全体又は地方住民全体の共同利益のために制約されるのは、それが業務の正常な運営を阻害する集団的かつ組織的な業務不提供等の行為として、反公共性を持つからなのです。

このような集団的かつ組織的な行為としての争議行為を成り立たせるものは、まさにその行為の遂行を共謀したり、そそのかしたり、あおったりする行為であって、これら共謀等の行為は、争議行為の原動力をなすもの、換言すれば、全体としての争議行為の中でもそれなくしては争議行為が成立しえないという意味では、その中核的地位を占めるものなのです。

このことは、争議行為がそのつど集団的行為として組織され、遂行される場合ばかりでなく、すでに組織体として存在する労働組合の内部において、あらかじめ定められた団体意思決定の過程を経て決定され、遂行される場合においても異なるところはないのです。

○それ故、法が、共謀、そそのかし、あおり等の行為の持つこのような性格に着目して、これを社会的に責任の重いものと評価し、当該組合に所属する者であると否とを問わず、このような行為をした者に対して違法な争議行為の防止のために特に処罰の必要性を認め、罰則を設けることには十分合理性があり、これをもって憲法18条、28条に違反するとすることができないのは、前述した「全農林事件」最高裁判決のいうとおりであると指摘しています。

② あおり等の行為は、争議行為の具体的危険性を生ぜしめるものであること

○地公法61条4号にいう争議行為の共謀、そそのかし、あおり等の行為は、将来における抽象的、不確定的な争議行為についてのそれではなく、具体的、現実的な争議行為に直接結びつき、このような争議行為の具体的危険性を生ぜしめるそれを指すのであって、このような共謀、そそのかし、あおり等の行為こそが一般的に法の禁止する争議行為の遂行を現実化させる直接の働きをするものなのですから、これを刑罰の制裁をもって阻止することには、なんら不当なところはないのです。

○したがって、地公法61条4号の規定の解釈について、争議行為に違法性の強いものと弱いものとを区別して、前者のみが同条同号にいう争議行為に当たるものとしたり、更にまた、争議行為を共謀し、そそのかし、又はあおる等の行為についても、いわゆる争議行為に通常随伴する行為は単なる争議行為参加と同じく可罰性を有しないものとして、この規定の適用除外に置かれるべきなどと「限定解釈」をしなければならない理由はないと判示しています。

③　あおり等の行為のまとめ

以上のとおり、あおり等の行為に対し限定解釈をする仙台高裁の第二審判決の見解は、憲法18条、28条及び地公法61条4号の解釈を誤っているとの結論を出しています。

(3)　全体の結び

最高裁は、「岩教組事件」の地公法違反に関する全体の「結び」として、第二審判決（原判決）は、「憲法18条、28条の解釈を誤り、ひいては地公法61条4号の解釈適用を誤ったものであって、……原判決は破棄を免れない」と判示しています。そして、「岩教組事件」の被告人全員を有罪としたことは、前述したとおりです。

（関連）

1．3人の裁判官の「補足意見」

「岩教組事件」最高裁判決は、地方公務員法違反の点に関しては、15人の裁判官全員一致によるものではなく、3人の裁判官の「補足意見」が出ています。それは、国家、地方を問わず、公務員の争議行為の制約に伴う、「代償措置」に関するもので、次のように指摘しています。

「公務員も勤労者として憲法28条によって労働基本権を保障されるものであり、したがって、本条は労働争議権をも認められるべきはずである。ただ、多数意見の詳論するような理由によって、争議行為を制限、禁止することもやむをえないと解するほかないが、公務員も本来は労働基本権を有するはずのものであることを考えると、その制限、禁止に見合うだけの適切な代償措置が設けられ、しかもそれが本来の機能を果たしていることが要求されるものと解しなければならない（注）。」

（注）この3人の裁判官は、少なくとも、国家公務員の給与改善に関して行われている毎年度の人事院勧告は、政府によって完全実施されることを強く要求されています。また、各都道府県の人事委員会においても、これに準じた措置がとられることを望まれているのです。

ここで、私が島根県教育庁学事課長（人事担当）時代（昭和43年4月～45年8月）に、毎年続けて人事院勧告が完全実施されない状態の中で、スト参加者を処分しなければならない際に抱いていた思いを、当時の記録からそのまま掲載します。

「ただ、この処分は、スト参加者が、形の上では法律に違反して児童・生徒への正常な教育を妨げたという意味では仕方がないのですが、しかし、彼らがストを行う原因は、元はといえば、公務員からストライキをする権利を奪う代償として認められている人事院勧告が、政府によって、完全に実施されないことにあるのですから、私としては、毎年、くり返し教育の現場を大きく混乱させている政府の姿勢に、何ともやり切れない思いを抱いていました。」

2. ＩＬＯ結社の自由委員会の報告

(1) 国内でのスト権奪還の動き

○日教組の争議行為といえば、日教組とＩＬＯ（国際労働機関）との関係について触れないわけにはいきません。

日教組とＩＬＯとの本格的な関係は、昭和33年の定期大会で、ＩＬＯ87号条約「結社の自由及び団結権の保護に関する条約」批准闘争を正式に提案したことに始まり、そして35年11月には、日教組として初めてＩＬＯへの提訴を行ったのです。そのときの提訴の中には、その後もずっと続くことになる次の事項が含まれていました。

・日教組を団体交渉の相手側として承認する。
・代償措置を伴わない地方公務員法第37条、第61条のスト権禁止事項を廃止する。
・同法に基づく行政・刑事弾圧を撤回する。

○その後、日教組ではＩＬＯ87号条約の批准闘争を精力的に続けていましたが、その過程では、批准されれば同時にスト権が回復されるのではないかとの期待があったと思われます。しかし、昭和40年5月17日、ＩＬＯ87号条約が国会において批准されたにもかかわらず、ほぼ同時に改正された国家公務員法と地方公務員法では、ストについての全面一律禁止は変わらなかったのです。

したがって日教組としては、その後も引き続きスト権奪還を目指して、国内的にも国際的にも活発な活動を続けることになったのです。

○こうした中、昭和49年春闘では、4月11日、公労協、公務員共闘のストは山場を迎えることになりました。そして、日教組は、4月11日、春闘統一行動の一環として、全国規模の全一日ストを実施したのです（その規模等については、次の「提訴された事案についてのＩＬＯの把握」の記述を参照）。警察当局は、このストが違法行為であり、この違法ストを共謀し、あおり、そそのかした組合幹部の行為は地方公務員法61条4号に該当するとして、日教組本部などを捜索したほか、幹部11人を逮捕し、そのうち槙枝委員長ら4人を起訴したのです。

○これに対し、日教組は労働基本権の侵害に当たるとして、同年6月、総評そのほか二つの国際団体とともに、ＩＬＯに対して共同提訴を行ったのです。その内容（ストそのものに関連したものに限る。）は、おおむね次のようなものでした。

・ストライキの共謀、あおり、そそのかし等の行為を処罰する地方公務員法61条4号は、労働組合の内部活動そのものを処罰の対象とするものであり、労働基本権の侵害に当たる。
・ストライキ参加者に対し、苛酷な懲戒処分が行われている。
・処分の根拠となっている地公法のスト禁止、処罰規定は、結社の自由や労働者の権利保護を規定したＩＬＯのいくつかの条約に違反する。

○　これを受けて、ＩＬＯでは検討が重ねられ、昭和53年11月16日、ＩＬＯ理事会は、結社の自由委員会の報告を原案どおり採択し、日教組等の共同提訴を退けたのです。結社の自由委員会の報告の概要は、次のとおりです。

(2)　ＩＬＯ結社の自由委員会の第187次報告（抜粋・概要）

①　提訴された事案についてのＩＬＯの把握

本委員会は、本件申立てが昭和49年（１９７４年）４月11日に、日教組加盟の34県教組が1日、11県教組が1時間参加して行われたストライキの後、日本政府によってとられた措置に関するものであることに留意する。

これは１９７４年の日本の春闘の一環として行われたものであって、同日のストライキには99の全国組合、およそ５４５万人の人労働者が参加した。日教組に関する限り、約40万人の組合員が４月11日に

1日ストライキ、同月13日に2時間のストライキを行ったようである。

得られた情報によれば、このストライキの要求事項の中には、賃金の大幅引き上げ、インフレ対策、懲戒処分等も含まれていたが、本委員会には、このストライキの主たる目的は、ストライキ権の回復であったと思われる。

② **ストライキ権について**

公務員については、結社の自由を認めることが、必ずしもストライキ権を認めることを意味するものではない。

③ **スト参加者の処分について**

1974年4月11日のストライキの参加者に対して行われた懲戒処分（すなわち、停職、減給、戒告）については……本委員会はこの種の労働者については、スト行為が法律によって禁止されていることにかんがみ、行政上の懲戒処分を課したり、本件の場合のように、地方公務員に対してストライキをあおり、そそのかす者を通常の法律に基づいて逮捕し、起訴することは、結社の自由の原則を侵害するものとはいえない。

④ 懲戒処分に伴う不利益な結果について

懲戒処分の適用に関し、就中《なかんづく》ストライキ参加者に対する当該処分の適用から生ずる報酬上の恒久的な不利益及び関係労働者のキャリアに対する不利益な結果について、従前の多くの機会に政府に対して行われた勧告を想起することを勧告する。(注)

(注)この問題については、昭和48年11月7日、結社の自由委員会で採択された最終報告では、次のように述べています。

「ストライキ参加者に対する処分の適用から結果する報酬上の永続的不利益と、それに続く当該労働者のキャリア上の否定的諸影響について、処分が適用されている厳格さと過酷さを緩和する（「やめる」という勧告ではありません。筆者注）ように政府に行ったサジェスションを想起すること。」

⑤ 公平な調停、仲裁手続きの必要性について

ストを禁止又は制限する場合には、かかる労働者の利益を十分保護する適当な保障が必要であり、適切、迅速かつ公平な紛争の調停、仲裁手続きを行うべきである。(注)

(注)この問題については、日本政府は、スト権の代償措置は最高裁が認めているように、人事院、人事委員会等の制度が、公務員の争議行為禁止に対する十分な代償措置をとなっていると考えているのです。

(3) まとめ

○ 以上のように、日教組の提訴に対する結社の自由委員会の報告は、日教組にとって大変厳しい内容（日教組が提訴していた前述した三つの事項は、すべて否定されています。）となっており、これまで日教組の活動を支援してきた有識者の間でも、スト権奪還についての日教組の「ＩＬＯ頼り」は、再検討の必要を迫られたと考えられるようになったのです。

○ なお、ストに関連するＩＬＯの上述したような提言の背景には、我が国が憲法により議会制民主主義を定着させている法治国家であり、立法、行政、司法の三権がそれぞれ独立して機能し、たとえ労働者がストに関して行政機関から行政処分や刑事処分を受けたとしても、労働者には公正、公平な裁判を受ける権利が保障されていることへの信頼感があるものと思われます。

（参考）

1．日教組のストライキについて思うこと

（1）昭和時代のストライキ

○　戦後間もなく発足した当時の日教組の指導者たちは、社会のさまざまな秩序が定まりきっていない中で、教職員の巨大な組織力（昭和20年代の組織率は、90％前後であったといわれています。）をバックに、これに過剰な自信が加わって、自分たちの力で戦前・戦中のすべての悪を取り除いて（その中にはよき慣習・伝統の破壊や無視が含まれています。）、戦後の教育界に新しい秩序をつくり出し、その上、他の団体と協力して新しい政治のしくみ（注）をつくり上げようと、さまざまな活動を続けていたと思われます（注）。

○　すなわち、発足から昭和年代にかけての日教組は、戦後の歴史の流れに抵抗し、新しく生まれようとしている秩序を無視して、多くの教職員をストライキに巻き込みつつ、しばしの間、自分たちの夢を追い求めていた（もう少し現実的にいえば、「社会的挑戦」にのめり込んでいた）といえるのではないでしょうか。その結果、子供たちを含む国民の新しい教師への期待と信頼に背いたほか、健全な国家意識の形成を妨げるなど、国や社会に大きなダメージを残すとともに、自身もさまざまな挫折を経験し、運動の限界を感じて、平成に入り、ようやく現実を受入れるところに落ち着いたといえるのではないでしょうか。

（注）当時の日教組のリーダーたちは、政府・文部省の教育の方針、政策に反対するにとどまらず、政治体制そのも

のについても、現憲法下の議会制民主主義に満足しないで、社会主義体制を目指していたことがうかがえることについては、別のところ（２０６頁）で触れています。

(2) 最盛期のストの状況

○ 当時の日教組が取り組んだストライキの中には、人事院勧告の完全実施を求めるなど経済的な目的を持ついわゆる「経済スト」もありましたが、その多くはそれ以外の目的を持つものでした。具体的には、次のようなストライキが行われていたのです。

① まず、教育職員の組合としての最大の関心事は、教育に対する国の介入は一切認めないということです。そのため具体的には、政府・文部省の打ち出す新しい教育施策にことごとく反対すること、そして、子供たちの教育の内容は自分たち教師が決めるものとの信念に基づいて、それに反する国の施策（例えば、昭和33年の学習指導要領の改訂、36年の全国一せい学力調査等）に徹底的に闘うことでした。そして、そのためのいわゆる「教育スト」ないしは「政治スト」が、公然と実施されたのです。

② 次に、日教組という組織や組合員にいささかでも悪影響を及ぼすおそれのある国の施策は、絶対に認めないという強い信念に基づく行動です。その観点から、組織のリーダーが組合の分断、破壊をもたらすものとして警戒したものは数多くありましたが、中でも後述（第七章）する勤務評定制度と主任制度の導入に際しては、これに対決するため他のストライキのときには行なわれていない「非常事態宣言」が発せられ、反対のために規模の大きい激しいストライキがくり返されたのです。

③　そして、三つ目は、たとえ国からは違法であると評価されようとも、労働基本権とりわけスト権奪還のためのストライキを行い、その正当性については、国際社会（ＩＬＯ）の判断を待つという姿勢が取り続けられたのです。

④　以上のような日教組独自の目的のほか、いわゆる官公労や民間労働組合と一体となって、長期間続いている自由民主党の内閣を打倒し、その先には、社会主義政権の樹立をも視野に入れたストライキにも参加していたのです。

○　なお、ストライキは、組合員の連帯意識を高め、組織のタガを締めるため、指導者によって適宜計画されたという面があったのは当然のことです。

なお、ある調査によりますと、大きな目標をもったストライキの場合でも、ストライキの参加者のうち、活動的（アクティヴ）な参加者はせいぜい20％程度で、あとはいわば同調者としての参加者であったと考えられています。

(3)　昭和50年代前半の挫折と平成４年の形式的決着

○　日教組の30年以上に及ぶこのようなストライキへの取組みに対して、前述したように、昭和50年代の前半、国内的にも国際的にも大きな転換を迫る事態が生じたのです。

国内的には、昭和51年、最高裁から、地方公務員の争議行為を禁止したとしても、憲法28条に違反するものではないとの判決が示されました。

また、国際的には、昭和53年、ＩＬＯ結社の自由委員会が、公務員については、結社の自由を認めることが必ずしもストライキ権を認めるものではないとして日教組等からの提訴を退けたのです。とりわけ後者は、日教組の指導者がスト権奪還に立ち向かう最後の拠り所を失ったものとして、その後の姿勢に大きな転換を迫ることになったのです。

○ストライキ権奪還の夢がついえ、ストライキによって目指そうとしていた目標も果たすことができなくなり、しかも平成に入ると、国内外の政治・経済・社会の状況等も大きく変貌を遂げる中、日教組は、平成４年、規約を改正してストライキをしない組織として生まれ変わったのです。

(4)　その後の日教組本部の方針に従わない組織的な活動等の状況

日教組の組合員（新規採用者の加入率は、平成の初め頃からほぼ約20％前後で推移していると思われます。）の政治や社会に対する意識ないしは姿勢は、昔も今もさまざまであると思われます。(注)
そして、日教組本部は、ストをしないと決めた後、本部の方針に反する活動があってもこれを制止しない（その違反に対する組織内部の制裁措置もない）こともあって、その後も政府・文科省の方針、施策に反対する組合員による組織的なあるいは個人による活動が、地域によっては散発的に生じていたようです。

（注）日教組の組合員の政治的意識はさまざまなようで、単に、民主主義体制の維持、推進のため、あるいは教師の権利を守るため団結していた方がよいという程度の考えを持っている者がいる反面、政府（自民党）の施策に反対し、民進党等の野党の政策を支持して政権交代を求める者まで、種々であると思われます。

なお、共産党の政策を支持する者は、建前としては、「全教」に加入しているのです。

(5) 組合員による反対活動がなくなった背景（その1）

このように、日教組本部の方針に従わない、例えば国旗、国歌に対する組織的なあるいは個人としての反対活動は、その後も一部の地域や学校で行われていたようですが、この活動も、これを違法とする前述した最高裁の判決（第五章参照）が、平成18年に出て以降たて続けに10件以上出され（これで文部省・文科省と日教組の間の古くからの重要な懸案事項は、ほとんどすべて最高裁からの判断が示されたといってよいのです。）て、平成20年頃を境として、全く生じなくなったという情報を得ています。

(6) 組合員による反対活動がなくなった背景（その2）

ストライキをしない組織となって以降の日教組の本部は、各地で生じていた本部の方針に反する組合員による違法な組織的なあるいは個人としての活動に対して、ノータッチであると承知しています。このことは、違法行為への参加者がたとえ当局から処分を受け、経済的損失等を受けることがあっても、本部は（ストを指令していた時期とは異なり）、それに対して一切援助しないという姿勢で臨んでいると思われます。

このように、組合員が本部からの経済的支援を受けることなく個人の責任で違法行為を続けることは事実上困難なため、現在では本部の方針に反した違法行為を実施することは、組織としてもまた個人としても実質的に不可能になっていると思われます。

(7) まとめ

「日教組」と「ストライキ」——かつて、これほど強い絆で結ばれた関係はないと思われていましたが、およそ40年の歳月を経てようやく分離されました。日教組の組合員の先生方も、それ以外の先生方も、このような歴史があったことをしっかり理解しておいていただきたいのです。

子供たちの教育の向上のため、かつての大達文部大臣やその秘書官であった今村先輩と同様、将来はきっと協力して進むべき相手方にならなければと考えていた私は、例えばストライキの際などに組合員から「敵」呼ばわりされていたときの何ともやりきれない、淋しい気持ちを忘れることはできません。過去の日教組のストライキのいくつかに、直接のかかわりを持っていた者として、二度とこういう時が到来しないよう、切に願っています。

2. 文部（科学）大臣と日教組のいわゆる「交渉」について

○　戦後の一時《ひととき》、一般社会には、すべての事がらは、利害関係のある者どうしが話し合いで決めることが民主主義であると考える風潮があり、日教組の文部大臣に対する姿勢にも、それがうかがえる時期（昭和30年代から50年代を中心）が続いていました。そして、教職員の勤務条件(注)のほか、国が策定する教育政策についても、文部大臣と日教組委員長とが、「交渉」によって決めようと主張していた時期があったのです。

（注）公立学校の教職員に対して文部（科学）大臣は、「使用者」の立場にあるわけではなく、しかも、彼等の勤務条件についての交渉の相手方は「地方公共団体の当局」と明記されています（地方公務員法55条）。

○　これに対して、文部大臣は、国（国会）で定められた法律に基づいて職務を行うのは当然のことであり、したがって、日教組からの「交渉」の申入れについても、日教組は勤労者の集団ではあっても、法令上はあくまでも「民間教育研究団体」の一つであり、「対等」の立場での交渉には応じられないと回答し、そこから長い間「会え」「会わぬ」の不毛な対立が始まっていたのです。

○　こういった状況の中、ある「教育改革」の策定に当たって、文部大臣が、日教組からの「交渉」（日教組は「交渉」という言葉を使うことで、その場にのぞむ両者は「対等」であるということを対外的に示そうとしていたのです。なお、文部大臣との「交渉」については、組合員には特に「中央交渉」ということばを使っていました。）の申入れに応じないでいたのに対して、日教組はこれを「日教組の否認」であるとし、文部大臣は日教組を団体交渉の相手方として承認すべきであるとＩＬＯに申し立てたのです。

○　これに対して、ＩＬＯ結社の自由委員会は、「日教組の否認に関する申立てについては、教育政策の一般方針の決定は、教育者団体の意見を聞いて行うことが普通であるかもしれないが、かかる団体と教育当局との間の団体交渉の対象となる事項ではない」（54次報告書）と、明解な回答を示したのです。すなわち、文部大臣が教育政策を策定するに当たっては、教育者団体から意見を聞くことはあっても、決して対等の立場で交渉をしないのは当然のことであり、そうすることが行政の責任体制を守ることになるということが、国際的にも明らかにされたのです。

○　実際にも、これまで教育政策を策定するに当たって、歴代文部大臣は、教育委員会、校長会、教育研究団体等から、学校現場の実情等を踏まえた建設的な陳情や意見を聴取し、それを決して無駄にすることなく、立派に役立ててきたのであり、今後もこのようなやり方が続けられるのは当然のことです。そして、日教組からも、教育研究団体の一員として、教職員の組合らしい時宜にかなった前向きな提言が出てくることが期待されているのです。

○　これまでの経緯から明らかなように、文部大臣は対等な立場に立つ「交渉」でなければ、各団体からの意見を聞きっ放しにする、あるいは隔意なく意見交換することは、陳情や意見具申では不可能であり、対等な交渉であれば可能であるなどと忖度《そんたく》するのは、余りにも単純すぎるのではないでしょうか。どのような会合（交渉、話し合い、要望＝陳情等）であっても、それを真に実りあるものとするためには、日頃から、互いに相手方の人柄、立場等を理解し合った上での信頼関係があることが最も大切なことではないでしょうか。このことをしっかり自覚し合っていなければ、すべての会合は、結果として双方にとってむなしいものとなってしまうのです。

○　文部大臣と日教組との話し合いについても、かつて、このような歴史があったことを理解されて、今後のあり方に生かしていただきたいと考えています。

活動組織(労働組合から職員団体へ)の変遷

	労働組合法 20・12・22公布 施行	地方自治法 22・4・16公布 22・5・3施行	国家公務員法 22・10・21公布 23・7・1施行	教育委員会法 23・7・15公布 施行
国立学校教職員	官吏 (文部教官等) →			
	労働組合 → 組合その他の団体(労働組合)			
	(労働三法の適用)			
	労働三法 1.労働組合法 24・6・1公布 24・6・10施行 2.労働基準法 22・4・7公布 22・9・1施行 3.労働関係調整法 21・9・27公布 21・10・13施行			
公立学校教職員	公立学校官制 21・4・1 右の一部改正 21・6・29			
	待遇官吏 → (地方自治法により、当該団体の教育吏員の建前) 官吏 (地方教官等) →			
	労働組合			
	(労働三法の適用)			
私立学校教職員	非公務員(民間人)			
	労働組合			

(備考)この表は、「学生八十年史」(文部省 昭和29年3月発行)を基礎にして作成しました。

学校教職員の身分（官吏から公務員へ）と

政令二〇一号 23・7・31公布 施行

国家公務員法（改正） 23・12・3公布 施行

教育公務員特例法 25・1・12公布 施行

地方公務員法 25・12・13公布 26・2・13施行

地方公務員法（改正） 国家公務員法（改正） 40・5・18施行

国　家　公　務　員

公務員又はその団体
（団体交渉権、
争議権を有しない）

労働組合又は団体（職員団体）
（労働三法の適用なし）
（勤務条件等については、人事委員会規則で定めることができる）

職員団体

ＩＬＯ八十七号批准に伴う

職員団体関係規定の整備

（当該団体の教育吏員）
ただし、暫定措置として校長・教員は官吏

事務職員は地方公共団体の職員（地方公務員）
（待遇は官吏のまま）

校長・教員は地方公務員

地　方　公　務　員

公務員又はその団体
（団体交渉権、争議権を有しない）

職員団体

職員団体

（労基法は一部適用除外。
他の労働二法は適用なし）

関連資料（2）

年度別の日教組・全教加入状況

（付・二つの説明）

年度	日教組 %	全教 %
S33	86.3	—
34	84.7	—
35	81.7	—
36	80.2	—
37	74.0	—
38	72.9	—
39	68.7	—
40	63.3	—
41	62.2	—
42	57.2	—
43	56.7	—
44	55.8	—
45	56.2	—
46	56.0	—
47	55.4	—
48	55.1	—
49	55.6	—
50	55.9	—
51	56.3	—
52	55.2	—
53	52.9	—
54	52.4	—
55	51.9	—
56	51.3	—
57	51.0	—
58	50.5	—
59	50.0	—
60	49.5	—
61	48.9	—
62	48.5	—
63	47.7	—

年度	日教組 %	全教 %
H 元	46.7	—
2	35.7	8.7
3	35.2	10.7
4	35.0	10.4
5	34.4	10.1
6	34.1	9.9
7	33.7	9.8
8	33.0	9.6
9	32.7	9.4
10	32.3	9.1
11	32.1	9.0
12	31.8	8.8
13	31.5	8.5
14	31.0	8.2
15	30.4	7.8
16	29.9	7.6
17	29.5	7.3
18	28.8	7.1
19	28.3	6.7
20	28.1	6.4
21	27.1	6.0
22	26.6	5.6
23	26.2	5.3
24	25.8	5.1
25	25.3	4.8
26	24.7	4.6
27	24.2	4.3

この加入状況を基本にして、次の二点について説明します。

1．平成27年10月1日現在、公立学校（大学及び高専を除く。）の教職員の総数は、1，019，327人（うち、教員は822，122人）で、それぞれ、次の中央団体に加入しています。なお( )内の数字は、教員数（内数）です。現状は、いずれの団体にも加入していない教職員数が圧倒的に多くなっているのです。

全日本教職員連盟（全日教連）	11，714人
全国教育管理職員団体協議会（全管協）	3，943人
日本教職員組合（日教組）	247，101人 （233，185人）
全日本教職員組合協議会（全協）（日高協・左派を含む。）	44，121人 （40，654人）
日本高等学校教職員組合（日高協・右派）	8，667人
合　計	315，546人

右記いずれの団体にも加入していない教職員　703，781人

2．昭和33年度から今日まで、公立学校（大学及び高専を除く。）の教職員数、日教組等加入者数及びその組織率の、それぞれ最も大きかった年度は、次の表に示すとおりです。

年度	教職員数（人）	日教組等加入者数（人）	組織率（%）
昭和33年	667，691	575，962	86．3 **（最高）**
昭和59年	1，171，060	597，642 **（最高）**	51．0
昭和60年	1，183，408 **（最高）**	585，350	49．5
平成2年 （分裂時）	1，168，980	417，813 （日教組） 101，984（全教）	35．7 （日教組） 8．7（全教）
平成27年	1，019，327	247，101 （日教組） 44，121（全教）	24．2 （日教組） 4．3（全教）

（注）平成元年の分裂後、組織率については、日教組は平成2年度以降毎年度微減を続け、全教は平成2年度から3年度にかけて微増があったものの平成4年度以降は、毎年度、微減を続けています。

第七章　「非常事態宣言」の下に行われた二つの争議行為

――「勤務評定制度」と「主任制度」の役割（念のため）――

はじめに

○日教組が行ってきた数多くの争議行為の中で、「勤務評定制度」（昭和30年代前半）と「主任制度」（昭和50年代前半）の二つの制度が導入された際には、共通して「非常事態宣言」まで発して反対し、制度化を阻止するための激しい争議行為がくり返されました。

○これらに反対する表向きの理由としては、勤務評定制度については、教師の主体性・創造性が失われ、昇給の延伸や不当な転・退職に利用されるおそれがあること等が、そして、主任制度については、職場組織の分断が行われ、職場の管理体制が強化されること等が主張されていました。

しかし、組合としては、いずれの制度も「平等」の意識で固く結ばれている教員の職場に差別意識を持ち込み、組織の分断を通じて教育現場の破壊と日教組の組織破壊を同時にもたらすものととらえて、「非常事態宣言」が発せられていたのです。

○　このように、日教組は、発足以来、外部に対しては、常に、時代の最先端をゆく新しい主張をし、行動をとり続けながら、組織の内部のあり方については、教員の世界に長く続いてきた特殊性（お互いが平等の意識を持ち、上命下服の関係が少ないこと）をそのまま温存しようというちぐはぐな態度をとり続けていたのです。しかし、学校は、その規模がある程度以上になりますと、むしろこれらの制度がなければ、公正で効果的な管理運営を行うことは困難なのです。

これらの制度はできてからすでに相当な時を経ており、組合員も意識の清算をして、すでに制度としては定着をみているようです。しかし、ただ制度があるから実施しているというのではなく、これらの制度はその役割を正しく理解して実施される方が適切な効果が期待できると思われますので、ここで、これらの制度の意義・趣旨と期待される役割等を念のため、手短に説明しておくこととします。

一・勤務評定制度について

(1)　制度の概要

勤務評定制度について、当時の文部省は、「教職員の勤務について、教職員に割り当てられた職務と責任を遂行した実績と、勤務に関連してみられる教職員の性格、能力、適性等を評定し、記録するもので、新しい公務員制度の下で、科学的人事管理の手段として重要な機能を営むものである」と説明していました。(注)

（注）勤務評定制度は、国家公務員については、国家公務員法（72条）基づいて、昭和27年度から国立学校の教員を含めて実施されており、地方公務員については、地方公務員法（40条）に基づき、昭和31年に教員の勤務評定の実施が世の注目を集める以前から、一般行政職員については既にかなり広範囲で実施されており、公立学校の教員についても、栃木、富山、静岡、愛知等の各県で実施されていたのです。

しかし、昭和31年の末、公立学校の教職員についての新たな制度による勤務評定が、全県に先がけて、愛媛県で当時の厳しい財政事情の中、一部の教職員の定期昇給の延伸等とからめて行われ、日教組の強い反対運動を伴いながら開始されたことは、その後の勤務評定制度の歩みにとって誠に不幸なことだったのです。

(2) 制度の意義と役割（裁判所の指摘）

勤務評定制度の実施後、日教組から、この制度が違法であるとして、さまざまな観点から裁判所に訴訟が提起されましたが、裁判所はそれらを適法であると判示するとともに、この制度の意義と役割等を、次のように指摘（裁判所名及び判決の年月日は省略）しています。

① およそ集団ないしは組織にあっては、対象が公務か教員かを問わず、人事管理が要請されるところでは、人事の公正さを担保するため、然るべき勤務評定の必要性がある。

② 評価基準の客観化の問題（教育の特殊性から科学的、客観的な評定は不可能という主張・筆者注）は、創造的な作業を要する職務全般に通ずる問題であり、教員だけを特殊扱いにする具体的理由に乏

しい。

③　勤評の評定項目は、内容において相当に客観的基準としての性格を備えており、それまでの無方式、無基準の評定と比べれば、格段に客観的で公正な評価となっている。

④　勤評制度そのものが一般的人事権に由来しながらも、むしろ教育行政権力の恣意的な人事権行使を防止する機能を営むものである。

⑤　勤評が、教員の教育活動を観察、評定の対象とするものであっても、それにより、教育行政が教員の教育活動に直接介入するものとはいえない。

⑥　勤評が、権力によって教師の支配統制を徹底する政治目的を有するとともに、組合を支配し、分断する手段に使われるとの主張は、その危機感を抱くことは察しうるが、客観的な事実としては、これを認めるべき的確な証拠はない。

⑦　制度上、勤評は教員の第一次評定者は校長であるが、管内の学校の校長の人物、性格、能力、識見等についてこれを最も熟知している市町村教育長が、校長の行う勤務評定の結果を調整（第二次評定）することとされており、校長の勤務評定の結果により、個々の教員が人事上不利益をこうむる危険はほとんど考えられない。

(3)　平林たい子氏の提言

先に、子供への政治教育のあり方についての平林氏の提言を掲載しました（167頁参照）が、ここでは、勤務評定反対闘争が本格的に実施されているさ中に、同じく平林氏から示された知識人としての良識ある提言を掲載します。

「働いたものだけをうけとる――これが勤務評定ということではないだろうか。それはまた資本主義社会、社会主義社会を通じて働くものに与えられる大原則だと思う。その意味で勤評には原則的に賛成だ。仕事の能率や人格などを科学的、合理的に検討せず、大づかみにやることこそ封建的であり、ある意味で侮辱でさえある。だから労働者はむしろ公正妥当な勤務評定を要求した方がいい。」（読売新聞昭和33年9月6日）

(4) 期待される役割

勤務評定制度がなかったときにも、複数の教職員がいる学校において人事を行う際には、個々の教員について、何らかの評価が行われていたことは当然のことです。その際、人事が評価する人の個人的、恣意的なものになることを防ぐ手立てはなく、したがって、人事の度に実態が明らかでないまま、いわゆる「情実人事」がささやかれていたのは不幸なことでした。

そこで、前述したような勤務評定制度の導入により、今述べたような事態が防止され、学校ごとに能力主義、実績主義に基づいた人事が行われるようになれば、次のような効果が期待できるのではないでしょうか。

① 各々が制度を信頼して、素直に自己のベストを尽くして仕事に励み、そして評定された結果に応じた取扱い（待遇）を受けることに安心感と期待感が持てます。

② 一人ひとりの客観的な基準に基づく評価によって、真の適材適所の人事を行うことができ、学校そのものの組織としての機能を高めるとともに、子供たちのそして学校全体としての学力の向上にも資することが期待できます。

二、主任制度について

(1) 学校という組織の特色

○ 一般社会の公的・私的な事業体の組織は、（その規模のいかんにかかわらず）通常、「ピラミッド」型組織と呼ばれ、その構成員はトップから末端まで、いくつかの階層に分けられ（注）、それら各階層の間では、上命下服の関係が維持されているのが通常です。

（注）例えば、文部（科学）省の組織も、通常、政治家がなる大臣を除いて、事務次官から平職員まで七つの階層に分けられ、下にいくほど、職員数が多く、全体としてピラミッド型となっています。

○ これに対して学校は、設置・管理者である都道府県又は市町村教育委員会の下に（規模はそれほど大きくはありませんが）、それぞれ独立した組織として、身分としては（昭和49年に「教頭」が法制化され、独立した職となるまで）、校長と教員だけで構成され、その組織は古くは「ナベブタ組織」と呼ばれる時代があったのです。それは、一人の校長の下に多くの等しく教諭という身分を持った教員で構成されている組織の姿は、まるで鍋《なべ》の蓋《ふた》のように、中心にはつまみ（高くなっている部分）があり、その周りは、広く平らな面となっているのと同じようだ、というわけです。

○この学校という組織は、形の上では階層がほとんどなく、また、機能の面では上命下服の関係が発動される機会は極めて少ないのです。そのため、学校は、教員という仲間が、みんな「平等」という意識で結ばれ、支え合ってきた極めて同質性の強い特殊な組織[注]となっているのです。

（注）平等という意識は、学校では初任者でもいわば一国一城の主《あるじ》として、教育指導を中心に自分の学級のすべての責任をまかされるという職場のあり方によっても、強められているのではないでしょうか。

(2) 主任制度が生まれた経緯

○中央教育審議会は、昭和46年、いわゆる「四六答申」を出し、多岐にわたる改革等について提言した中で、重要な柱の一つとして、学校では校長の指導と責任の下に、生き生きとした教育活動を組織的に展開できるよう校務を分担する必要な職制、すなわち教頭、教務主任、学年主任等の管理上、指導上の職制を確立しなければならないと提言したのです。

○　文部省では、この提言を受けて、まず、昭和49年、学校教育法を改正して、教頭を独立した職とし、「管理職」としての職務を明らかにしたのです。そして続けて、50年の後半に入り、学校運営上の重要な課題として、主任の制度化の検討を開始しました。なお、その過程で示された日教組の反対理由は、冒頭で述べたとおりです。

○　なお、学校における主任は、明治以来の伝統を持ち、特に戦後、教育に対する要望の高まりや学校の大規模化の流れの中で、学校運営上の必要によって、すでに全国的にはかなりの学校で、教務主任、学年主任等が何のトラブルもなく普及していたのです。

このような現場の実態を踏まえつつ、文部省では具体的な検討を進め、昭和50年12月、学校教育法施行規則の一部を改正する省令を決定、公布し、翌年3月から施行されて、主任の制度化が図られました。そして56年の沖縄県を最後に、主任制は全国的な実施をみたのです。

(3)　主任制度の趣旨

○　主任制度を設ける趣旨について、文部省は、学校においては「調和のとれた学校運営」が行われるためにふさわしい校務分掌の仕組みを整えることとし、すでに各学校に設置され、活動している各種の主任等のうち、特に全国的に共通した基本的な教務主任、学年主任、生活指導主事等について、それらの設置と職務内容を明確に規定し、それらの主任等が積極的に学校運営に協力することを期待するとしていました。

とりわけ制度化の過程では、主任等の制度化の目的は、教育指導面の強化にあること、したがって、主任は中間管理職ではなく、「中間指導職」であり、上司として「職務命令」を出すことはできないこと、そして、主任は固定化せず、男女を問わず有能な教員は誰でもなれるし、またそういう運用をすることが望ましいことが強調されていました。

○なお、学校教育法施行規則（22条の3）では、「○○主任は、教諭をもって、これに充てる」と定められているとおり、主任は前述した教頭のように独立した職ではなく、校長が教諭に「主任」という特別の職務をつけ加える一種の職務命令として取り扱われているのです。
そして、教諭は、ふさわしい能力を備えていれば誰でも主任になれるし、実際に、そうなることが期待されているのですから、主任制度が教員の世界に身分上の差別を持ち込むとか、「平等」を破るといった指摘が当たらないのは明らかです。

(4) 期待される役割

主任制度は、教育指導面の強化、充実を図るために設けられたのですから、この制度の活用について最も深いかかわりを持つ主任（中堅・ベテランの有能な教員）とその指導を求める新採教員や経験の浅い若手教員等によって、制度が適切に活用された場合の期待される役割について説明します。

①　若手教員等の場合

・主任が制度化されていますと、若手教員等にとっては自分から主任の指導を受けやすくなり、教育指導能力等を高める機会が増えることが期待できます。

・主任は職務命令を出すことはできませんので、若手教員等が主任から指導・助言を受けた場合、その内容・方法等について、必ずしもその通り実施しなければならないということではありません。ただ、主任の意見には十分耳を傾けることが望まれますし、自分が有益、適切と判断したことについては、しっかり活用することが大切ではないでしょうか。

②　主任の場合

・若手教員等から指導等の要請があれば、しっかり受け止め、適切な指導をすることは当然のことです。また、逆に必要があると思えば、主任の方から積極的に若手教員等に接触し、指導することもあってよいのではないでしょうか。

・若手教員等から、学校全体にとって重要な問題について指導を求められた際、主任としては、それをどうしても実施させ、あるいは実施を止めさせる必要があると判断した場合には、主任は校長あるいは教頭にそのことについて自分の考えを述べて話し合い、必要な場合には、校長あるいは教頭から若手教員等に職務命令を出して、そのことを実施させあるいは実施を止めさせることが必要です。

○なお、学校全体としてみれば、さまざまな点で学校が活性化し、とりわけ児童・生徒のそして学校全体の「学力の向上」に資することが期待されているのです。

（関連）
「主任手当」の拠出問題について

○　主任手当については、人材確保法による第三次給与改善としての人事院勧告に基づいて、国立学校におかれる主任等のうち、教務主任、学年主任等に対していわゆる主任手当が支給されることになり、公立学校の主任についても、昭和57年までに、すべての都道府県で支給される運びとされていたのです。

○　ところが、日教組等は、主任制度そのものが定着してきたため、主任制度反対闘争の重点として、主任手当拠出運動[注1]を始めたのです。すなわち、主任制度に反対し、主任手当が不要であることを国民に訴える目的で、主任から拠出された拠出金を、例えば、生徒に対する奨学金の支給や住民への文化活動等に充当していたのです。

○　このような動きに対して、文部省は58年1月、各都道府県・指定都市教育員会に対して、「主任制度及び主任手当の趣旨の徹底について」通知するなど、各教育委員会とともに、主任手当の拠出を是正するための努力を続けた結果、その後、手当を拠出する者が次第に減少し、また、拠出運動自体の形骸化も見られ、主任制度は長年月[注2]をかけて、確実に定着してきたのです。[注3]

（注1）主任手当反対の理由としては、主任手当の支給は、手当受給者への主任としての「勤務」の強制を促進する危険性が濃いこと、手当が支給されることで、主任が「指導職」意識から「管理職」意識へ進むおそれが濃いこと、主任手当を支給して、近い将来、主任給与を新設し、五段階差別賃金を内容とする職務・職階給を導入するねらいがあることなどが主張されていました。

（注2）各県におけるその後の状況を適確に把握していませんが、たまたま、ある県教組が、平成27年にようやく主任手当の拠出を取り止めたという地元紙の記事を読み、大変驚いた記憶が残っています。

（注3）主任手当を含む教員の給与改善の問題については、教員の職務の特殊性、重要性から、また、学校の教員の待遇を改善して、教育の分野にできるだけ優れた人材を確保したいと、文部省では、過去にいく度か具体的な教員給与の改善策の提案してきました。しかし、そのつど教員の職場意識の分断をもたらし、国家統制を図ろうとするなどの決まり文句で、強い反対の意見と行動が示され、実現をみなかったものが多いのです。もう少し柔軟で素直な受け止め方ができないものかと残念な思いをしていました。

第八章　日教組への提言

ここまで、日教組成立以来、主として、昭和年代のおよそ40数年間、いわゆる「日教組らしい日教組」時代に生じたいくつかの事案をテーマにして、あらゆる立場の先生を念頭に置いて、この問題についてはこう理解し、こう対処してほしいという思いをいくつか語ってきました。

ところで、今でも教職員の最大の組織を維持（平成27年度の組織率は24．2％、組合員数はおよそ24．7万人）している日教組は、平成年代に入り、いわゆる現実路線への転換を図ったのですが、ここで、これまでの実態と今後の期待を述べておきます。

一．日教組の現実路線への転換の始まり

戦後40数年を経て、すなわち平成に入って、日教組は漸く新しい日教組に生まれ変わろうと努力を始めたのですが、ここではその今日までの外部から見た状況を手短に述べておきます。

○日教組にとって、戦後70年の歴史の後半が始まる頃、国の内外を取り巻く情勢は激動を続けていました。国際的には１９８９年（平成元年）11月には、ベルリンの壁が崩壊し、12月には米ソが「冷戦終結」の共同声明を発表するなど、世界各国で新しい世界秩序への模索が始まっていました。また、国内的にも政界再編の動きが始まるとともに、労働運動も「総評」から「連合」への再編が行われていたのです。

こうした中、日教組は「連合」への加盟を決定しましたが、このことが原因の一つとなって、平成元年、日教組自身が結成以来初めて分裂（共産党系の教職員が、全日本教職員組合協議会（全協）を結成）し、日教組の組合員の数も一気に激減して、約42万人となったのです。(注)

（注）分裂により、日教組と全協の教職員の加入状況（平成2年度）は、次のとおりとなりました（下の（）書きは、現在の状況です。）。

日教組　35．7％　417，813人（24．2％　247，101人）

全　協　8．7％　101，984人（4．7％　44，121人）

○　そして、平成2年、組織分裂後の初めての定期大会において、日教組は従来の「対決」「反対、阻止、粉砕」に代えて、「参加、提言、改革」のスローガンを打ち出し、翌3年の定期大会では、「対話」と「協調」を基本とした、よりソフトな表現の運動方針を決定し、いわゆる現実路線へ踏み切りました。

更に、平成4年の臨時大会では規約が改正されて、大会決定事項から「争議行為に関すること」が削除されたのです。

日教組がこのような現実路線をとることとなった背景には、当時の支持政党である社会党の変化(注)に大きく影響されていたと思われますが、内部の独自の要因としては、まず、一つには、昭和50年代から60年代にかけて、いじめ、不登校など学校現場での「教育荒廃」を前にして、行政側との対決だけでは解決できない教育課題があることを認めざるをえなかったこと、また、組織として最も基本的な問題としては、組織率が長期間にわたり減少を続け、昭和60年には50％を割り込み、とりわけ新規採用教員の加入率は、昭和50年頃から平成に入る頃まで急激な減少を続けて20％前後にまで落ち込んでおり、組織を維持・拡大するためには、日教組が生まれ変わったことを大きくアピールする必要があったこと、更に、付け加えれば、前述したように、教育に関する重要な問題については、昭和年代にほとんど結論が出ており、新たにストを行って最高裁の判断を求める必要がなくなっていた（スト権奪還のためのＩＬＯ頼みの望みが絶たれていたことについても前述しました。）ことなどの事情があり、外部、内部からのさまざまな要因が重なり合って結成以来の大転換が行われたものと思われます。

このような組織のあり方の大転換に当たり、「日教組は文部省の軍門に下った」など一部のマスコミでささやかれていた中で、日教組自身による対外的ないわばきちっとした「歴史的総括」が行われなかったのは残念です。

（注）昭和36年以来、日教組の支持政党であった社会党は、昭和61年末の国鉄の分割・民営化、平成元年の総評の消失等により、その支持基盤が根本から揺るがされ、そして平成2年の党大会では、日米安保堅持、自衛隊存続の運動方針を採択し、規約から「社会主義革命」を削除するなど、その存立の基盤と政策に大きな変化が生じていたのです。

○なお、その後の社会党は、平成5年、非自民、非共産の細川七党連立政権への参画、平成6年、自民党との村山連立政権の結成、平成8年「社会民主党」への党名の変更、そして続く総選挙（平成8年）と参議院選挙（平成10年）での大敗などにより、革新政党の中核としての立場からは完全に脱落したのです。

ここで、近年の日教組の支持政党について触れておきますと、平成7年までは社会党支持、8年には社会党が党名変更した社会民主党支持、そして9年からは社会民主党の他に、成立したばかりの民主党を支持政党に加えていました。更に、平成25年度からは、特定の政党名を表には出さず、「民主的リベラルな立場を基本とする政策実現可能な政治勢力と支持協力関係を構築する。」こととして現在に至っています。

○しかし、「総論」は別として、運動方針の「各論」についてみますと、昭和50年の定期大会以来、文部省との間の大きな争点として残されていた次の5項目、すなわち「学習指導要領」「国旗、国歌」「研修」「職員会議」「主任制」については、平成6年度の運動方針（旧方針）までは、各項目ともに、依然として基本的には反対の姿勢が示されていました。

ところが、平成6年、自民党と社会党が連立政権を組んでできた村山政権時代に、文部省と日教組との間でいわゆる「歴史的和解」（当時、マスコミが使用）が行われ、平成7年度の運動方針（新方針）では、上述したいずれの項目についても、いわゆる正常化に向けて大きく改善されました（ただし、「国旗、国歌」と「主任制」については、平成7年度から10年度までは記述がなく、ようやく12年度から正常化への方向が示されたのです。）。

そして、「国旗、国歌」については、当時、最高裁の判決がまだ出ていなかったこともあってか、その後しばらくの間は、散発的に本部の方針に反した行動をとる地方の組織あるいは個人もあったと承知していますが、（注）平成20年以降はいかなる名目あるいは形であれ、一斉休暇闘争（スト）が行われたという情報を文科省では把握していないと仄聞《そくぶん》しています。

（注）「国旗、国歌」の問題を含めて、本部の方針に反する行動をとる組織又は個人に対して、この間、本部はいわゆるノータッチ（「干渉」あるいは「介入」をしない）の姿勢をとっていたと把握しています。

このことは、「協調」「対話」路線の方向を進めつつも、組織の混乱を少なくし、組織率の低下を防ぎ止めたいと考えた上での決断であると思われます。

二、協調・対話路線の定着への期待

○日教組が前述した現実路線へ進み始めたのと併行して、平成時代に入りますと、学校教育を取り巻く環境に大きな変化が起こり始めていました。

それは、昭和59年に「戦後教育の総決算」をうたって発足した臨時教育審議会が、昭和62年度の最終答申の中で打ち出した、「教育の自由化」と「個性重視の原則」に由来するものです。すなわち、平成

2年（1990年）以降、低成長の時代に入るとともに、グローバル化、高度情報社会等、子供たちの生活環境が大きく変化する中で、「画一性」「硬直性」「閉鎖性」を打破する個性重視の立場から、学校教育について制度上の改革と、運用の改善を求める保護者を含めたさまざまな立場からの声が生じ始め、しかもそれが実現しつつあるのです。

○　その最近の最も大きな改革の例を一つあげますと、義務教育は戦後70年にわたって「6・3制」として定着してきたのですが、遂に平成28年度から、小中一貫校としての「義務教育学校（注）」が正式に制度として認められ（学校教育法の改正）、6・3制のほか、「4・3・2制」「5・4制」など、いろいろな区切りによって義務教育を行う学校が、正式に誕生することが可能になったのです。

すでにこれを取り入れた学校では、いじめの問題が減ったほか、子供の学力や保護者との関係などでも大きな成果が上がっているという調査結果もあり、今後、各学校、各地方ごとに検討が活発に進められると思われます。

（注）「義務教育学校」は、かつての中学進学時の不登校やいじめの急増といったいわゆる「中1ギャップ」の解消を目的に、指導内容に柔軟性をもたせるため、試行的に一部の市町村で始まっていたのですが、平成28年度から公立では新たに575件、国立で3校、私立で2校で設置が予定されていると報じられています。

○　なお、近年、義務教育の学校から始まるもっと深刻な事態が生じているのです。すなわち、貧困家庭や（注1）

、片親家庭等の増加に伴い、親から十分な愛情・触れ合いが受けられない子供たちが増えて、発達の遅れや不登校、学力低下等の極めて深刻な事情を抱えた子供たちの数が徐々に拡大しているといわれています。

○こうして、多くの先生方は、職務の範囲を超えた困難な仕事に追われる多忙さの中で、本来の教育・指導の準備にあてる時間さえない状況が続き、近年、この義務教育の状況が、学校教育の全体に極めて深刻な影響（高学歴・低学力）を及ぼしているばかりか、社会の土台まで揺るがし始めているとさえ指摘されています。速やかに、抜本的な対策が講じられることが求められているのです。

（注1）最近の要保護・準要保護の子供の数は、6人に1人となっています。そして、この家庭の貧困が、育児放棄や児童虐待の増加の原因となっているのです。

（注2）このような状況に対応するため、最近、義務教育の学校に、「スクール・ソーシャル・ワーカー」を設置するなど、教員以外の専門スタッフの設置と活躍が求められているのです。

○なお、こうした時代の大きな流れの中で、日教組が平成に入って（1990年代以降）、教育行政側に向き合おうと現実路線に踏み切ったことは、誠に時宜にかなったことだったのです。ただ、「日教組らしい日教組」の期間が40年以上と余りにも長く、しかもその期間の活動が余りにも活発であっただけに、この新しい姿勢を各地方、各学校にまで定着させるには、今後なお相当な歳月を要するものと思わ

れます。(注)

（注）この点に関して福沢諭吉は、政治上の失敗は影響が大きいが、それに気づいて改めれば、鏡面の曇りをぬぐうのと同じでこん跡は残らない。しかし教育の問題は人々の心の中に深くしみ込んで、回復には幾多の歳月を要するという趣旨の言葉を残しています。

三．日教組本部の運営のあり方についての疑問と改善のための提言

○先ほども触れましたが、最近の日教組本部の姿勢には、基本となる軸がどこにあるのか全く分からない状態が続いているように思われます。このままでは、文科省、教育委員会はもちろん、誰からも（身近の組合員からでさえ）心からの信頼は得られず、日教組本部の思わくとは逆に、長期低落傾向を食い止めることはできないのではないでしょうか。

○例えば、最近では本部の姿勢との対比で、一きわ際立つ存在となっている「教研集会」では、特定の政治的あるいは思想的立場に立つと思われる熱心な活動家の教員によって、相変わらず政府や文科省の方針や政策に反対するさまざまな取り組みの例が得意気に報告されても、日教組本部は一切ノータッチであると承知しています。

これでは、文科省、教育委員会側としては、日教組の何をどこまで信頼し、どうつき合っていけばよいのか判断に苦しまざるを得ないでしょう。また、心ある日教組組合員にとっても、組合として全く統

制がとれておらず、一体、誰のための何のための組織なのか、疑問を抱かざるを得ないのではないでしょうか。

○日教組本部が、一方では文科省、教育委員会に「対話」と「協調」を呼びかけながら、他方では一部の組合員による政府や文科省の施策に反対する教育内容が子供たちに伝えられるのをそのままノータッチでやり過ごすのでは、姿勢の一貫性が問われます。このことに関しては少し古いのですが、平成20年11月23日付の朝鮮日報は、訪韓していた当時の日教組委員長が次のように述べたと報じています。

「教師に特定のイデオロギーを注入する教育をさせるべきではありません。学校ではその社会の合意された価値を教えるべきで、教師の主観や独断によって学習内容が変わってはいけません。」

この発言内容は誠に正鵠を得たものですが、これが実際の日教組の活動としてすべての組合員に指導され、徹底されなければ全く意味がないのです。

○ところで、この「教研集会」については、昭和26年5月、まだ戦争後のさまざまな分野での価値観が定まりきっていない時代の日教組の第8回大会で、教育文化の問題も政治・経済等との関連において、しかも、教師の生活や権利を守る闘いの一環としてとらえようと、教文部長から、次のような提案理由が説明されていました。

「われわれの教研活動は、常に教育文化の問題を政治、経済、その他の社会的な問題との関連において把握し、「生活を守る闘い」や「権利を守る闘い」と同一の立場において民主的に展開し、働くものの解放のための教育文化の建設を目標とするものでなければならない。」「特に、組合員の研究成果が、支部、県教組の教研組織を通して中央に盛り上げされるまでの経過が重要だ。」

これを見ますと、戦後70年が経過する中で、日教組本部の基本姿勢は時代の変化に合わせて新しく改められたにもかかわらず、「教研集会」については、まだそれが創設されたときの精神のままで運営されているのではないでしょうか。そこに、外部からは誠に奇妙に見える最近の日教組のさまざまなちぐはぐな状況の源があるように思われます。

○ そこで、この際、この「教研集会」のあり方を、本部の基本的姿勢の変化に合わせて改善を検討してはいかがでしょうか。その際、日教組を「教職員組合」＝「教育専門職団体」(注)として、すなわち「教員の勤務条件の改善」と「教員としての職能の向上」という二つの機能をあいまいにせず、これらを同時に果たす団体であることを明確に意識して再建するのです。そうすることによってはじめて、日教組自体が文科省、教育委員会等と共に、これからの大きな教育改革の問題にもきちんと向き合える一つの主体として評価されるようになるのではないでしょうか。

日教組にとって極めて大きな基本的な問題です。一時的には、昔からのやり方を続けようとする人たちの反対を招くかもしれません。したがって、短期間で成果を挙げることは困難でしょう。しかし、中・長期的には、現在、組合離れしてどこにも属していない70％（約70万人）の教職員を引きつけ、安定した新しい教職員の団体として生まれ変わることができるのではないでしょうか。

（注）「教職員組合」としての活動の面では、これまでどおり教職員の勤務条件の維持改善を図ることを目的とし、「教育専門職団体」としての活動の面では、あくまでも純粋に子供たちの教育・学力の向上を図ることを目的とするべきことは当然のことです。

終　章　「こんな教師になってほしい」教師の姿とは
――期待されている姿から、理想的な姿を求めて――

1．本書を書き進めるに当たっては、タイトルを「こんな教師になってほしい」としているのですから、教師の皆さんに、子供たちの教育に取り組む姿勢はかくあってほしいと期待すること（主として、第一章から第五章まで(注)）に力を注いだのは、当然のことです。そして、そこに示した教師の姿は、「こんな教師であってほしい」と憲法、教基法その他の法令等（学習指導要領を含む。）が求めている教師の姿そのものであることを理解していただきたいのです。

（注）第六章以下は、子供たちの教育とは直接かかわりのない、教師自身の行為のあり方について述べているのです。

2．そこで、ここでは「こんな教師になってほしい」教師の姿として、もう少し理想的な、しかし私の体験から一部の先生方がすでに自発的に取り組んでいる二つの期待される教師の姿（その行為は、法令等によって求められているわけではありません。）を示しておきます。できるだけ多くの先生方が、できるだけ早くそれに近づこうとする努力を始めていただくことを心から願っています。

（1）一つ目は、一人ひとりの先生方は、図らずも自分が担当することになった子供たちに行っている教育が、他の先生たちがそれぞれの子供たちに行っている教育に決して負けないものにしたいという思いを、常に持って努力する教師になっていただきたいのです。そして、理想的にはすべての先生方の持つこの思いが一つにまとまってはじめて、憲法（26条）が子供たちに保障している「教育の機会均等を確保する」、すなわち「子供たちは、どの地域の、どの学校の、どの先生から学んでも、等しい教育を受けることができる」という要請が充たされるのではないでしょうか。一人ひとりの先生方が、このことをしっかり理解し、行動していただくことを期待しています。

ところで、平成19年度から再開された「全国学力調査」は、教師の皆さんの学校ごとのこの意識を高め、そして一つに結びつけるために、大いに貢献しているのではないでしょうか。昨年、学校とりわけ他校と比べて比較的成績の低い学校で、先生たちが一丸となって、子供たちの学力を高めようとさまざまな努力を続け、全国的に学力が底上げされつつあるという報道に接しました（１２６頁参照）。教師の皆さんによるこうした努力が、いつまでも続けられることを心から願っています。

（2）次に、私自身が高校時代の「世界史」の先生から受けた思い出深い授業の様子を手短に紹介して、このような先生を「こんな教師になってほしい」もう一つの理想的な姿としてつけ加えておきます。

○　その先生は、日頃から、人柄の立派な明るい方でしたが、歴史的に重要な戦争や事件それに大切な国際会議等については、広く、深く蓄えられた知識の中から、教科書には書かれていないが私たちには興味深い史実を適宜補いつつ、分かりやすく語りかけ、私たちに歴史の理解を深めさせようと真剣に努力されました。こうして、日頃、尊敬する先生がいろいろ工夫し、教えて下さった授業の内容は、多くの生徒たちの心にいつまでも消えることなく残っているのです。

○　子供たちの心に訴えるものは、大きいものから小さいものまで、いろいろあってよいのではないでしょうか。先生方が、日頃の研修等によって、絶えず、より豊かな自分を作り上げていく――そして、その中から子供たちに何かよいもの（知識、感動など）を伝えたいと工夫、努力をされる――そして、それが子供たちの心の中に実を結ぶ――これこそ、他の職業の人には決して経験することのできない「教育のプロ」としての教師だけの仕事のやりがいではないでしょうか。(注)一人ひとりの先生方が、このやりがいを大切にして、日常のさまざまな教育活動に取り組んで下さることを心から期待しています。

（注）このほか、先生にしかできないこと、先生だから効果的にできることは、努力し、頑張っている子供たちに声をかけ、ほめることです。これもまた、私の体験から言えば、子供たちの心にいつまでも残り、生涯の励ましとして生き続けるのです。

前史

戦前の組合（日教組の成立まで）の歴史と戦後の新制度の発足までの歴史の概要

目次

はじめに ……………………………… 381頁

Ⅰ　戦前の教員組合運動 ……………………… 383頁

はじめに

1．教員組合啓明会

2．小学校教員連盟

3．日本教育労働者組合（教労）と
　　新興教育研究所（新教）

4．「生活綴方」運動

5．教育科学研究会（教科研）

6．日本青年教師団

Ⅱ　戦後の教員（労働）組合運動 ………………… 391頁
　　――日本教職員組合（日教組）の成立まで――

はじめに

1．教員（労働）組合の結成と活動の開始

2．大衆示威運動の高揚

3．2・1ゼネストへ向けて

4．日教組の成立へ向けて

Ⅲ　戦後の教育改革 ……………………………… 458頁
　　――占領下における新教育制度の始まり――

はじめに

1．教育の平時復帰と新政策の基本方針

2．戦後の教育改革の骨組み

(1)　学校教育制度の改革と出発

(2)　地方教育行政制度の改革と出発
　　――教育委員会制度の創設と運営――

（参考）

WGIP（ウォー・ギルド・
　インフォメーション・プログラム）について …… 480頁
　　――戦争についての罪悪感を
　　　日本人の心に植えつけるための宣伝計画――

はじめに

○　実は、今回の決意とは別に、私は文部省を退職（平成4年）して間もなく、そもそも、日教組という組織がどのようにして生まれたのかその成立の経緯を調べていくうちに、更にさかのぼって、戦前・戦中の日本に教師の組合がいつ頃生まれ、それがどのような状況の中でどんな活動をしていたのか、そして、それらの教師の組合と日教組とは、どのような結びつきがあるのかを調査・研究しました。

そして、戦後間もなく、占領軍の強い支援の下、昭和20年12月には、日教組の前身の組合がいくつか誕生し、昭和21年4月から5月にかけてメーデー、食糧メーデーなど、さまざまな激しい労働運動に積極的に参画していったのです。そして、昭和21年末ごろから22年の初めにかけては、これらの教職員組合が中核的役割を果たしながら、労働組合運動が官民一体となって、まるで革命前夜を思わせるような盛り上がりを見せていたのです。しかし、このいわゆる「2・1ゼネスト」は、その前夜にマッカーサー元帥の指令によって中止させられました。そしてその後始末が一段落した後、既存の全教協（共産党系）と教全連（社会党系）を中心に三つの組織が一つにまとまって、昭和22年6月8日、日教組が結成されたいきさつを学びました。

○　そして、このおよそ20年近く前にまとめた戦前から日教組成立に至るまでの前史を、この本の前史のⅠとⅡにまとめました。(注)　ほとんどの皆さん方にとっては、きっと初めて知る戦前の教員組合の歴史とともに、とりわけ占領軍の強い支援を受けて成長を続けた戦争直後の教員組合が、敗戦直後の混乱に乗じて革命を計画していた日本共産党の強い指導を受けつつ、学校運営の実権を握ろうと画策した動きなど、当時の騒然とした教育界の実情をありのままに知って下さい。

(注)文部省著作物によれば、戦前・戦中の「教師の国体」については『学制八十年史』に、「戦時中労働組合活動は、国民一般を通じて厳格な制約を受けていた……」という記述が見出されるだけです。
　そこで、この前史を書くに当たっては、多くの民間人の著作物を参考としました。

○　そして、前史のⅢには、戦後の教育改革の根幹となった学校教育制度と教育委員会制度がどのような改革の理念に基づいて新しく始まったのか、まず、その改革の理念のうち重要なものをいくつか紹介しています。

それに続けて、敗戦後間もない、お金も、物も、人材も逼迫していた占領下の日本で、これらの改革の理念に基づいて創設され、今日まで続いている二つの最も基本的な制度について説明しています。その一つは、学校教育制度の改革（6・3制とりわけ新制中学校の開設）であり、当時の人々がどのような思いと覚悟で取り組んだのか、そしていま一つは、当時のアメリカからの直輸入のレイマンコントロール（素人の統治）の理念に基づく教育委員会制度の創設であり、この制度を当時の関係者たちがどのような混乱を伴いながら出発させ定着させていったのか、この二つの制度創設に当たった先人たちの献身的な努力を紹介しています。

○なお、前史のしめくくりには、「参考」として占領軍が行ったＷＧＩＰ（ウォー・ギルド・インフォメーション・プログラム）について説明しています。当初の占領軍は、表では着々と教育改革を進めていたのですが、これらとは全く別に、その裏では、日本という国の弱体化を図る計画をたて、当時の日本人に対し、日本という国が戦前・戦中いかに「悪」をなしてきたかを知らしめるため、昭和20年の暮れから3年近くかけて執ように、ＷＧＩＰと呼ばれるいわゆる「戦争についての罪悪感を日本人の心に植えつけるための宣伝計画」（洗脳工作）を行っていたのです。

今では、占領軍によって行われたその事実と、これがその後の日本人の健全な「国家」と「国民」の意識形成を、長期間にわたり大きく妨げてきたことを知っている人は極めて少なくなっています。教育に関係する皆さんには、このことを一つの歴史的事実として、ぜひ記憶にとどめておいていただきたいのです。

Ⅰ　戦前の教員組合運動

はじめに

明治以来、政府は、広く労働組合運動を一貫して、「社会主義・反国家性」と位置づけて規制の対象としていたが、明治33年3月には、日清戦争後の労働争議を背景に、「治安警察法」を制定して、集会、結社の規制のほか、我が国黎明期の労働組合運動や社会主義運動を厳しく抑圧した。

大正14年4月、新たに、活発化してきた社会主義運動に対する取り締まりを目的とした「治安維持法」が制定された。この法律は社会主義・労働運動にとどまらず、広く自由主義的な言論活動の取り締まりにまで利用され、左翼思想の影響を受けつつあったそれ以後の労働組合運動は、厳しく弾圧された。

昭和10年11月、政府の提唱で、労働者の戦争協力組織として「産業報国会」が作られ、闘争的な労働組合は抑圧され、協調的な多くの労働組合は、自ら解散してこの産業報国会に参加した。また、昭和15年の半ばには、政党と共に、労働組合組織の解散も進められ、同年9月末まではすべての労働組合は解散し、ここに戦前の我が国の労働組合運動は、事実上、消滅することになった。

そして、昭和15年11月には、各地の職域ごとに結成されていた2万近くの産業報国会が統合されて、厚生大臣を会長とする「大日本産業報国会」が設立され、戦時労働体制が確立（昭和20年9月30日解散）したのである。

以下に述べる「戦前の教員組合運動」は、政府によって一度も助長されたことはなく、以上に述べたような規制と抑圧の中で生まれ、活動したのである。

1．教員組合啓明会

① 前述したような政府の強い規制の下で、我が国の教員組合運動が芽生え、発展したのは、第一次世界大戦後のことであった。第一次世界大戦（大正3年7月～大正8年6月）の影響によって、大正6年頃から引き続く未曾有の物価高騰は、大正7、8年に入って下級俸給生活者であった小学校教員の生活を極度に脅かした。そのため、小学校教員たちの増俸運動が猛然と全国各地で展開されたが、この運動を通じて、教員の地位の向上と生活擁護のスローガンを掲げて発足した教員運動団体は、全国で12を数えたといわれている。しかし、そのほとんどは目的を達成しないまま解散したか、あるいは御用団体化した。

② こうした中にあって、大正8年7月、下中弥三郎は埼玉師範

学校の教え子たち200名ばかりとともに、人道主義、理想主義的立場から、教化団体として啓明会を結成（同年8月4日、神田の青年会館で発会式を挙行）し、その中心的スローガンとして、「生活の安定」、「地位の向上」、「思想の独立」の三つを掲げた。機関誌「啓明」を発行して、組織の拡大を図り、一時期、全国に1，500余名の会員を獲得した。そして、会員が「その地方の教育界において果たした役割は小さいものではなかった」といわれている。

啓明会は、大正9年5月2日の日本最初のメーデーに、共催団体の一つとして参加し、また、国際連盟に対して国際教育会議の開催を提唱するなど、その運動は国際化していたのである。更に、アナキズム系の組合連合である「労働組合同盟会」の結成に加わった。

③　大正9年9月の大会で、啓明会は「教員組合啓明会」と改称し、同時に、「学習権」や「教育自治」を含む教育改造の4綱領を発表して、「教師も労働者である」、「教員組合は労働組合である」と規定し、我が国における教員組合の先駆けとなった。

そして、この大会で、「校長の公選論」が討議されたことが県当局を刺激し、啓明会の会員は人事上不利益な取扱いを受けるようになり、また、機関誌「啓明」もやがて発禁処分となった。そして、当時の多くの学校の教師にとって、「労働組合」は近づきがたいものであったため、「啓明会が左傾した」という風評の中で、会員数は大きく減少し、また、「労働組合同盟会」からも脱退した（大正11年9月）。

④　そこで、月刊誌『文化運動』を譲り受けて機関誌とし（大正11年10月）、会員の獲得に努めたが、大正12年、13年頃から、組織の中で思想的にアナキズムとマルクス主義の二つの路線が対立し始めた。そして、大正14年4月には、教員組合としての使命を果たし終えたとして路線変更を予告し、同年12月発行の「啓明パンフレット」で、「本会は、教化運動啓明会と称し……」と宣言した。

また、この頃までには、教員の俸給額が相当程度改善されていた（大正12年の小学校教員の俸給の平均月額は、大正7、8年頃のおよそ倍額となった。）こともあって、各地の組織では、再び、会員が離散し、啓明会本部もしだいに現職の教員が少なくなり、思想家を主体とするようになっていた。

⑤　啓明会の教員組合としての活動が退潮する中で、マルクス主義の立場に立つ会員たちは、昭和2年11月、「啓明会第二次同人宣言」を発表して、教員組合としての啓明会の再建を図ったが、賛同者がほとんど得られず失敗に終わり、啓明会は、昭和3年4月6日の会議を最後に解散した。

⑥　なお、下中個人は、教員組合よりも労働組合の優位性を表明

し、労働組合運動との提携を忌避する会員教師たちに対して不満を抱いていたといわれている。このことは、啓明会解散後の下中の行動をみても明らかである。しかし、啓明会は、一度は「教員組合啓明会」を標榜しながら、終始、労働組合としての理念・実態を持たず、当時の教員の悲惨な経済的、社会的な状況の改善を闘争の主要目標として取り上げたことはなかったのである。また、他の労働組合等との固い結びつきもなかった。

啓明会は、結局、下中を中心とした自由主義的思想を持った教員の同志的な結合による教育運動組織であったといってよいと思われる。そして、9年近くの運動を通じ、我が国の自主的教員組合運動の先駆けとして、その後の教育運動に貴重な実績と教訓を残したのである。

2. 小学校教員連盟

①　前述した啓明会の解散後、啓明会のマルクス主義派青年教師たちは、「教育新潮」誌に舞台を移し、昭和3年秋頃、教育の反動化に抗して、小説、詩、教育評論等を通じて教員大衆に教育改革を呼びかけようと「教育文芸家協会」を結成した。ところが、昭和2年3月の金融恐慌とこれに続く昭和4年10月の世界恐慌の危機の中で、地方財政において大きな比重（約6割）を占める教育費が、各地方公共団体で大幅に削減され始めた。

それに伴い、昭和4年頃からしだいに農村部を中心に、教員の俸給の減額、俸給の不（遅）払い、首切り等が強行され、教員の生活が切迫するにつれて、組合の結成へと意識を高め、昭和4年5月、「教文協会」と改称した。そして、国際教育労働者インターナショナル（エドキンテルン）に加盟したが、これは、それ以後の我が国の教育労働運動に対して、基本的な方向を示すものとなったといわれている。

引き続いて同年10月、「我等は教員大衆の結集力によって、我等の生活を圧迫するあらゆる不条理と不正義に抗せんとする。……全国の教員結集せよ！」と宣言し、教員大衆の生活権擁護を直接の目的とする労働組合として、「小学校教員連盟」を非合法のまま結成した。そして、次のような闘争スローガンを決定している。

一、政治結社加入の自由（治安警察法第5条の撤廃）
二、生活権の確保（俸給の不払い・減俸・初任給引下げ反対、退職強要・不当免職反対等）
三、その他
・　教員任命権の濫用拒否
・　学校及び学校教育の自立化
・　軍国主義的戦争反対

②　連盟は、このようなスローガンをビラや教育雑誌等を利用し

て、教育大衆の切実な問題と結びつけて訴えたが、これらの闘争の多くは職場内のみに終わり、地区、地方全体の闘争にまで発展させることはできなかった。また、他の労働組合等との組織的なつながりもないまま終わった。このように連盟は、教員の大衆組織をうたいながら、一つの思想啓蒙団体の枠を出ることはできなかったのである。

連盟は、早くも昭和4年12月末から昭和5年1月にかけて、東京関係者が一斉に検挙を受けて壊滅し、3月に解散させられた。そして、この検挙と共に職を追われた多くのメンバーは、新しい組織の再建に向かっていったのである。

3. 日本教育労働者組合（教労）と新興教育研究所（新教）

① 職場を追われた小学校教員連盟のメンバーは、連盟のような同人的、セクト的な組織ではなく、広汎な教員大衆を組織化するため、合法的な大衆組織をつくる準備を進め、昭和5年5月、下中弥三郎を委員長とする「全日本教員組合準備会」を結成し、全国30万の教員に、全日本教員組合の結成を呼び掛けた。しかし、恐慌の嵐の中で、俸給の引下げ、不払い等によって生活の窮迫化に苦しむ教員大衆のための闘争を進めるうちに、合法的な組合づくりよりも真に階級的な立場に立つ労働組合の結成を急ぐべきであるという主張が大勢を占めるようになった。

そこで、設置したばかりの準備会を1カ月で解散して、新しいリーダーで、新しい組織をつくって取り組むこととし、「日本教育労働者組合準備会」に組織替えをした。そして、中央、地方でこの新しい準備会に結集した教員を中心に、昭和5年11月、国際教育労働者インターナショナル（エドキンテルン）に加盟し、運動方針にその綱領を採用して、我が国最初のマルクスレーニン主義を綱領に掲げた「日本教育労働者組合」（教労）を非合法のまま結成した。これは我が国最初の本格的な教員組合である。

② 教労は、結成と同時に、日本共産党指導のもとに結成されていた「日本労働者組合全国協議会」（全協）の支持を表明し、これに加盟することを望んでいたが、教員は直接生産にたずさわる労働者ではないことなどから、単一組合としての加盟は認められず、全教・一般使用人組合の中に教育労働部（教労）を設けることとなった。こうして、従来の教員だけの闘争から、プロレタリアートの闘争に直結されることになったが、教労としては、各職場や地区との連絡が弱くなり、全国的な連絡がなくなったため、組織としては致命的な弱点を持つことになったのである。

③ 教労の運動方針は、おおむね、次のようなものであった。

教育労働者の闘争の任務としては、（イ）まず、それ自身の経済的な諸条件と社会的地位の改善と向上、政治的自由獲得のための闘争でなければならないこと、（ロ）また、反動的ブルジョア教育、軍国主義教育との闘争が強調されなければならないこと、それは同時に、真に労働者農民のための新しい教育――プロレタリア教育又は新興教育の建設のための闘争とならなければならないこと、（ハ）そして、その闘争形態は、あくまでも労働者農民、児童と結びついた形でなされなければならないこと等が強調されていた。

そして、以上のような方針に基づきながら、最も切実な闘争目標は、俸給の不払い・減額反対、強制寄付反対、学校及び学級整理による首切り反対であった。

このように、教労は、教育労働者の経済的、社会的地位の改善と向上のための闘争をその直接の目的とするものであったが、他方、教育闘争の主力として、反帝、反独占、反戦平和、反天皇制の立場から、総合的な教育闘争を展開した。プロレタリア教育の確立を追求する観点から、労農少年運動の組織（ピオニール）が開始されたが、その教育内容は、小学校の児童に対するものでさえ極めて過激で、文部省は、子供たちに及ぼす影響が、反戦思想・反資本家思想にとどまらず、国体否認・天皇制否認の思想にまで及ぶのではないかと危機感をつのらせていた。

④　また、教労（正確にはその準備会）は、一方で「教員の意識の階級的高揚をはかり、ブルジョア反動教育に抗し、プロレタリア教育の研究・建設」を目差して、昭和5年8月、合法的な「新興教育研究所」（新教）を創立した。新教は、教育労働者の基本的組織である教労とともに、ブルジョア教育及び教育学の反動性、非科学性を追求し、これを実践的に批判すること、そして、労働者・農民のための教育を建設することを目的としていたのである。

また、機関誌として「新興教育」を発行（昭和5年9月創刊）し、反帝・反天皇制等を隠蔽しつつ、もっぱら反ブルジョア宣伝を行ない、全国に散在する進歩的な教員に闘争の目標を示し、より広汎な教員大衆の啓蒙のため重要な役割を果たしたのである。「新興教育」は、東京をはじめ本土の数多くの府県のほか、当時の樺太、朝鮮、台湾、満州、上海方面まで読者を伸ばしていたといわれている。

そして、教労とは別の組織であったが、これと表裏一体となって、教労の非合法活動を極めて効果的に進め、その組織の拡大に大きな役割を果たしたのである。

⑤　教労と新教の活動は、全国的な教員組合の結成を目差していた。そして、昭和4年以降、しだいに強まってきた俸給の減額、

不（遅）払いなどにより、昭和6年に入ると全国各地で教員の左傾化（いわゆる「教員赤化」）が急速に進み、合法・非合法を問わず数多くの教員組合が結成されていた。しかし、教労は、早くも昭和6年の8月から9月にかけて、全国的組織の中核的部分（東京、神奈川、埼玉支部）が弾圧を受けたのを皮切りに、昭和8年2月の教労支部の最大組織である長野支部への徹底的な弾圧（131名の検挙、いわゆる「教員赤化事件」）及び同年7月、8月にかけての全国的大量検挙によって壊滅し、同年11月、事実上の幕を閉じた。

そして、この弾圧から敗戦までの10年余りのいわゆる戦時体制下の「冬の時代」には、すべての労働組合が解散させられ、教労・新教の組織再建は果たせなかったのである。

4.「生活綴方」運動

① 昭和4年頃から太平洋戦争に至るまでの間、時期的には前述した教労・新教の運動と並行し、思想的にはその影響を受けながら、しかし、組織的にはほとんど関係なく、「生活綴方」の運動が全国的に展開された。この運動の発火点となったとされる昭和4年10月に東京で発刊された「綴方生活」の創刊の辞は、「綴方生活は、綴方教育の現状にあきたらずして生まれた」で始まり、「新興の精神に基き、常に精神溌剌たる理性と情熱とをもって斯界の革新建設を企画する。——綴方生活は、教育における生活の重要性を主張する。生活重視は我等のスローガンである。」と結ばれている。

またこの運動は、ほぼ同時に、昭和5年2月に創刊された「北方教育」において、東北地方を中心に、地域と生活に根ざす地方教育運動としてくり広げられ、更に、昭和10年1月に創刊された「教育・北日本」によって、新しい生活綴方運動として展開され、全国的にも大きな影響を及ぼしたといわれている。

② 生活綴方運動は、地道な教育実践を重視し、子供たちに現実の生活を直視させ、リアルな生活表現、作品の批評などを中味とした綴方教育を通じて、鋳型にはめる教育から子供たちを解放しようと願う教員たちによる活動であった。

また、生活綴方運動は、階級的立場に立つ労働組合運動とは関係なく、資本主義的・国家主義的教育が抱える問題を、地域の教育実践の場で克服しようとしたものであり、教師の自主性を大切にし、広く教育の自由を追求した運動といってよい。そして、この運動に関係する教員たちは、文集の交換や研究雑誌の交流などによって、手を結び合おうと努力を続けていた。

③ しかし、この教育運動も、昭和15年の同人検挙に始まり、昭和16年そして17年、18年と全国的な厳しい弾圧が続き、壊滅した。

5. 教育科学研究会（教科研）

① 教育科学研究会（教科研）は、昭和8年に創刊された雑誌「教育」の執筆者、読者を中心に、昭和12年5月、教育の科学的な建設を目差して結成された。研究会が結成されて2年余りの間に、雑誌「教育」の読者を中心に、会員は全国に広がっていった。その中には、日中戦争が全面的な進展をみせ、教師のあらゆる活動に対する圧迫が一層強まる中で、民間教育活動の最後の拠り所として、生活綴方運動などの多くの教師たちが、大きな期待を寄せてこの運動に参加したのである。

② 教科研は、初期の段階では、既存の観念的な教育理論や教育の反動化に対して、批判的な立場をとり続けていたが、日中戦争の深まりとともに、研究体制は変更され、教科研はしだいに変質していった。

そして、このような流れの中で、教科研は、昭和15年4月に「綱領」を発表したが、その目差すところは、「東亜新秩序建設のための興亜教育の確立」であり、その「教育新体制の促進」のため、「行政当局との緊密な提携によって教育科学運動を展開せんとする」ということになった。

③ 更に、昭和15年10月には「大政翼賛会」が発足したが、城戸幡太郎会長ら幹部が翼賛会の結成に参加して、教科研は事実上体制側に合流し、教育研究組織としての性格は失われてしまった。そして昭和16年4月、教科研は解散し、機関誌「教育科学研究」も停刊することになった。なお、「教育」は、昭和19年3月に廃刊された。

6. 日本青年教師団

① これまでの組織とは思想的には全く異なっているが、これらの組織とともに、戦後の教員組合の結成に特別な役割を果たしたものとして、「日本青年教師団」がある。

昭和14年6月24日付の「教育週報」に、「青年教師は／遂に起てり／在京現職訓導を中心に」という記事が掲載され、日本青年教師団の「宣言」、「綱領」、「規約」と組織等が紹介されていた。そして、同年8月2日、約２００名の小学校の青年教員（通常団員は、30代まで）たちが参加して、日本青年教師団の結成式が行なわれた。その規約には、「教育青年相互の親善修養提携を図り、教育の振興及革新の実践を通して新文化創造並に新東亜建設の実現完遂を期して邁進するを目的」（第1条）とすると、およそ教員組合の運動とは関係のない目的が規定されていた。ただし、規約には、事業（第2条）として、教育文化に関する調査研究のほか「生活改善」（第2項）と「消費並に購買組合等の設置」（第9項）について規定されており、団員の生活問題についても取り組むこととしていたのである。

② 日本青年教師団は、当時展開されていた「協同主義教育運動論」に傾倒し、当面の日本民族、日本国家の歴史的課題は、東亜共同体の建設にあること、そのため、教育革新の推進力として、教員の自発的運動が必要であること等の主張に共鳴し、活動を行なっていたといわれている。そして、自らの「綱領」では、教育革新を文化運動として行なうという立場を表明しつつ、「我等は興亜の究極目的がアジアの生霊をして皇化の恩浴に浸らしむるに有りとの確信を以て、世界新秩序建設に貢献せんとす」（第5項）と素直にアジア征服を美化していた。

③ このように、日本青年教師団は、国家の国民教化の重要な担い手として期待されていた小学校教師たちが、教育革新運動を展開して、下から国民精神総動員運動及び新体制運動を支え、東亜共同体の建設に資することを目的として登場した組織である。したがって、教師団の活動は、大政翼賛会（昭和15年10月12日発会式）を支える教育新体制が実現した段階で、その中に吸収されることになり、第二次世界大戦開始直後の昭和16年12月27日、当局から「非常時に突入したので、この際、民間の組織はすべて解散し、『教育報告会』一本にすることに決まったので、直ちに日本青年教師団も解散するように」との申し渡しを受け、昭和17年1月8日、解団した。

④ なお、この日本青年教師団の結成を知った小野俊一（ロシア文学者、「人民新聞」代表、日本社会党の中央執行委員）は、日本青年教師団に対し、運動に感銘を受けたから応援したいと多額の寄付を差し出した。これをきっかけに、小野と日本青年教師団の教師たちとの交流が始まり、日本青年教師団が解団した後も、小野邸で団員同志の連絡が保たれていたといわれている。

Ⅱ　戦後の教員（労働）組合運動
——日本教職員組合（日教組）の成立まで——

はじめに

　戦前、活動の機会を完全に抑圧されていた教員組合は、戦後、早々から活発な結成と拡大の動きを見せた。その理由は、一つには、マッカーサー連合国軍最高司令官総司令部（以下「ＧＨＱ」という。）によって、労働組合結成の促進策がとられたこと、いま一つは、当時の教員たちが、個人の力ではどうしようもないその日の生活にも事欠く窮状に追い込まれていたことによるものといってよい。

　このうち、まず、〈ＧＨＱの初期の労働政策〉についてみれば、次のとおりである。

　ＧＨＱの占領初期の対日政策は、何よりも、軍国主義、超国家主義を根絶して、日本が再び戦争を起こすことがないようにすることに重点が置かれていた。そして、そのためには、労働組合を育成することが最優先の政策とされ、しかも「左翼的労働組合を、日本の民主化のテコに使う」ことが、ＧＨＱの初期の労働政策の主流となったのである。

　戦後の我が国の労働組合とりわけ日教組とその前身となった組合は、ＧＨＱのこのような労働政策を背景とした次のような具体的方策によって促進され、強固なものとなったのである。

①　昭和20年10月４日、ＧＨＱから「民権の自由に関する指令」が出され、これに基づいて、10月10日、日本政府は、徳田球一、志賀義雄ら共産党の首脳12人を含む全国約３，０００名の政治犯を釈放した。

　この政策は、我が国の軍国主義、超国家主義を、速やかにしかも効率的に根絶するのに役立てようとして行なわれたものであり、このとき釈放された者の中には、その後、共産党をはじめいわゆる左翼の政党や、労働組合のリーダーとして活躍した者が多く含まれていた。この指令によって、組合活動家の戦後の活動が開始されたのである。

②　同年10月11日、ＧＨＱから民主化に関する「５大改革」指令が出された。その一つに「労働組合結成の促進」が含まれており、次のように説明されていた。

　「それは、搾取と酷使から労働者を保護し、及び生活水準の向上のための有効な発言権を得るための権威を賦与するためである。……」

これによって、戦後の虚脱と混乱の中、自分たちの進むべき道を模索していた戦前からの組合活動家の間に、一気に労動組合結成の機運が生じたのである。

③ 同年12月22日、戦後の改革立法の先駆けとして、「労働組合法」が公布（施行は昭和21年3月1日）された。

これによって、昭和21年に入ると、労働組合の結成が驚くべき早さで進展し、全国の都道府県に教員組合が結成されていった。

④ 以上のほか、ＧＨＱは、戦前・戦中の日本国民に、軍国主義、超国家主義的イデオロギーを植え付けるのに最も大きな役割を果たした「文部省を頭から敵視し、その弱体化を図る」ため、教員の組合の結成と活動には、特に、肩入れをしたといわれている。

次に、当時、〈教員が置かれていた情況〉についてみれば、次のとおりである。

① 戦前の組合運動は、教員組合を含めて国家秩序の見地から危険視され、厳しく弾圧される中、しだいに政治運動・社会主義へと接近していった。したがって、その担い手は、普通の教師とは無縁の、特定の主義・思想を持った少数の活動家だけになってしまい、これら圧倒的多数の普通の教師たちからは、「組合はアカだ」、「労働組合は近づきがたいものだ」とみなされてきたのである。

また、教師たちは、聖職者と期待されて厳しく自己抑制し、俸給の安さや社会的地位の低さにも甘んじて生活を送ってきた。

② しかし、戦後、教員を含むすべての国民は、未曾有のインフレの下、深刻な食糧難、生活物資の欠乏、住宅不足等から、その日、その日を過ごすのがやっとという戦前・戦中よりもひどい窮乏生活を続けることになったのである。

そして、個人の力ではどうしようもないこのような切羽詰まった生活の苦しさから逃れようと、身近にある組織・組合に参加し、救いを求めたのである。その際、敗戦による価値観の大きな変化等もあって、聖職者としての自己抑制や組合に対するアレルギー等は何の障害にもならなかった。

他方、戦前の教員組合運動の闘士たちは、戦前・戦中、活動を厳しく抑圧され、貯えていたエネルギーを、組合づくりと活動に発散させる機会を待ち構えていたのである。

1. 教員（労働）組合の結成と活動の開始

(1) 全日本教員組合（全教）の結成

① 前述したように、敗戦を迎えた我が国の労働者は、組織を持

たないまま、労働組合としては、全くのゼロから出発しなければならなかった。

そして、戦後の政党や一般の労働組合の結成が、戦前の活動家・闘士によって進められたと同様に、教員組合運動も、戦前、さまざまな教員組合活動にたずさわっていた人たちによって進められることになった。

すなわち、戦後間もない昭和20年9月上旬頃から、前述した小野俊一の邸には、青年教師団の関係者をはじめ、戦前の教労・新教、生活綴方、教化研等の流れをくむさまざまな思想傾向を持った人たちが、追追に集まり始めていた。小野氏は、戦時中「日本児童文化協会」の理事長をしており、その銀座三越の事務所に集まった多くの教師出身の左翼転向者を通じて、戦前の教労・新教系等の活動家を知ることになったのである。

② 小野邸の会合では、右翼的な考えの者たち、左翼思想の持ち主などが入りまじって、各人がさまざまな考えを述べ合い、議論を重ねていった。そして、敗戦後の混乱した情勢の中で、初めの頃は、自主的な教育を再建するにはどうしたらよいか、教育復興を目差して教育研究団体をつくろうなど、新しい教育のあり方ないしは教育改革に関することが話題の中心であった。全国で最も早い時期に「武蔵野教師団」を結成（10月16日）した教師団の代表者は、「食えない、教材がない、子供たちがかわいそうだという純粋な気持ちだった。……しかし、労働組合にするのは反対だった。教育者が旗を振り、ストをやるなんて気にはなれなかった。」と回想している。当時はまだ、学校の先生が教員組合、労働組合をつくるなどということは、およそ考えられないことであったのである。

③ しかし、会を重ねるごとに、やっぱり組合でなければだめではないか、行政に真正面から要求していこうという方向に、しだいに変わっていった。それは、教師自身と子供たちの日々の窮迫した生活、その上、学校（教室、机、椅子）も、教科書もない状況に、教師たちが強い憤りと義憤を抱いていたこと、それに、当時、日増しに激しさを増していく一般労働者たちの活動に、大きな刺激を受けていたことなどからの当然の帰結であった。

ただ、相異なる二つの立場を解消させ、融和を図ることは、なかなか困難であった。たとえば、青年教師団系のどちらかといえば右翼的な教師たちは、教員による文化国家建設・教育立国・天皇制維持等のほか、共産党を除外するという主張をしていた。

これに対して、戦前、教員組合運動を地下組織で行なっていた教労・新教系の者たちは、「教員組合は、近くでき上がる労働組合法にのっとり、労働条件の維持改善と経済的地位の向上を目的とするものでなくてはならない。教育労働者の給与の改善と身分的保障なくして、どうして本当の文化的向上があるだろうか」、「必要なのは、われわれの生活権・労働権・教育の自由の確立であり、それを守るための組織すなわち教育労働組合である」と主張し、更に、「それは、政党とイデオロギーを問わない、したがって、共産主義者であると、天皇主義者であるとを問わないあらゆる教育労働者の集団でなければならない。」と力説していた。

④　そのうち、集まる者がふえて小野邸に入りきれなくなり、会合の場所は、神田駅近くの神竜国民学校（当時）に移された。そして、ＧＨＱが、10月11日、労働組合の結成を奨励する指令を出し、年内には労働組合法が制定されるという情報が入ってきたことなどに勇気づけられて、11月18日の夜の話題の中心は、労働組合と教育文化団体、天皇制、政党支持等の問題であった。そして、最終的には、参加者全員の総意で組合を結成することが確認され、青年教師団と教育科学研究会のメンバーがまとめ役となって準備会を発足させ、まず、全国各地に散在する仲間への働きかけ、組合の核になる人たちの掘り起こしなどに取り組んだ。

なお、当夜の会合について、ある参加者は「青年教師団系の幾人かは、天皇制を強調したり、文化運動にしようという意見であったが、教労系の人たちの説得で教員組合にしよう、その準備会にしようと決めたのが神竜国民学校の会合だったと思うんです。」と回想し、また他の参加者は、「この夜の相談会こそ、労働組合としての教員組合について、はっきりした方向をつかんで発足させようとした中央での唯一の準備活動であった。……これが日教組の源流であることは間違いない。」と述懐している。

⑤　このような経緯を経て、戦後の日本で最初の全国的教員組織である「全日本教員組合」（全教）は、昭和20年12月1日に結成された。

なお、全国的な単一教育労働戦線の結成を目差して準備を進めていた全教にとって、11月14日付の朝日新聞紙上に、12月2日に天皇制護持、社会党支持、賀川豊彦会長を組織の条件として、「日本教育者組合」（日教）が結成式を行うという記事が掲載されたことは、一つの「事件」であった。全教としては、日本の教員組合が出発点から分裂状態となることを避けるため、日教に対し無条件即時統一を呼びかけることとし、もしこれに応ずれば、合同準備会をもつこととし、応じなければ、一日先に結成大会を行うことを決定した。これは、「官製を含めて御用組合の組織には先手を打つ」というかねてからの方針によるものであった。

全教は、幾度か日教に無条件合同の話をもちかけたが、日教側は、合同の条件として賀川豊彦の会長就任と社会党支持を主張して譲らなかった。そもそも、共産党が積極的に全教を支持しているから、社会党は日教の組織化を急いだという政党間の対立が持ち込まれていたことなどから、「統一」は、はじめから望むべくもないことであったのである。結局、全教としては日教側との合同問題は打ち切り、日教の結成式の前日の12月1日、急きょ結成大会を開いたが、それは結成大会というよりも結成準備大会というようなありさまであったといわれている。

⑥　大会は、「全日本教員に訴う」という次のような組織方針を明らかにしたアピールを決定した。

「われわれは、全国的単一の自主的教員組合をつくらなければならない。かくしてわれわれは、教育者として各自の持つ理想をそれぞれの教壇において実現せしめる条件を作り出すことが可能である。……したがってわれわれの組合は、いかなる政治的党派、思想的傾向にある人々をも包含してゆかねばならぬ。それによってまた、全国40万の教員を例外なく参加させることができるのである。」このアピールや行動綱領は、「大体、戦前の教労・新教関係者が指導性をもって作成した」とされている。

この後、全教の幹部等から「革命」という言葉がしばしば使われるようになるが、全教の結成時の「綱領」に触れつつ、このときすでに、次のような回想が語られている。

「教員組合の綱領宣言……それは、当時の革命的情勢を反映してラジカルにみえるものもあるが、当時、大衆的な政治的結集がなされれば可能なことと思われたことで……けっして非現実的なことには思われなかった。否、今こそ多年の宿願を実施する絶好のチャンスと考えられた。」

⑦　全教結成当日付の全教機関紙「日本教育新聞」創刊号に、中央執行委員の羽仁五郎は、巻頭論文「教育を人民の手にとりもどせ」を寄稿（それには、直接、天皇制については触れていなかった）していたが、12月3日付の毎日新聞が、「同組合のイデオロギーの中心となる羽仁五郎氏は、戦争責任者として、軍閥官僚と共に天皇制にも責任を問う批判の立場をとっており、……今後もその方向に指導されるとみられ、ここに再建日本の教育に天皇制をめぐって二潮流がかもされたことは注目される」と報道した。全教の幹部たちは、この記事で「全教＝天皇制廃止＝共産党」というイメージができ上がることを恐れたが、地方からも、天皇制の問題で教員がついてこなくなるのではないかという苦情が寄せられた。

運動の展開に当たっては、あらゆる勢力、あらゆる系統の教員たちと一つに組んで共同戦線を張ることが必要であると考えていた全教の中央執行委員たちは、天皇制についてはっきりした態度を示すことを避けようとしていた。全教の中心メンバーは、日本共産党員（当時、日本共産党は、後述するように、コミンテルンからの指示どおり、「天皇制打倒」を明確にしていた）とその同調者によって占められていたが、中には「かなり右翼的な人たちや、かなり聖職者意識の強い根をもった人たち」もいて、組織の中では常に対立が続いており、脱退者も出ていた。そして、このような状況の中で、全教としては、少なくとも表向きは組合員の政党支持の自由の原則を揚げ、共産主義者であると、天皇制擁護者であるとを問わない立場をとっていたのである。

⑧　全教では、委員長公選を主張して中央執行委員の合議制をとり、特に中心になる者を定めなかった。このように対外的には中心者をことさら置かず、また、政党支持の自由を原則としたことは、後述する1日遅れで結成された「日教」が、会長名を明らかにし、社会党支持という線を固執したのと比べて、組織論的にきわだった差異を示していた。

いずれにしても、全教の設立には、戦前の教労・新教系の活動家の果たした役割は誠に大きいものがあったといわれており、全教の結成とその基礎を固めたのは、羽仁五郎を含めたこうした複数の教労・新教系の活動家たちであったと考えられている。

(2)　日本教育者組合（日教）の結成

①　前述したような経緯もあって、「日本教育者組合」（日教）は、全教結成から1日遅れの昭和20年12月2日、賀川豊彦を会長とする社会党系の組合として結成された。

組合結成に至る事情は、研究者の間でも、資料が不足していて判然としないとされており、11月14日付の朝日新聞が「各方面における労働組合結成の気運に動かされ、東京及近県の教育関係者により教員組合を結成すべく、その第1回準備会を来る21日……仮事務所で開くこととなった」と報じたのが、その動静を知らせる初めての記事であったとされている。

その後、11月25日付の朝日新聞は、賀川を組合長とする日教が、12月2日の結成式と同時に「……文部行政下で不法退職処分を受けた者の即日復帰と事件の真相解明」、「マ司令部の指示による教壇の軍国主義者、極右主義者追放に関する文部当局の審議態度不信任」の二項目を闘争目標とし、「当局の出様如何では、文教関係高級官僚の総退職を要求する」と報じていた。

そして、12月2日付の朝日新聞は、「東京近県の学校長を網羅して2日の結成大会を迎えた日本教育者組合では、民主主義教育の確立を目指し、その綱領並に政策を発表、即時実行を文部省当局に要求する」と報じ、注目すべき要求項目として、次の二つを挙げている。

一、週5日授業の即時実行

二、教育行政官及び学校長の公選

日教は、国体護持（天皇制支持）を主張していたが、「天皇制反対を主張することは、党の発展にとって得策ではない」との判断から、この問題を政策上空白にしていた社会党の思想的立場からみると奇異に思われるが、これは、賀川個人の考え方が反映したものと考えられる。賀川は熱心なクリスチャンであると同時に皇室尊崇家であり、敗戦直後のあらゆる機会をとらえて、皇室制度の存続と君主制民主主義を強く主張していたからである。しかし、日教の綱領、政策、宣言には、「国体護持」という言葉は使われていない。

なお、12月3日付の毎日新聞は、「賀川豊彦氏を主流として挙げられた協同組合運動の火の手は、いまや全国に拡がりつつある」と報じているが、日教は労働組合ではなく、「生活互助組合」であった。なお、組合員については、全教が、主として国民学校の教員を対象として出発しているのに対し、日教は、幼稚園から大学までの広範囲な教員を対象としていた。

② 日教は、結成直後、前田多門文相に会見して決議書を提出したり（12月3日）、都及び文部省に要求書を提出したり（昭和21年1月25日）、また、主として校長層に対する働きかけによって、組織の拡大にも努力した。しかし、いわば著名人による上からの組織化を目差していたこともあって、現場の教員や組織活動の実践家が不足しており、昭和21年7月21日、名称を「日本教育者組合連合」（日教連）と改めた後も、ほとんど組合らしい活動を行わなくなってしまった。

日教については、全教の側から、「いわゆる教育界の名士、中学校校長等を主とするもので、明らかに上からの非民主的御用組合的性格を現わしていた」、「真面目な方針も活動もなく、校長たちの集合にすぎない。日教は組織もほとんど伸びず、名のみの状態に陥った」とか、「もともと自分たちの思いどおりになる選挙運動の組織をつくることをねらったものらしく……」というような厳しい評価がおこなわれていた。

一方、日教は全教について、「全教は、天皇制否定の羽仁五郎が指導的役割を果たしている」、「日教は、共産党から教育を守るために結成されたのだ」などと主張していた。

③ ところで、賀川については、彼に関する著作物（伝記等を含む。）の中に、日教について触れたものが全くないとのことである。このことから、賀川が日教にどれほどの思い入れ、情熱を持っていたか疑問なしとしないとか、全教側が非難していたように、総選挙に利用されただけで、賀川は単なるお飾りだっ

たのではないか等の疑問がささやかれていた。

なお、日教の結成後間もなく、米軍の機関紙 スターズ・アンド・ストライプス（1945年12月20日付）に、ある米軍人の名前で、「賀川豊彦はとんでもない偽善者で、軍や右翼と組んで戦争に協力し、私欲をたくましくした戦争犯罪人である。」という記事が掲載されたことは、その内容の真偽や掲載された意図は別として、賀川本人はもちろん日教にとっても、大きなダメージであったといわれている。

ところで、同時期に結成された全教と日教の二つの教員組合について、当時の主要な新聞のとらえ方は、それぞれ、社・共両党の影響下にある組合であるとしつつ、その記事の量や見出しの位置、大きさ等を見る限り、明らかに全教よりも日教の方にウエイトが置かれていたといってよい。しかし、それがその後の両組合の活動に対する当時の新聞の期待を反映したものかどうかは明らかではない。

④　上述したように、日教・日教連そのものは早々と活動を停止していた（日教連は、昭和22年6月8日、日本教職員組合（日教組）の成立に際し、これに合流している。）が、全教と日教の二つの組合が同時期に結成され、しかも後述するように、その後、この両者の思想的・政治的立場をそれぞれ受け継ぐ組合が結成されて、全国の教育労働者を一本に統一することを妨げ、教員組合運動の中に明確な思想的対立を生むことになった。

(3)　社会党と共産党

全教と日教が出そろったところで、それぞれの組合の結成に少なからぬ影響を及ぼした政党すなわち日本社会党（以下「社会党」という。）と日本共産党（以下「共産党」という。）の当時の性格・主張をここで見ておくこととする。

①　労働者を基盤とする政党の再建は、10月4日のGHQの治安維持法廃止の指令によって、急速に進められた。11月2日に結成された社会党の性格については、「われわれの結成せんとする新党は、左は共産党、右は鳩山氏らの一党と一線を画した中間の人々を全部網羅しようとする社会主義の大衆政党、換言すれば社会主義理論の上に立つ国民政党である」と述べている。そして、初代の書記長には片山哲が選ばれ、次の綱領（抄）を決定している。

一、我党は勤労者階層の結合体として、国民の政治的自由を確保し、以て民主主義体制の確立を期す。

一、我党は資本主義を排し、社会主義を断行し、以て国民の生活の安定と向上を期す。

②　他方、共産党は、獄中にあった徳田球一、志賀義男を中心に、10月10日の解放以来精力的な党再建運動に入り、獄中で準備

していた「人民に訴う」というアピールを発表した。これは「ファシズム及び軍国主義からの世界解放のための連合国軍隊の日本進駐によって、日本における民主主義革命の端緒が開かれたことに対して、われわれは深甚の謝意を表する」に始まり、「われわれの目標は、天皇制を打倒して、人民の総意に基く人民共和政府の樹立にある」とするものであった。

その後、11月8日、戦後初めての全国会議を開き、ついで12月1~3日、第4回党大会を招集し、「天皇制打倒」、「人民共和政府の樹立」など25項目の「当面の闘争目標」を決定し、戦前消滅していた中央委員会が再建され、徳田球一が書記長に選出されて、共産党は初めて合法政党として、国民の前に姿を現わしたのである。

また、この大会で「連合軍は、われわれの敵ではない。のみならず民主主義の有力な味方であり、われわれにとって、まさしく『解放軍』である」とされたのである。

なお、共産党は、早々と10月19日、社会党準備会に対し、人民戦線の結成を申し入れていたが、社会党は、11月20日（結党日）、「共産党との共同戦線はもたない」という基本方針を決定している。

③ ここで、共産党の労働組合に対する任務について触れた、次のような文書があることを紹介しておく。

共産党は、コミンテルン（共産主義インターナショナル）の一部として、1923年（大正12年）2月4日に創立されたが、この前年の１９２２年、徳田球一がモスクワに派遣されて、モスクワから持ち帰ったとされる共産党綱領草案（１９２２年、俗に、ブハーリン・テーゼと称せられている。）には、労働組合について、「日本共産党の当面の任務は、労働組合を獲得し、労働階級の諸組織に対する共産党の影響を確保することにある。何よりもまず、……組合に組織された労働大衆の間に、その信望を高めねばならぬ」と指示されている。戦前、戦後を通じて、共産党はこの指示に忠実に従って、積極的に労働組合対策を行ってきたのである。

(4) 東京都教員組合（都教）の結成

① 全教と日教の結成は、各県における教員組合結成の気運を急速に盛り上げることになった。特に、全教の活動家たちは、各県に対するオルグ活動を始めたが、組織強化の具体策としては、まず、東京、大阪、名古屋の三つをおさえること、学校種別では小学校の教員を第一とすること、大学・高専では、東大、工大（東京工業大学）、商大（一橋大学）、京大をつかむこと、私学では、まず、早大、慶大等6大学を組織すること等の方針が決められた。そして、小学校と大学を組織できれば、中学（旧

制）と高校（旧制）は、おのずから組織されると考えられていた。

②　ところで、地元の東京における動きが他県に先んじていたことは当然のことであるが、肝心の東京都の組織については、依然として大きな問題が残っていた。それは一つには、全教は非現職の左翼の人たちによって牛耳られているとして、この下部組織として東京都の教員組合を発足させることを望まない人たちがいたのである。

また、全教の結成に当たって、「政党支持の自由」を建前とすることで一応のまとまりをみせたものの、青年教師団グループに属していた全教中央執行委員の中には、まだ、天皇制擁護の主張が根強く残っていたのである。全教としては、組織強化・統一戦線戦術を採る立場からは、彼らの存在を無下に否定することはできないが、戦前の教労・新教の流れを引く活動家すなわち全教の主流派の者たちにとっては、天皇制擁護を公然と主張されることは、到底認められないところであった。

全教の初めての下部組織として、東京都教員組合（都教）を成立させる際に、これらの問題が改めて浮上してきたのである。北多摩地区では、全国に先がけて、10月16日、早々と「武蔵野教師団」を発足させて活動を開始し、その日常生活の成果を足場に、11月18日、「多摩教育者連盟」を結成し、「教員の社会的・経済的・政治的地位の向上」、「教育の自主的再建」、「全日本教員の大同団結」の運動方針を決定した。この過程で、名称について「組合」にするかどうかが議論され、「連盟」と決定された。また、結成準備中の全教からは、全教への参加と全教へ準備委員を出すことなどを要請されたが、いずれも保留とされた。

このように、多摩教育者連盟は、発足当初は武蔵野教師団の伝統を受け継ぎ、「組合」に対して批判的な立場をとり続けていたが、その後の全教からの精力的な理論闘争や、オルグ活動によって、次第に変化していった。こうして「組合」結成、「全教」加盟にあくまで反対であった者は徐々に排除され、あるいは脱落し、元の青年教師団中最右翼の立場にあった者までも、「民主的に克服」されていったといわれている。

東京では、このような全教からのいわば強力な圧力によって脱皮した「多摩教育者連盟」と12月18日に結成されたばかりの「豊島区教員組合」とが中核となり、12月23日、全教の支部として「東京都教員組合」（都教）が結成された。大会では、11項目の要求が決められたが、主なものは、次のとおりである。

一、俸給の五倍増額　一、視学制度の撤廃
一、教育費の国家負担　一、校長の公選
一、教育行政への組合参加　一、学童給食の復活

③　都教は、結成直後から、その活躍ぶりには目を見張るものが

あった。まず、戦前からの組合運動家の多かった戦闘的な「都交通労働組合」など、東京都関係の三つの各組合と共闘体制を整え、そして、12月25日を回答期限として、本俸50割の物価手当の支給、人員整理の反対、学校給食の復活などの対都要求書を提出した。これは、教員組合が組織的な行動を背景に、理事者に対して要求を掲げて闘争に入った最初のものといわれている。

一方、この要求がほとんど全面的に拒否されたため、大会の決定に基づいて、12月27日、全教と共同で4～5人の代表が前田多門文相に俸給の五倍増額等の要求書を提出しようとして、秘書と押し問答になったが、このときの交渉の模様と雰囲気について、当時の幹部の一人は、次のように回想している。

「教員の餓死一歩前の要求を、なぜ会って聞けないか、それでも民主主義か、文部大臣かといったような調子で秘書と押し問答したことを今でも覚えている。『人民こそ国の主人公だ。あなたがたは人民の公僕ではないか。どうして人民のいうことが聞けないか。』――当時の交渉はだいたい、こんな具合で、民主勢力の向うところに敵なしという気分がみられた。」

④ 都教は、年が明けた昭和21年1月23日、待遇改善、整理反対を中心とした5項目にわたる要求書を、都長官に提出した。これに対し、25日、次のような回答（かっこ内）があった。

1、本俸50割の物価手当支給（6割を支給）
2、家族手当50円支給（20円支給）
3、住宅料5倍増額（4倍の予定）
4、整理絶対反対（戦災及び清新の気を入れるため必要）
5、教育戦犯人追放（資格審査会で決定）

都教は、闘争委員会を開き、この回答を不満として闘争強化の方針を決め、「全都教員大会」の動員指令を出すとともに、東京都関係の3組合に呼びかけ、「対都共同闘争委員会」を組織した。「全都教員大会」は、1月28日、日比谷音楽堂前で開かれ、教員5千人に共闘の各組合、父兄等の参加もあって、1万人近い大集会となった。この後、我が国で初めて、教員の大規模な街頭行進が公然と行われた。このデモは、地方の教師に対しては、東京の教師は労働組合と一緒に闘って成果を上げているということで、それ自体がオルグ的な役割を果たすことになったといわれている。

また、この精力的な闘争によって、俸給の3倍増と、1，288名の大量整理案を実質的には1名の首切りも出さないという成果を上げている。なお、この闘争で特筆すべきは、この首切り反対のために、組合側の要求に基づいて「人事事務刷新懇談会」が設けられ、当局と労働組合が対等の立場で人事問題を取り決める方式をとったことである。これは、都教が結成された際、民間の一部の労働組合で実施されていた「生産管理」をまねて、要求項目の一つに揚げていた「教育行政への組合の参加」という要求が、部分的に実現されたものといえよう。

なお、この1月28日の大会は、幾つかのエピソードを残しており、例えば、社会党、共産党だけでなく、自由党からも激励がきたこと、「先生が金よこせと大会を開くことは下品だという意識があった頃で、デモに経験のない教員たちが『お葬式のように歩いている』のを見た都交の応援部隊が、先頭に立って『エイサ、エイサ』とかけ声勇ましく引っ張ってくれたので、やっと元気を出してデモ行進をすることができた。」といわれていることなどである。

(5) 全教の綱領と闘争目標

① 全教は、1月19、20日の両日、結成以来初めての第1回全国代表者会議を開催した。会議では、すでに労働組合法が公布(昭和20年12月22日、施行は、昭和21年3月1日)されていたこともあり、「全教を労働組合として育てよう」という意見が大勢を占め、また、日教との合同の問題については「合同の相手ではない」と結論を出した。そして、これらの討論をうけて、次のような「綱領」と「闘争目標」を決定した。

綱領(4項目)

1、我等は軍国主義的、極端なる国家主義的教育の根絶と民主主義教育の積極的建設を期す。

2、我等は教育の民主化の基礎として教育活動の自由を確保し、教育者の経済的・社会的並に政治的地位の向上を期す。

3、我等は教育者全国単一組合の確立並に全国産業別単一労働組合会議の促進を期す。

4、我等は世界教員組合との提携を期す。

闘争目標(15項目)

1、俸給の五倍増額
2、衣・食・住の人民管理への参加
3、学校給食の即時実現
4、
7、 略
8、視学制度の撤廃
9、校長の公選
10、教育行政への組合の参加
11、教育制度の抜本的改革
12、官制教科書絶対反対

13、自主的教育研究機関の設置
14、勤務条件の合理化
15、略

この綱領は、後の日本教職員組合（日教組）の綱領の原型となったといってよい。

また、闘争目標に掲げられたもののうち、主要な項目は、先に都教が決めた（昭和20年12月23日）ものとほとんど同じであった。そして、両組合の闘争目標に共通して揚げられている「校長の公選」と「教育行政への組合の参加」は、当時、読売新聞労組（昭和20年10月）、京成電鉄労組（昭和20年12月）など民間の労働組合が行なっていた「生産管理」闘争を模倣して生まれたいわゆる「学校管理」闘争のための要求であった。なお、全教は、後述するように、昭和21年の春にいくつかの私立学校で生じた学園紛争を、「学校管理」闘争としてバックアップすることになる。

② 全教は、昭和21年3月16、17日、第2回全国代表者会議を開催した。この会議では「全教は共産党系である」という風評を打ち消すための声明書を発表した。この声明では、「政党支持の自由」と「特定政党の指導排除」を明らかにし、「労働組合は、民主主義遂行の基礎的大衆組織であり、民主戦線の一翼をなさねばならぬ……」との立場を示していた。当時、このような声明を発表しなければならなかったのは、内部からの批判をおさえ、外に向かっては、自主独立の組合であることを宣明しなければならないほど、共産党との密接な関係が進んでいたからではないかいわれていた。

また、組織の拡大強化と戦線整備のため、はじめてブロック別の地方協議会を設置することが決定された。

そして、この次の大会で、「全日本教育労働組合」と改称することとしたが、これは教育労働者の自覚によって、教員のみのセクショナリズムに陥りやすい組合運動を脱却することを目差そうとしたのである。

(6) 全教（都教）の学校管理闘争

① 前述したように、全教(都教)はその闘争目標に「校長の公選」、「教育行政への組合参加」などの民間労動組合がいう「生産管理」に類似した闘争手段、方法を掲げていたが、昭和21年に入ると、それを「学校管理」闘争として、実際の闘いの手段、方法としてとるようになってきた。学校管理とは、「共産党の指導で労組がやっていた生産管理を真似たもの」で、学校を管理・運営する権限を校長や学校の設置者から奪い、これを教員組合の管理下に置こうとするものである。

② 我が国で最初の学校管理は、私立霞ケ浦学園の経営する土浦

女子商業学校（4月14日には、土浦第一高女も設立許可）の争議から発展した。そのてん末は、次のとおりである。

学校で生徒の作った農作物や寄付金を自分のものにしてしまう校長に対して、「腐敗した経営を粛清して、校内を民主化するため」、まず数名の教員が「教職員組合」を作り、そして、本俸と諸手当50割増額、団体交渉権の確立、学校長の公選、教職員の学校経営参加、不当利得物資と金銭の公開分配等12項目の要求書を提出（2月12日）した。ここまでは組合の正常な活動といえるが、組合は、更に生徒・父兄の支持を得て、3月上旬、「学校管理委員会」を設置し、管理委員会発行の卒業証書を生徒に授与（3月27日）したほか、管理委員会が入学式を管理し、県側にもこれを認めさせた。

その後、土浦女子商業教職員組合の委員長と2名の教諭の合計3名が「マ指令該当」（教職追放該当者）とわかり、茨城県内務部長は、4月20日、3教諭に対し、正式に追放を指令した。そして、校長はこれをきっかけとして、紛争を生じさせた責任をとって辞職することを決め、2カ月に及ぶ紛争は終幕を迎えることとなった（朝日新聞4月21日付）。

全教は、この事件の発生当初から、これを指導していたことを自ら認めており、この他にも小田原商工学校、綾瀬高女でも、組合の指導の下に、同様の学校管理が行なわれた。

③ これに対して、文部省は、土浦女子商業学校事件について、4月5日付で学校教育局長から地方長官あてに、「最近、食糧事情の逼迫に伴なって、学校の一部教職員が児童・生徒から食糧の収受を強要するものがあると側聞していることは、はなはだ遺憾であり、今後、このようなことは厳しく禁止するように」という趣旨の通知を出し、当然のことながらこの点については、組合の主張に理解を示していた。しかし、学校管理そのものについては、断固反対の姿勢を崩さず、4月17日、学校教育局長は、茨城県視学を招き、1日も早く解決するよう指示するとともに、次のような談話を発表したと報じられている（朝日新聞昭和21年4月19日付）。

「学園には不動の秩序があり、教育者には厳たる使命がある。被教育者たる生徒が学校経営に参加するやうな形は、学校の本分を逸脱するのみならず、学園が労動争議を模倣してゆく根本的な考へ方が間違っていると思う。……学校の責任者は校長であり、入学試験も卒業証書も、校長の権限において施行し授与すべきものであり、その他の者の行ふことは、なんとしても違法である。……かかる形式の学園騒動は、今後絶対に惹起してほしくない。」

④ 4月26日、都教は、開催中の都教の大会に参加した学校管理実施中の土浦第一高女、小田原商工学校、綾瀬高女の代表との

共同闘争を決議し、25名の共同闘争委員を選び、生徒たちは血判状まで提出して文部次官と会見した。このときの模様を、朝日新聞（昭和21年4月27日付）は、文部次官は、「学校管理は、方針としてとらないこと」、「メーデーは、特に休日としないこと」等を答えた後、会見を打ち切って室外に出ようとしたところ、全教代表らと小ぜり合いになり、女生徒らが「卑怯」だなどと金切声で絶叫し、職員退庁後の文部省内に、時ならぬ騒動を繰り広げ、午後5時半、一行のうち数名は座り込み戦術をとり、他は再来を期して引き上げたと報じている。

⑤　こうした生徒たちを巻き込んだ形での組合側の戦術の前に、文部省側は、以後、急速に態度を硬化させるようになった。

一方、組合側は、こうした一連の学校管理闘争について、「政治が強権であり力であると同じ意味で、組織された労働者の秩序ある大衆行動は力であること、……つまり、労働者側における……闘争力の強化は、権力者に対する下からの政治的実践、即ち日本民主化の闘争であることを労働者は体験を以て自覚した」と評価していた。そして、この頃以降、全教・都教では、給食、教科書、学用品、校舎建設等を要求するプラカードを掲げた子供たちをデモ行進に参加させたほか、子供討論会や学校の交流等を企画し、復興父兄大会を開催するなど、児童・生徒や父兄をいわゆる「大衆闘争」に参加させるためのさまざまな試みを実施していた。

⑥　なお、GHQにおいても、この組合による「学校管理」という極めて政治的な戦術について注目しており、CIEの教育課のある担当官は、次のような論評を加えている。

「組合自身が『学校を経営管理』せねばならぬという主張……このユニークな理論は度重なる組合の変遷・合併・改組の後でさえ、組合幹部の思考の中で、一度たりとも死に絶えることはなかった。占領終結ぎりぎりまで、組合幹部の考えは、日本の教育制度の全面管理は、組合自身に委譲すべきであるとの前提に支配されたものであった。

いわゆる文部省の中央統制に対して闘いながら、一方で、東京の中央執行部が支配し、統制する組織である組合自身の支配下に教育を置かねばならぬと主張することは奇妙なことであった。しかし、その考えは、1945年12月当初に新しい組合の幹部が表明して以来、看板を下ろすことはなかった。日本の教師の組合運動は、その幹部の考えに代表されていたように、日本の教育制度全体に対する組合支配をその目的として有するものであった。」

(7)　文部省の初期の教員の組合活動への対応

①　昭和20年12月、戦後、初めて教員組合が結成されてから昭和

21年4月頃までの数カ月間は、占領当初から、ＧＨＱが労働組合育成策をとっており、昭和20年12月22日には労働組合法が公布（施行は、昭和21年3月1日）され、それに、教員の組合活動について、まだ大きな問題も生じていないという事情もあって、文部省は、戦後、初めて接する教員組合の活動について、ごく自然に、冷静に対応していた。例えば、昭和20年12月27日、結成されたばかりの都教代表と会見した山崎次官は、「文部省としては、忠実に教員に対する労働組合法案の運行に処していくつもりである。（労働組合法が）3月1日から実施されることになれば、組合の結成権、団体交渉権、場合によってはストライキ権もある。」と淡々と答えている。

そして、基本給の5倍増という都教のとてつもない要求に対しても、「文部省トシテハ5倍増額ニツイテハ、今日物価状況カラ考ヘテ、寧ロ当然ナ要求デアルト思ッテヰル。……明年度ハ、アラユルコトヲ犠牲ニシテモ教員優遇一本槍デ進ム考ヘデアル。……」と回答するなど、教員組合の要求に誠実に応えようとしていたことがうかがえる。

また、昭和21年2月21日、安倍文相は、「教員組合の如きものの健全な発達は、むしろ歓迎すべきものだと存じます。ただ、それが自己の責任をすてて偏に、他人の責任を語ったり、自己の義務を怠って、徒らに強要を事とする如き世間の流弊に陥ることは戒めたいと思います。」と組合の結成を歓迎しつつ、その悪弊に陥ることに警戒を示していた。

また、昭和21年に入って、教員組合が次々と結成され始めた頃、地方での組合への干渉・妨害の事案に接して、文部次官は、昭和21年4月11日付で、地方長官と学校長あてに、次のような通牒を出している。

「……健全ナル教員組合ニ対シテハ、不当ナル圧迫ヲ為サザル様特ニ注意セラレ度……」

② なお、この頃、教員組合あるいは個々の組合員による「政治運動」が目につくようになっていたのか、むしろそれを抑止するための通牒が、昭和21年の1月と4月の2回続けて出ている。

1回目は、1月17日付の文部次官から地方長官と学校長あての通牒で、次のような注意を喚起している。

「治安警察法ガ廃止セラレ、教職員及学生・生徒ノ政治上ノ結社加入ハ差シ支ナキコトト相成タルモ、之ニ伴フ政治運動ハ其ノ本務ヲ逸脱セザルベキハ固ヨリ、各々其ノ職分ニ鑑ミ公正・清純タルベキコト、特ニ学校内ニ於ケル教職員及学生生徒ノ政談演説若ハ特定政党、特定者ノ指示乃至推薦行為（文書ニ依ルモノヲ含ム）ハ、厳ニ之ヲ禁止スルコト」

2回目は、上記①で触れた4月11日付の文部次官の通牒の中で、次のように記述されている。

「……教員各自ニ対シテハ、個人トシテ自ラノ所信ニ従ッテ政党政派ヲ選ブコトハ随意ナルモ、其ノ本職タル教育ヲ困却シ、校内ニ闘争ノ種ヲ播キ、青少年ノ教育ヲ乱スガ如キコトハ、絶対ニ之ヲ禁止スル様致度」

(8) 占領初期のGHQの教員の組合活動の奨励・支援

① 戦後の教員組合活動は、昭和20年10月11日のマッカーサーの5大改革指令（労働組合結成の奨励）で結成の気運が生まれ、GHQの指示に基づく同年12月22日の労働組合法の公布によって急速な発展をみせることになったこと、しかも、労働組合を日本民主化のテコとして使うことを考えていたGHQは、労働組合とりわけ教員の組合の育成と活動に肩入れをしていたことについては前述したとおりである。

② ところで、そこでも触れたが、教員組合の育成と活動に肩入れした部局は、GHQの中でも文部省（教育）を担当するCIE（民間情報教育局）の教育課ではなく、直接マッカーサーを後ろ盾にしたESS（経済科学局）の労働課であった。この点については、当時のGHQの幾人かの担当官が、それぞれ、次のように語っている。

イ、まず、昭和21年1月22日、羽仁五郎ら全教の代表者とCIEの教育課長（この課長は、およそ6カ月後にCIEの局長となっている。）が会談した際、教育課長は、「団結の問題は、CIEの担当ではない」と明言していた。ただ、この課長は、羽仁が組合活動に有利な発言を引き出そうと努力したのに対し、「CIEは労働組合に共感しているのだから」という言葉をくり返していたという報告が残されている。

また、当時の教育課の課長補佐は、後に、次のように回想している。

「素直に申せば教育課は……教員の労働組合の発展を奨励したことはなかった。そうしたものは日本人の努力を別にすれば、占領軍の一機関たる司令部の労働課の努力によって日本にもたらされたものであって、その労働課自身も、結局は、教育課と同様、教員組合の発展によって困惑することになった。」

ロ、ただ、CIEが教員組合と無関係ではなかったと思われる例もある。例えば、CIEのラジオ課の担当官から、昭和21年1月15日に、NHKのラジオ放送で「教員組合について話してくれないか」と頼まれ、実際に放送した全教のある幹部は、彼らは、「労働組合の結成を全面的に援助しようとしていた。」、「占領の初期には、ほんとうに反ファシズムの目的と日本人民の解放に協力する意識をもっている人がいて、われわれの活動に多くの精神的援助を与えた。」と述懐している。

ハ、ＥＳＳの2代目の労働課長は、次のように述べている。

「マッカーサーの支援があったからこそ、１９４６年1月までに、60万人もの人が自主的に組合に加わったのである。それに続く6週間には、１００万人が加入した。そして、それに続く6週間にも、また１００万人が加入した。こんなペースは、労働史上、世界のどこにも見られるものではなかった。……公に方向を定めたのはマッカーサーだが、彼の配下の労働課が詳しく目標を示し、絶え間なく奨励策をとらなければならなかった。」

また、この課長は、別の機会に、「私は、わざとかたくなな『労働寄り』路線をとり、それが日本国民の間に知れ渡るような手段を講じた。」と回想している。

このように、労働課の積極的な労働組合運動奨励策が、教員組合を奮い立たせるために与えた影響は、計り知れぬものがあったと思われる。ＧＨＱによって続けられてきたこのような教員組合への肩入れ政策のため、当時の文部省学校教育局長は、「ＧＨＱは、急進的な教員組合組織を奨励しただけでなく、教員組合側の明らかな行き過ぎと考えられる言動を、文部省が阻止しようとすることさえも妨害した。」と残念さのにじみ出た回想を残している。

なお、この労働課長は、アメリカの大学院で「１９２９年から１９３９年における日本の労働問題」と題する修士論文を書き、来日前の１９４３年（昭和18年）頃、ワシントンにおいて、戦後の実質的対日労働政策の起草に参加していたという知日家である。

ニ、なお、以上に述べた教員組合育成策とは全く次元を異にするが、ＧＳ（民政局）のある担当官は、ＣＩＥが初期の教員組合運動を側面から支援し奨励していた役割が、決して小さいものではなかったと次のように述べている。

「(ＣＩＥの初代局長であった）ダイクは共産主義者ではなかったが、……ダイクの言論の自由に対する誠実な熱情は、共産主義者を助けたこと量り知れないものがあった。（中略）共産党の出版物は、ＣＩＥの特別愛護を被っていた。新聞用紙の配給が極度に制約されて、大新聞は発行部数の削減を余儀なくされているというのに、共産党機関紙『赤旗』は、１９４５年10月の発行部数が3千だったのに対して30万部の紙の配給をうけた。……すくなくとも『赤旗』のほか五つの共産党新聞が、党員の必要とする5倍から10倍の新聞用紙の配給を受けていた。」、「中立だと称して日本に内政干渉する欲望を持たなかった占領軍は、赤と闘うものに効果的な援助は少しも与えなかった。ＣＩＥは共産党の新聞や雑誌にふんだんに用紙を割り当てて、その大量が闇に流されているのを見ても知らぬ顔をしていた。」

これを全教の機関紙についてみると、昭和20年12月1日、全教結成の日に創刊号が出されて以来、当時の用紙不足を反映してか昭和21年5月に再刊されるまで中絶していたが、それ以降は着実に発行されるようになっていた。そして、当時、全教内部では、機関紙の「用紙として……莫大な配給を受け、それが組合活動の資源となったりした内輪話もある。」という状況であった。

ＣＩＥは、このように新聞・雑誌等の用紙配給を自由にコントロールすることで、間接的に、共産党系組合の活動を奨励・支援していたことになるのである。

(9) 東京都教職員組合協議会（都教協）の結成

① 組合成立後の全教・都教は、これまで述べたように、極めて意欲的で活発な活動を続けていた。これに対して、現場の教員がおらず、組合の実態がないと全教側から指摘されていた日教は、組合としてほとんど見るべき活動を行なっていなかった。

② しかし、全教・都教の運動方針に不満を抱き、全教は共産党に乗っ取られているのではないか、と疑問を抱いていた都内の国民学校、中学校、青年学校の教師たちは、新たに組合を結成しようと動き始めていた。まず、国民学校については、昭和21年3月4日、都内11区の教員が集まり、東京都の単一組合をつくること、全教の支部である都教には入らないことの二点で意見の一致をみた。そして、「一党一派に偏せざること」、「現職教員のみの組合とすること」等を内容とする「東京都連合教員結成促進趣意書」を作成し、都内の各学校に配布した。この呼びかけに応じて、新たに10区が参加した。

③ その後、教職員の組織はあくまでも一本に統一させるべきだと考える国民学校長協会の斡旋で、この17区の代表と都教の代表との間で「東京都単一組合期成準備会」が開かれることになった。そして、1カ月余りかけて都独自で単一化するか、全教の支部となるかをめぐって、両者は激しい議論を続けていたが、4月12日、準備会は決裂し、解散した。そして、都教に反対の21区は、4月26日、「東京都国民学校教職員組合」（国教）を結成した。

国教の結成声明書には、全教・都教に対する激しい不信が表れていた。また、行動綱領では一国社会主義を標ぼうし、「我等ハ、階級至上ノ運動ノ前衛タルコトヲ欲セズ、新生ノ日本ノ国民的前衛タラントス」とあり、全教・都教とのイデオロギー上の相違を明確にしていた。

そのときの両者の意見の対立について、17区の代表者からは「国家の難局にあたり、教育者として節度をもって言動しなければならない」、「そんなに多額の賃上げ要求は、国を危うくする」など、組合としては極めて自制した控えめな発言があったほか、「都教は共産党の意のままに動く人形だ」というような都教に対する不信の発言があったとされている。

これに対し都教側の代表者にとって反対派の教師たちは、「政治闘争はやらず、経済闘争に押しとどめておこうとする教師」、「教師は労働者であるということに踏み切れない非常に弱い教師」、「聖職者意識をぬぐいきれない天皇制擁護の遅れた教師」と映っていたようである。

④　次に、中学校においても、3月初旬から組合結成の動きが始まっていたが、3月19日、東京都中学校教職員組合（中教）を結成した。また、青年学校については、3月20日、東京都青年学校教職員組合（青教）を結成した。そして、中教と青教は、4月2日、懇談会を持ち、全教には絶対に入らないこと、国教ができたら三者で協力してゆくことなどの態度を固め、4月17日、東京都教職員組合協議会準備会を開催した。そして、4月26日、国教結成をまって、東京都教職員組合協議会（都教協）を結成した。

都教協は、当面の実践目標として、次の五つを掲げていた。

1、餓死突破資金即時支給（本人３００円、扶養家族一人１００円）
2、改正給与令反対（家族手当を分離して2倍）
3、都下地域的差別支給撤廃
4、組合代表参加による教育審議会設置
5、全国的教員組合の連合提携

この第5項に関連して、結成大会宣言で、「今や各地に続々と教員組合の結成を見つつある。この力は速やかに結集せられねばならない。特に職を首都に奉ずるわれ等は、率先して大同団結を図り、全国教員組合運動の中核体となって、それが結合を推進せねばならぬ。……」と表明していた。全教に対抗して、全国組織の結成の意図を明らかにしたものであり、教育労働戦線分裂の固定化が始まったのである。その後、この都教協を中心に、「教員組合全国連盟」（教組連）が結成され、その分裂は全国に波及した。

⑤　なお、この都教協の成立の動きとは全く別に、3月末から4月初めにかけて、文部省職員組合のイニシアティブにより、全教・都教のイデオロギーに反対の教師を糾合して、「全国教育職員労働組合協議会」を結成しようと準備が進められていた。

4月10日付の朝日新聞は、このことについて、「全教の運動が余りに急進的且闘争的なのは、教育という特殊な仕事に従事する者としては深く考慮せねばならぬとの機運から新しい教員組合運動が発足すること」になったと報じている。

しかし、この計画を察知した全教から、この協議会は教員組合の「統一戦線」を混乱させる官制団体であるとして遺憾の意が示されて、文部省職員組合は、昭和21年4月早々に、この協議会の創設を断念している。ただ、上述したように、そのしばらく後に、「都教協」と「教組連」が結成されたことは、「急進的」な全教とは別に、「保守的要素を求める声を供給する運動を始めるのが彼等の義務だ」と考えていた文部省職員組合の関係者にとって、結果としては、努力は無駄ではなかったのである。

昭和21年4月30日現在の教員組合の組織状況（各県別内訳は省略）は、次のとおりである（文部省文書課調査係「全国における教員組合加入者状況調」）。

全教	18，739名	都教	2，882名
日教	139名	都教協	9，700名
		（内訳）国教	6，500名
		中教	1，800名
		青協	1，400名

(10)　教員組合のあり方についての提言

文部省及びGHQが、戦後の新しい教育体制を模索していた昭和21年の前半、他の多くの文教施策とともに、教育者団体ないしは教員組合はかくあるべしと、内外から二つの提案が行なわれている。ここで、順次、それを見ていくこととする。

①　まず第一は、**アメリカ教育使節団報告書**である。

昭和21年早々、戦時教育体制を改め、新しい教育体制建設の企画を立てるため、マッカーサー元帥は、米国陸軍省に教育使節団の派遣を要請した。使節団は3月初めに来日し、戦後における我が国の教育建設の基本的方策を決定し、3月31日、その報告書をマ元帥に提出した（発表は4月7日）。まさに、教員組合が本格的な活動を手さぐりし始めていた時期であった。

報告書は、教育者団体に関して、次のように勧告している。

「青少年の最上の利益と教師自身の福利向上を効果的に達成するために、教師は地方、都道府県及び全国的段階で自主的な団体を結成すべきである。」

また、「市町村や都道府県のあらゆるタイプの学校のあらゆる教師からなる専門的な会合が奨励されるべきである。……特別な専門的関心を持った教師グループの会合も開催されるべきである。（中略）教員組合を含むあらゆる種類の教師の団体には、この組織の自由が認められなければならない。」

これを見ると、使節団は、我が国の教育者団体として、当時、アメリカに存在したＮＥＡ（全国教員協会）あるいはＡＦＴ（アメリカ教員同盟。ＡＦＬ（アメリカ総同盟）に加盟）をイメージして、これに似たものをつくることを提案していたものと考えられている。具体的にいえば、報告書が奨励している教育者団体は、一つには、ＮＥＡのように教育専門職団体＝職能団体であり、また、いま一つは、ＡＦＴのように待遇改善、労働条件の向上を主たる目的とする教員組合ではあっても、教員は教育という公共サービスの提供者として、協調主義的で職能的な機能を担う組織が念頭に置かれていたと思われる。

なお、この勧告にもかかわらず、その後の我が国の教員組合（日教組を含む。）の実際の存在ないしは活動が、およそこの報告書で奨励されているものとは、大きくかけ離れたものとなっていることは後述するとおりである。

② 次は、**新教育指針**（第１分冊昭和21年５月～第５分冊昭和22年２月）である。

これは、学校現場の教師たちに、新教育の向かうべき方向を明らかにする指導書として、文部省が発行したものである。

この指針では、教員組合について、「……教師の生活を経済的に安定させ、……また当局に対して正当の要求をつらぬくことを目的とする。」と本来の目的を指摘しつつ、当時の教員組合と、政治ないしは政党との密接な関係を憂えてか、もっぱら、教員組合と政治ないしは政党の関係のあり方について、詳述しており、要約すると、次のとおりである。

教員組合は、「他の勢力に手段として利用されるようなことがあってはならない。……

政党の争ひがはげしくなって教師がそのための道具につかわれるやうになると、国民全体を公平に取り扱ふべき教育の仕事がゆがめられ、また、教師がつねに政党の勢力によって動かされるおそれがある。（中略）もとより教師といへども政治に関心をもつべきであり、……政治を正しい方向に指導しなければならない。教員組合がかうした意味で努力を増してゆくことが健全な発達であって、それはただ教育者だけの幸福ではなく、国家のために大きな奉仕をすることになるのである。」

なお、その後の教員組合と政治ないしは政党との関係は、この指針で提示された方針を越えて深入りする事態が生じていたのである。

2. 大衆示威運動の高揚

(1) 4月の政治的危機

昭和21年４月から５月にかけては、労働組合を中心とする下からの政治闘争の激化により、「戦後日本の政治的危機の最初の典型的な現われ」と指摘されるような状態が、次々と生じていた。

①　4月10日、戦後初めての総選挙が行なわれることになったが、その3日前の4月7日、全教・都教も参加して、約7万人の勤労大衆（この大会には、東京近県の数千人の農民が、供出強要に絶対反対を叫んで参加していた。）を動員した「幣原反動内閣打倒人民大会」が、東京日比谷公園で開かれた。この大会は、「あらゆる民主主義的諸団体の力を結集し、表現したものとして注目される。今まで政治理論として主張されてきた段階から飛躍して、現実の政治力、政治運動にまで成長してきたものといへよう」（朝日新聞4月8日付）と評価されていた。

　この大会では、内閣打倒の大会決議を議決して散会したあと、「官邸へ行こう」という指導者のかけ声とともに、デモ隊は、先頭に１００台のトラックを伴い、長蛇の列をなして首相官邸へ向かった。

　それからの状況については、「数万人のデモは、喚声をあげて官邸正門に殺到した。……

　右の正門の門が折れて（中庭に）なだれ込むと、巡査は追ひまくられて裏門のほうへ後退、一名の警官が胴上げされ、けとばされて「助けてくれ」と絶叫する声にこたへてこんどは発砲さわぎ、これで巡査の人事不省3名、重傷5名、軽傷多数を出す」（朝日新聞4月8日付）と報じられるような大乱闘事件が生じたのである。なお、巡査の負傷者のうち人事不省者と重傷者は、デモ隊の投石によるものであった。

　他方、社・共両党の代表者は、幣原首相に面会を要求したが、拒否されている。そしてデモ隊は、警官隊の発砲や6台の米軍装甲車と6台のMPのジープが来援した中で、首相がこの日の人民大会代表者と明日（8日）会見することを確約して、ようやく解散したのである。

　この事件については、当時、ある学者は「これこそは、あきらかに『革命』の前夜を告知する段階を示すような出来事が起こったのである」と述べていたのに対して、全教・都教系のある活動家は、「占領軍は解放軍でない実態をはじめて国民の前に明らかにし、アメリカが本質的には日本の保守勢力の側にあることを示した」と指摘していた。

②　この大会から3日後に行なわれた戦後初の総選挙の結果は、自由党１４０名、進歩党94名、社会党92名、協同党14名、共産党5名、諸会派38名、無所属81名で、4月7日の大会で示された政治の現状を打破しようという勤労大衆の強い思いとは裏腹に、旧政友、民政の流れをくむ保守派が、新議会の絶対多数を占めることになったのである。そして、社会党はかなりの伸びを見せたものの、共産党は5名にとどまった。

この選挙結果について、労働組合側は、この議会構成では最も期待している経済政策は停とんすると考えて、総選挙後急速に、労働運動を通じて民主戦線を結成しようとする動きを活発化させていった。また、占領軍とりわけ民政局（GS）にとっては、この選挙に備えて、新憲法草案要綱を発表（3月6日）し、公職追放令を出す（1月4日）など、革新側に有利な状況をつくり出す努力をしてきただけに、「手痛い敗北」であった。

アメリカ本国の各紙も、「結果はあまり理想的ではない」、「拍手して迎えるほどのものではない」などと報じていた。

③ このように、総選挙に示された民意は圧倒的に保守派の勝利であり、幣原首相は政権維持を表明（4月16日）したにもかかわらず、次期政権をめぐる世論等の圧力によって、幣原内閣は4月22日、総辞職を決定せざるを得なかった。しかし、その後の組閣の試みは、鳩山一郎の追放、社会党の民主戦線への態度不鮮明などにより、次々と失敗を重ね、1か月ばかりの「政治的空白期」が続いたのである。この空白は、後述するように、5月19日の食糧メーデーに危機を感じたマッカーサーが、5月20日、突如、「暴民デモ許さず」の声明書を発表し、それを機会に5月22日、吉田茂内閣（自由・進歩の保守二党連立内閣）が成立し、解決したのである。

(2) メーデー

このような政治の世界の激動を背景にして、2・26事件（昭和11年）以来はじめての第17回メーデーで幕開けした昭和21年5月は、組合活動家にとっては、まるで革命間近を思わせるような事態が相次いで生じていた。

① まず、5月1日の復活メーデーには、全教・都教は、5千名の組合員を参加させたが、皇居前広場（主催者は「人民広場」と呼んでいた。）の中央メーデーには、50万人が集い、その単位規模においては、世界の資本主義諸国中最大のものといわれた。また、全国の労働者の参加人員は、100万人に達したといわれている。

復活メーデーの中心的スローガンは、「民主人民政府の樹立」と「飢餓と窮乏からの解放」であった。そして、大会終了後、メーデー実行委員である各党代表は、総理官邸で、この大会の決議23項目中、とりわけ「社会党を首班とする民主人民政府即時樹立」と「食料の人民管理・働けるだけ食わせろ」の2項目について、幣原首相と「膝詰談判」を行なった。この労働メーデーには、3千人の警官が待機し、MPも警備に出動したが、「異常なし」であった。

この日の模様について、全教機関誌「NIPPON KYOIKU SINBUN」第1号は、次のように報じている。

「見渡せば、赤、赤……、旗、旗……の人の波、歌の波だ。組合旗をふりかざす50万の花のやうな美しさだ。この美しさの中から日本民主革命の底力が湧いているのだ。

……『インタナショナル』を歌ひ始める。……『教員は勤労者との固き握手によって民主革命を遂行する。そのために、人民の民主政府樹立のためにたたかう』と叫ぶ……最後に……人民政府樹立万歳を斉唱して散会した。」

なお、5月2日付の朝日新聞社説は「メーデーと勤労大衆の意思」というタイトルで、民主主義革命への期待をこめて、次のように主張している。まず、「民主主義革命の真の中心勢力は勤労大衆である」とし、当面の段階においては、「労働戦線の統一、社会党を中心とする民主人民政府の樹立、世界労働組合連盟への加入が我が国の労働大衆の最大の政治的目標であることが明らかにされた」と述べ、「今後は、国と国との交わりは、人民大衆と人民大衆との交わりになるであろう」と予想し、そして最後に「農民と労働者との固い団結のみが、日本の民主主義革命を完遂するための絶対不可欠の条件である」としめくくっている。

② 全教は、この日のメーデーに、子供たちを動員した。安倍文相は「メーデーは今日なほ一部労務者の政治的色彩をもった示威行動にすぎない。これに純真な学徒を参加させることはいけない。政党的行動、実際の政党運動に未資格者たる学徒がまき込まれることは絶対に望ましくない」として、メーデーを休校日にすることはもちろん、「一部学校の参加にしても、原則的に許可すべきではない」との立場を明らかにしていたが、全教は、これを無視してメーデーに突入した。前述した全教機関誌は、次のように述べている。

「日本最初の子どものメーデーは、この日、全教指導の下に行なわれた。……小さい手に赤い自由旗をうち振りうち振り、足並みそろへて進んでいく。……右手にはたらく人の子どもをだき、左手に赤い旗をふりながらいく、新しい自主日本の教師の姿……かくてこの記念すべき日から、働く者の子、人民の子らも、人民革命の戦列に雄々しく参加したのである。」

この日からおよそ一年後に成立した日本教職員組合（以下「日教組」という。）の十年史には、全教のメーデー参加について、次のように記されている。

「商業紙は、先生たるものが赤旗をかざし、労働歌を歌ったといって、そのイデオロギー的背景をさかんに問題としたが、当時いちだんとふかまった飢餓状態からなんとかして救われようとするには、全く大衆行動以外にはなく、参加した者にとっては、ごく自然のなりゆきであった。」

なお、当時、ＣＩＥ（民間情報教育局）の分析調査課では、「全教の『五月の狂気』と題して、次のような報告をまとめている。

「全教のメーデー参加の様子は、組合が自分たちは教育の専門職の一員ではなく、労働者階級の一員なのだという強迫観念を持っていることを示している。全教の活動と行動すべてに……誇張された仕方で、捨てばちの逆上と宗教復興的な感情露出傾向が現われている。」

③　しかし、こうした労働運動の高まり自体は、占領軍が意図的に作り出したものであり、それに伴い共産主義イデオロギーが伸び、広がった事態についても、それを促した占領軍側の責任を否定することはできないであろう。日本共産党は、昭和20年12月1～3日、第4回党大会を開いたが、同大会で占領軍を「解放軍」と呼んでいたことは広く知られているが、当時、民政局（GS）にいたある担当官は、占領軍と共産党・共産主義との関係について、次のように回想している。

「占領の初期、共産党は、労働組合を通じて、日本をソ連化する意図ないしは計画をなんら秘匿しようとはしていなかった。志賀（義雄）は、……こうしたことを率直に占領軍に報告していた。志賀が占領軍を友人と考えていたことは明らかだった。共産主義に対抗して、有効な逆宣伝を組織することを怠った責任の第一は、SCAP（連合国軍最高司令官）の各幕僚部にある。……労働課は、自分たちが共産主義者であることを隠している組合幹部を信用して、いつも彼らの行動は、健全で、民主的で、進歩的だと報告していた。……労働課は、赤旗デモを大目に見るし、民政局は天皇を攻撃するように力説するし、G2の追放係りは、どこまでも（反動主義者の）追及の手をやめないし、占領軍が共産主義を支持しているという誤った考えは、いよいよ強化された。」

④　ところで、4月22日に幣原内閣が総辞職したあとのいわば「主」のいない首相官邸付近は、「民主人民政府の樹立」をスローガンに掲げて、連日、労働組合によるデモが続いていた。また、復活メーデーのあと、5月8日には、社会党に民主内閣を要求する労働組合のデモ、5月12日には、世田谷区米よこせ区民大会と宮城デモ（このとき、世田谷区民大会で決議された天皇に回答を求める上奏文をもって、ある共産党員を先頭に、主婦、学生をまじえたデモ隊が、赤旗をひるがえして坂下門から皇居内に入った。）、5月17日には、いくつかの労働組合による吉田内閣反対デモ、都内十数か所での住民による米よこせデモ、共産党5代議士の天皇会見申入れなど、いろいろな団体による予想もできないようなさまざまな活動が、次々と生じていた。

このような教員組合を含む労働組合運動の急進的な諸活動を目の当たりにして、占領軍の中にも、しだいに警戒心が生まれていったのである。

(3) 食糧メーデー

① 昭和21年、我が国は、前年の敗戦と凶作により、未曾有の食糧危機に見舞われ、夏頃には、1千万人の餓死者が出ることが真剣に危惧されていた。5月1日の労働メーデーにおいても、「飢餓と窮乏からの解放」を宣言し、「働けるだけ食わせろ」を決議していたが、その終了後の世話人会で、5月19日に食糧獲得のための食糧メーデー（飯米獲得人民大会）を皇居前広場で開催することを決定していた。

そして5月19日、飯米獲得人民委員会によって、食糧メーデーが組織され、全逓、国鉄を中心に25万人が参加した。全教は、「一切の解決は、現在の反動保守政府にかはる民主人民政府の樹立がなければ求められない」と主張して参加したが、中教・青教・国教で構成する都教協は、「スローガン中政治濃度強く、教育上弊害ありと認め」て、参加を中止した。なお、国鉄は、19日当日、「反動政府反対！民主政府を作ろう」のマークをつけて、神田、東京、有楽町、新橋の4駅で下車（帰りは、乗車）する食糧メーデー参加者については、無料とした。

② 大会スローガンには、「欠配米の即時配給」、「応急米の即時復活」、「学童への給食復活」といった要求と並んで、「保守反動政府絶対反対」、「民主人民戦線の即時結成」、「社会党、共産党を中心とする労働組合、農民組織、民主文化団体を基礎とする民主政府の樹立」、「一切の食糧を人民管理に」といった民主革命を志向する極めて政治色の強い諸要求が掲げられていた。

そして、「われわれの声を国民の声として、宮城の奥深くふるわせよう」という指導者の呼びかけに応じ、25万人の人々が、「働けるだけ食わせろ！」、「一切の食糧を人民管理にしろ！」、「反動政府反対、民主政府をつくろう！」の三つのスローガンを、次々に合唱した。なお、ある共産党員が、「詔書　国体はゴジされたぞ　朕はタラフク食ってるぞ　ナンジ人民飢えて死ね　ギョメイギョジ」と書かれたプラカードを掲げたのは、このメーデーのときであった。

また、大会では、「情勢は寸刻の余裕も許さぬ状態である。よって、本日ここに参集せるわれわれ全勤労大衆は、その総意をもって、直ちに民主戦線結成準備会を組織することを要求し、強力な戦線結成のために、活発なる運動を展開せんことを決議す」と宣言した。

更に、この大会では、「我が日本の元首にして統治権の総覧者たる天皇陛下の前に謹んで申し上げます。」で始まり、食糧の窮状を訴え、食糧の人民管理と民主人民政府の樹立の決心を伝え、「適切な御処置をお願いします」で結ばれた上奏文を決議し、宮内省に提出した。

③ 他方、徳田共産党書記長を先頭に、全国官公職員労組、全教

の代表者ら約150余名は、保守反動内閣の成立を妨げるため、首相官邸の組閣本部に押し寄せ、閣僚予定者らを部屋に閉じ込め、徹夜の座り込みを行った。

また、全協代表は、応急生活費として、本人と扶養家族1人当たり月100円の即時支給、食糧物資生活必需品の配給、学校給食の即時実施、戦災学校の即時復旧などの要求を文部省に提出した。そして、翌20日から文部省内に、飢餓突破全国教員組合大会闘争本部を置き、当局者の返答を求めて、文部省内に泊まり込んだ。

④　4月22日に幣原内閣が総辞職してから1カ月近く政府不在の状況が続き、絶望的な食糧事情の中で、組合活動、大衆運動は過激化し、赤旗の林立する食糧メーデーは、暴動化の一歩手前まで来ていたが、こうしたさ中、5月16日に大命降下を受けた吉田茂は、懸命な組閣工作を進めていた。しかし、期待した「教授グループ」からの入閣は、最後の望みをかけていた農相候補からも固辞され、5月19日、吉田は組閣断念の声明文を用意するなど、組閣工作は流産の一歩手前まで追い込まれていた。

翌朝の朝日新聞は、「組閣流産の危機へ　吉田氏は投出し決意」とトップ見出しを掲げたが、その5月20日、マッカーサーは、突如、「多数の暴民によるデモと騒擾に対し警告を発する」と、次のような声明書を発表した。

「余は、組織された指導の下に、集団的暴行と暴力による脅迫への傾向を増しつつある事実が、日本の将来の発展に重大なる脅威をもたらすことにつき、日本国民の注意を喚起する必要を認める。……規律なき分子が、今や開始しようとしている如き暴力の行使は、今後その継続を許されないであろう。こうした行為は、ただに秩序ある政府に対して脅威を構成するのみでなく、聯合国の日本占領の基本的目的およびその安全をも脅威するものである。もし、日本社会の少数分子が現段階および現情勢が要求する自制、自粛を行ひ得ないときは、余はかかる悲しむべき状況を統御しかつ統治するに必要なる手段をとらざるを得なくなるであろう。……」（朝日新聞昭和21年5月21日付）

この警告について、飯米獲得人民委員会も共産党も、当日の行動を含めて自分たちの「秩序整然たる大衆運動」には関係ないことという声明を出しているが、このマッカーサーの警告が、当面の労働運動・大衆運動を強く牽制する効果をもたらしたことは当然のことである。また、5月21日夜、吉田はマッカーサーの呼び出しを受けて会談し、マッカーサーから「自分が総司令官でいる限り、日本人は一人も餓死させない」というセリフを引き出している。このことは、飢えと社会不安から来る労働運動・大衆運動の暴動化が、今や、共産主義革命を招き、占領の目的をも危うくしかねない状勢にあると察知したマッカーサーが、吉田に「政治的空白」の状況を速やかに解消させるとともに、すでに昭和21年2月頃から対応してきた食糧輸入問題について、占領軍が本腰を入れることを明らかにせざるを得なかったものと思われる。

吉田茂は、マッカーサーの20日の「声明書」に守られ、そして、21日の「セリフ」に自信を得て、5月22日、第一次吉田内閣の組閣を完了したのである。

⑤ この食糧メーデーの終息に当たって、朝日新聞（5月21日付）は、「いまあらゆる封建的な遺制と闘ひ、民主主義革命をなしとげつつある我が日本にとって、国民勤労大衆の意思を表明する方法はなんらかの形で認められねばならぬ。デモ行為を封じられた場合、国民大衆はいったいどうして自己の意思をあらわせばいいのか」という問題を提起している。そして、これに対して、大河内一男東大経済学部教授に、次のように語らせている。

「最近各地で行われる大衆デモは、民主主義を悪用した不純な要素が含まれており、……大衆デモといっても目下のところその実体は労組なのだから、労組がもっと自制して、真に民主主義的なしかも建設的な意思表示の方法をとるやうにならねば駄目である。……労組員は、民主主義の担ひ手としての自覚と訓練が不十分だ……リーダーの再教育と労働者の正しい組織が切望される。……（そうすれば、）非合理的な理性をかいたデモの先棒をかつぐやうなことはなくなるであろう。」

(4) 組合に対する文部省の姿勢

二つのメーデー騒動が続いていた5月中に、全教と都教協は、それぞれ、安倍文相に会見しているが、文相は、前者に対しては強硬な態度を崩さなかったのに対し、後者に対しては好意的な姿勢を示していた。

① 全教は、5月3日、第1回全国大会を開き（この大会で、名称を「全日本教育労働組合」（全教労）と変更した。）、基本給800円支給など15項目の要求決議を行なった。そして翌日、大会で決定された要求を文相に提出したが、文相は、その要求の大部分を却けたため、全教側は「全く不誠意」であり、「許すべからざる反民主主義行為」であると非難した。後日、文相は、このときの様子を振り返って、次のように述べている。

「……色々な要求を提出した中に、小学校教師全体の基礎給料昇額の要求をしたが……それを不可能だとして拒絶した記憶がある。……教員組合の要求が途方もない無茶なものだったことだけは間違ない。……なかんづくもっとも危険なのは、教育と学校行政の区別を混淆して、教師の手で学校管理の一切を掌握するといふ要求であり、私は固よりこんな要求を拒否する以外になかった。……」

なお、この頃の全教の姿勢について、CIE（民間情報教育局）教育課のある担当官は次のように回想している。

「教員組合の指導者が、文部省の役割について、如何なるときにも少しの理解も示さなかったことは、教育課にとって絶えざる驚きであった。文部省が教員の賃金アップを許可できないのは、組合自身もよくわかっていたことであった。……文部省に対する容赦ない攻撃をすれば、組合は教師の権利と利益のために積極的に闘っている組織だという名声を博することになり、有益なのだった。」

② これに対して、都教協は、5月10日、安倍文相に初めて会見し、4月26日の結成大会で決定した当面の実践目標の一つである「餓死突破資金即時支給」（本人300円、扶養家族1人100円）ほか7項目の要求を提出した。そして、当日の文相の回答に満足できなかった都教協は、5月15日、再度の会見で、再び前回と同じ要求をしたのに対し、文相は、「本官としても、各関係方面に極力折衝せるも、実際上、仲々実現困難な問題で、本年度の追加予算より5千万円を臨時的給与の為にさいて貰っている。それ以上についても、更に努力したい。……」と答えたほか、他の項目についても、前向きな回答をしている。

また、都教協の存在そのものについても、「教員組合が、教育の目的に背馳したり、学校教育を撹乱せしめぬ限りは、これに干渉せず、のみならず、健全に発達し、地位の向上、内容の充実向上を図るものであれば、大いに援助したい。」と述べている。

(5) 組合に対するGHQの指導

4月から5月にかけての教員組合運動の異常な高まりを目の当たりにして、GHQは、教員組合に対して、活動の在り方を具体的に指導する必要があると認めていた。

① 前述したマッカーサーが食糧メーデーに際し、日本国民に警告書を発表した日の翌日の5月21日、民間情報教育局（CIE）の局長が、非公式に、大日本教育会、日教、全教、それに都教協（国教と中教）の代表者を彼の事務所に招き、教員組合の活動のあり方についてGHQの考えを説明した。GHQからは民間情報教育局の局長と教育課長、それに経済科学局（ESS）の労働課長が出席した。出席した関係者のメモや報告等を総合すると、およそ次のような発言があったとされている。

（民間情報教育局長の発言）

イ、教員組合は、労働組合の模範となってもらいたいこと。

ロ、組合の目的の第一は、経済的改善を図ることであり、教職員の生活の安定をまず取り上げねばならないこと。したがって、社会的・政治的運動を目的とするものは、組合と認めないこと。

ハ、教科書についての干渉は、組合運動の本旨ではないこと。

ニ、教育行政の地方分権、教育の地方的建設……これについても、教育の進化という方法でゆきたい……飛躍的に一挙に改革するというわけにはいかないこと。

ホ、俸給の値上げの……要求は、全体的立場から要求すること。不可能なことは要求しないこと。

ヘ、現在の混乱している実情を真に認識するとともに、目標を一つにして進むこと。

ト、組合活動は、実情を調査し、批判的でなければならないこと。

チ、占領地であることを、常に忘れないこと。

(労働課長の発言)

イ、天皇に、食糧メーデーで回答を求めたのはよくないこと。

ロ、一せい給与引き上げを一大臣に要求し、3日期限で回答を求めるのはよくないこと。

ハ、教科書の内容を反ばくすることは、労働組合法では保護されないこと。

ニ、労働組合は、経済闘争をするものであり、政治闘争は、経済闘争を解決するために必要な限度においてなされること。

ホ、労働組合法によって与えられた権利を十分に活用すること。それによって、「懲罰」を受けることはないこと。

ヘ、輿論の支持が得られるように、反動運動にすきを与えないようにすること。

ト、デモをすることは、自由な権利であるが、合法的な可能性を最大限に活用すること。

チ、デモは運動の頂点であること。具体的な目的を掲げ、統制を保ち、一般大衆がついていける程度でやること。一般組合員の輿論で、現下の情勢上必至なりとの認識をもたせること。

リ、マッカーサーの声明書で警告したように、止むを得ない場合は、その運動に対し、必要な手段をとること。

以上のGHQ側の指導の内容を見ると、組合活動を適正に行なうための指導のほか、組合活動を効果的に行なうとか、あるいはむしろ組合運動をあおっているような発言も見受けられる。また、同じことについても、担当者によって指導の内容に温度差があると受け取れるものもある(例えば、上述した民間情報教育局長のロ、の発言と、労働課長のニ、の発言を比較）。ただ、ＧＨＱのその後の組合活動に対する対応の仕方を合わせ考えると、この時点でＧＨＱが最も警戒していたのは、教員の組合活動が今以上に過激化することであり、そのため、組合は経済的活動を行うもので、政治的・社会的運動を目的とするものは組合ではないという労働組合の本来のあり方を指導したかったものと思われる。

②　この発言の後、ＧＨＱ側と各組合の代表者との間で、さまざまな質疑応答が行なわれたが、全教代表の羽仁五郎の次の意見は、特に注目を引いた。

「私たちは、占領軍の行為を解放行為として感謝している。占領軍は、日本政府を支持しているのではなくて利用していることを知っている。（中略）局長は、進化の原則にたつと言われたが、障害が大である場合には、革命的（レボリューショナル）になることを諒解せられたい。……40万人の教員と1,９００万の子どもたちは、今や死に迫られていることを考えられて、このような状態のもとでは、教員組合の運動が、場合によっては進化の方法をのりこえて革命的になるかもしれないことを理解願いたい。」

この発言は、占領軍を「解放軍」と規定した占領初期の共産党と同じ認識の上に立って、占領軍に、共産主義革命への理解と支持を求めたものと受けとれるのである。しかし、すでに4月7日の官邸突入の際や5月1日のメーデーに、ＭＰが勤労大衆の暴動を抑止するために出動していたこと、とりわけこの会合の前日の5月20日、マッカーサーの「暴民デモ許さず」の警告があったこと、しかも、前述したように、全教の内部でも、占領軍が本質的には日本の保守勢力の側にあると認識し始めた者もいる中でこのような発言が出たことは、この日の会合でのＧＨＱ側の発言、特に労働課長の組合活動に理解があり、デモを煽動しているかのような指導に、わずかな望みをかけたものといえそうである。

この日の会合で、政治的・社会的闘争を禁止ないしは控えることを指導したはずのＧＨＱの指導は、その翌日5月22日に出された全教の次の「声明」によって、完全に無視されていることが明らかになる。

「現行労働組合法は、労働組合の主目的は経済的地位の向上であると規定しているので、労働組合の政治的・社会的な闘争を禁止しているのではない。

況んや官業労働組合の俸給令改正に対する要求と食糧の闘争に於いて、反動閣僚と反動政府に対する闘争に発展することは、当然であり適法である。」

③　なお、この会合の行なわれた5月21日、安倍文相は、文相として最後の挨拶の中で、教員組合問題について、次のようにＧ

HQ側と同じ基調の発言をしている。

「労組の主目的は、労働条件の維持改善その他経済的地位の向上をはかるためで、『主として政治運動または社会運動を目的とするもの』は、真の組合として認められておらず、……したがって、その行動が労働組合本来の活動の範囲を逸脱して教育の目的と背馳するやうなことがあれば、放置するわけにはゆくまい。教員組合の正しい発展によって、教員の地位と教育内容の向上を希望してやまない。」

(6) 全国教員大会の決裂（全教（都教）と都教協の衝突）

全教と都教協は、イデオロギーでは鋭く対立していたが、当時の深刻さを極めた食糧危機に対しては、認識を同じくし、同じ立場に立って行動していた。3月17日、全教を含む官公吏諸組合20団体によって結成された「全国官公職員労働組合協議会」（全官公労協）は、5月19日、臨時給与のほかに差し当たり応急生活費として、本人及び扶養家族1人当たり月100円支給を決めて、政府に要求した。そして、この要求行動には都教協も参加し、「100円闘争」は、急速な盛り上がりをみせた。

① 全教は、5月19日の食糧メーデーの直後、「生活危機突破全国教員大会」を開き、基本給800円を基準とする俸給令改正等の要求を決議し、文相に要求したが拒否され、文部省内に闘争本部を置いて座り込み戦術に出たことは前述した。そして、あくまでも要求を貫徹するため、6月1日に「要求貫徹全国教員大会」を開くことを提唱し、都教協側に働きかけたほか、全教に所属していない各県や地方の教員組合にも呼びかけて、共同戦線を張ることにした。

② しかし、全教の基本的戦略が、人民戦線を統一した後、革命を経て、人民共和政府を樹立することにあると考えていた都教協側は、全教に対して大変強い警戒心をもっていた。そして、この大会が全教の主催ではなく、また、国教との合流の大会でもなく、全国の教員組合が並列に立った大会であること、そして、共同闘争の要求事項は、準備会で決定することという条件付きで参加を決定していた。そして、大会の準備会でも、要求項目等について全教との間で調整を行い、基本給の要求については、全教の800円を、政府の400円との中間の600円にさせ、また、大日本教育会の即時解散については、「即時」を削らせ、児童は任意参加にとどめることに成功している。なお、都教協がこの大会のために準備していた文書からは、都教協側は、5月21日のGHQの提言に忠実に従おうとしていたことが明らかになっている。

③ これに対して全教側は、都教協との共同闘争をもっと素朴に考えていたようである。5月29日付の「日教闘争ニュース」は、

次のように報じている。

「去る5月28日午後4時、九段中学に於いて、国教、青教、中教が都協と共同闘争することとなり、全教本部と共に、闘争協議会をもって、文部省爆撃戦術の討議を行った。我々の闘争戦線の統一は斯くして成り、全国が打って一丸となってバク進することとなったのは、この上もない喜びである。」

④ しかし、6月1日の大会当日、児童の参加と共産党のメッセージをどうするか、準備会では結論が出ないままに開会の時刻が来てしまった。大会は相当に遅れ、しかも全教、都教協の完全な意思の統一のないまま開幕された。数千人の大会参加者の中には、「学校給食完全実施を」といったプラカードをもった子供たちも少なくなかった。

大会は、「救国教育運動の強力なる展開によって、教育危機を乗り切らんとするものである。」という大会宣言を決め、国鉄、東交等の来賓の挨拶があった後、共産党の野坂参三が演壇のスピーカーの前に立ったとき、都教協側参加者は、これに同調する地方代表者およそ200人とともに、一せいに退場し、あらかじめ準備していた国民学校で、別の大会を開催した。

⑤ こうして、大会は、両組合の不統一の再確認をしたことにとどまったが、全教は翌6月2日に開かれた反省会の最後に、「新しい組織として文部省闘争をやったほうが強力だ」という都教委員長の意見を入れて、全教を解体して新しい組織を発足させることを決定した。そして、同日、全教は「日本教育労働組合準備会」名で、直ちに次のような共同声明を発表した。

「6月1日、全国40万教員大衆の切実なる要求意思に依って開催せられたる全国教員組合大会が、都教協の一部幹部に依って、計画的な妨害を受けた。これに依って、全国的単一組織があたかも分裂したるが如き誤られたる報道に対し、我々は反動政府官僚・都教協合作による左の如きファッショ的反民主的事項を指摘し、その真相を明確ならしむると共に、それによって単一組織運動がかへって促進せられ、6月2日、全教が発展的に解消をなし、日本教育労働組合が誕生したことを茲に声明する。」

⑥ 日本教育労働組合（日教労）の結成大会は、6月26日に開かれ、11万7千人の単一組合として発足した。そして、岩間正男を議長に推し、規約、綱領を審議し、規約では、機関として大会、中央委員会、中央執行委員会をもつこと、大会が最高機関であること、そして、組合員については、激論の末、現職教育労働者であること等が決められた。また、次の綱領を決定した。

一、教育労働者の経済的、社会的、政治的地位の向上
一、人民の利益と進歩のための教育
一、教育活動の自由

なお、全教は、前日（6月25日）開かれた全日本産業別労働組合会議（産別会議）の結成準備会に代表を送っていたが、6月26日、日教労の結成と同時にその準備会に加盟した（産別会議は、8月19日、正式に結成されている。）。

⑦ 上述したような全教から教全連への動きと並行して、6月8日、東京都労働組合連合会（都労連）が、都教、東交など7団体5万の組織として結成された。そして、都教は、都労連の業管闘争「首都の行政を労働組合が全面的に管理する」という世界にも類例のない実験の一翼を担うため、6月15日、次のような「教育管理実施案」を作っている。

一、文部省並に都教育局の命令を全面的に拒否
二、督学官、視学官、視学の不信任、監督拒否
三、休校反対、学校給食に努力する
四、父兄教師による学校の自主的運営
五、教科書の自主的作成

そして、6月21日から、「業務管理で明るい都政」の胸章をつけ、全職場で一せいに業管に入ったが、「本部の闘争指導は微温的であって、下部組織には闘争態勢が徹底せず、その上寄合い世帯の弱点がいたるところに現われて」、6月30日には打ち切られた。そして、この都教を含む都労連は、この業管闘争について、「官公業労働者が政府の反動性を認識し、これとたたかうには、もっと強い組織を作らなければ駄目だということをはっきり掴んだ」と総括している。

⑧ 一方、都教協側は、その内部資料によれば、この6月1日の大会を自己の組織強化に利用しようともくろんでおり、準備会が決裂した場合は、都教協独自の全国大会を持つこととし、そのための会場も、あらかじめ準備していたのである。したがって、6月1日の大会の決裂で、彼らの目的はほぼ達成されたと考えていた。

そして、都教協は、全教とは別の会場での独自の大会終了後、直ちに、文相と都教協の要求事項の交渉をし、その結果を「要求全面的に貫徹す」とまとめている。

なお、この交渉の直後、全教は、全教側の要求をもって文相と交渉したが、思わしい回答が得られず、全教側は、都教協側をますます「御用組合」視するようになった。

⑨ また、都教協（国教1万名、中教3千名、青教2千名）は、全教の動きに対抗して、全国的組織の結成を急ぎ、6月21日、教員組合全国大会を開くことになったが、その大会趣意書では、全教とは別の全国的組織の結成を呼びかけている。そして、6月21日の全国大会終了後、「教員組合全国連盟」（教全連。都教協に、大分、神奈川、埼玉の一部等の教組をもって組織）を結成し、次の綱領を決定した。

一、新日本建設の基盤は、教育にあり。
一、吾等は生活の安定と地位の向上とを実現せんがため、強固なる全国的団結を図る。
一、吾等は、教育の民主的革新に邁進して、文化的平和国家の建設を期す。
一、吾等は、教育の独自性に基き、厳正なる批判の下自主的行動をなす。

また、7月7日には、教全連の支部として、教員組合関東連盟（教関連）を結成した。

こうして、日教労と教全連の二つの全国組織は、第一次吉田内閣（5月22日成立）の労働者階級に対する厳しい政策に、分裂したまま闘うこととなったのである。

3．2・1ゼネストへ向けて

(1) 労働関係調整法改正案と教員の争議権

① 昭和21年（1946年）7月7日、読売新聞は、「教員の争議行為禁止」の大きな見出しで、労働関係調整法案が、7月6日、閣議決定された記事を掲載し、その中で、教員の争議行為（ストライキ）が禁止されることになった経緯を、簡潔に次のように報じていた。

「……労働関係調整法案は、6日午前の閣議において学校教員の争議行為の可否をめぐって活発な論議が展開され、結局、田中文相はじめ多数閣僚の強い意見により、同法案中第5章争議行為の制限禁止等第38条中に、新たに官立，公立または私立の学校の校長及び教員の一条が挿入され争議行為が禁止された。」

5月22日に就任したばかりの田中耕太郎文相が、教員の争議行為を禁止しようとした背景には、教育者としての経歴を持つ文相として、急に勢力を拡大する教員組合とりわけ全教（6月26日には、「日教労」となった。）に対する強い警戒心が働いていたと思われる。大臣就任直前の講演会において、田中は、「学校には労働争議めいたことはあるべきはずがない」こと、「教育者は、自己の使命の性質上、厳に中立を堅持しなければならない」ことなどを強調していたのである。

② しかし、組合にとって極めて重大な問題について、事前に何の説明もないこの抜き打ち的な発表に、穏健な教全連側が、まず、強く反発した。7月7日に教全連の関東支部として発足したばかりの教関連は、早速、翌8日、労調法の修正法案に反対する意見書を、内閣、文部省、厚生省、各政党及びGHQ労働課に提出し、同法案中第38条に、争議行為が禁止される者として追加・修正された「官立、公立または私立の学校の校長及び教員」の文言の取り消しを要求した。

教関連が意見書に掲げた理由は、教員組合としての労働争議が、他の労働組合のそれとは異なる特殊性を有すべきことは当然のこととしながらも、全国の実情は、教育者が声を大にして生活の安定を叫ばざるを得ない状態にあり、一部改善された地方では、強力な運動の結果であることが多い。「叫ばざれば与えられず、叫んで声正に大ならんとすれば其口を封ぜんとす、その矛盾如何せん」と訴え、このような理由から、「我等は断固教員組合の争議権を固守せんとす」と誠に切実な叫びを上げたのである。

一方、日教労とその東京都支部である都教労も、7月9日付で、「われわれは、……この教育労働者に餓死と奴隷化をせまる悪法、労働関係調整法案の上程に、断固反対を表明する」との声明書を発表し、首相、議会、文相、産別会議、総同盟及びGHQに代表を派遣している。

③　7月8日に教関連からの意見書を受取ったGHQの労働課は、課長が、その日のうちに、内閣に対し修正案の撤回を要求した。その理由として、「教員が争議行為をしても、直ちに国家が崩壊するおそれはない」、「アメリカの各州においても、教員の争議行為を禁止していない」などの点をあげたといわれている。その結果、翌9日の閣議において、同法案中第38条に挿入された文言の削除を決定せざるを得なくなり、教員の争議権には手をつけないこととされたのである。こうして、2年後の昭和23年（1948年）7月に、マッカーサー書簡とそれに基ずく政令201号によって、教員を含む公務員の争議権と団体交渉権が正式に否定されるまでは、教員の争議行為は引き続き認められることになったのである。

なお、アメリカ本国の教員のストライキ権の有無については、GHQ内部でも意見が分かれており、例えば、民間情報教育局（CIE）の教育課の課長補佐は、この事件の発生する直前の7月1日、「アメリカでは、AFL（アメリカ総同盟）に加盟しているAFT（アメリカ教員同盟）は、ストライキもしくはストを振りかざす権利を認められていないことを指摘しておきましょう。」との覚書を教育課長に提出している。この点については、アメリカ最大の教員組合連合組織であるAFTは、一般教員中心の組織として、団体交渉権の獲得を一応政策として掲げていたが、「教員は、教育という公共サービスの提供者である」ということで、結成（1916年）以来、ストライキには否定的で、1947年には、“NO STRIKE”政策を再宣言している。

④　この事件については、労働課の一方的判断により、結果的に、教員のスト権は引き続き認められることとなったのであるが、教育課が労働課に異議を申し立てるというような事態は生じ

ていない。前述したように、ＧＨＱ内部で教育課と労働課の間で明確な役割分担がしてあり、教員の問題であっても、争議権といった労働組合的側面に関しては、そのすべてが労働課の管轄事項とされていたからである。この点については、後に、教員のゼネストの危機が高まった時点（昭和21年11月9日）で、ＣＩＥ局長は「ＣＩＥは教師にストライキをしてはいけないとは言えないが、ストライキを学校に持ち込み、一つの主義を教え、学校の管理を奪うといった問題は、我々の管轄事項である」と述べている。

(2) 日教労──全教組のゼネスト突入決定

①　共産党は、昭和21年8月の中央委員会で、次のような方針を明らかにしている。

「いまから、経済的な闘争より、一歩一歩急速に政治的闘争へこれを押し上げていかなければならない。（中略）どうしても天皇制を廃止して、われわれの手による人民共和政府を樹立せねばならぬ。このことが基本的な問題である。」（徳田書記長一般報告）

共産党としては、悲願である人民共和政府樹立のためには、戦後の混乱した政治・経済・社会の状況を利用しなければならないため、すべての闘いを権力闘争、革命政府樹立の闘争に結びつける性急な指導が行なわれていたのである。

②　8月末には、国鉄総連、海員組合等を中心に、「ゼネスト共同闘争委員会」が作られ、「吉田内閣打倒の先駆たらん」との宣言が発表された。そして、政府の人員整理に反対して、まず海員組合は、9月10日、ストライキに入り、10日間に及ぶストの後、完全雇用の協定をかちとり、また、国鉄総連は、15日にスト突入を決めていたが、13日、国鉄との団体交渉で整理案が撤回され、経営協議会に問題を移すことになり、スト中止を決定した。この海と陸との争いの勝利は、他の産業の労働者にも波及し、この年の10月、産別会議によるスト参加人員およそ32万人、生産管理参加人員およそ8千人という労働運動史上最大規模のいわゆる10月闘争が行なわれた。

このような労働情勢に刺激されて、10月18日、19日に、都教労（日教労の東京支部）の提唱により、生活危機を突破するため、29都府県、33教組（組合員約30万）の代表３００名が集まって、「最低生活権獲得全国教員組合大会」（以下「全教組」という。）が開かれた。そして「最低俸給６００円を支給すること」、「地方差を撤廃すること」、「男女の差別待遇を撤廃すること」等を含む7項目の要求を決定して、10月23日に回答するよう要求し、回答の内容いかんによっては「凡ゆる闘争方法をもって」闘うと声明した。この闘争は、政府が発表した「官庁職員給与制度改正実施要項」では、府県の待遇差が拡大することから、各府県での闘争が活発に展開されて、漸次、全国的闘争へと機運が高めれ、更に、新給与令では、とりわけ初任者と女子とが待遇差をつけられていたことから、青年と婦人の闘争意欲に拍車をかけることとなった。

この都教労の争議は、10月闘争から、11月、年末と発展していった全官公庁労働者の立ち上がりに大きな影響を及ぼしたのである。

しかし、この大会には、教全連系の組合の参加は得られなかった。また、ゼネストを主張する都教労側とこの大会に参加した地方の組合との間で、教員のゼネストの可否をめぐって激しい議論がたたかわされた。また、大会終了後、田中文相に対し、代表者が要求書を渡すべく面会を求めたが、前述した5月20日前後に、全教の組合員が文部省内で行なったいわゆる衆をたのんだ泊まり込み戦術に悩まされた文相は、これを拒否した。

③ なお、このような労働情勢の高まりの中で、共産党中央委員会は、10月31日付で、各地方・地区委員会あてに「教員争議に市民を動員せよ」という次のような指令を出していたことが、12月10日、衆議院本会議における各派代表のある議員による「教員ゼネ・ストに関する緊急質問」で明らかになった。

一、教員の争議は、単に教員労組のみの力では勝利は困難である。学童・生徒の父兄を中心とする広汎な市民層の支持を獲得せねばならぬ。それによって初めて要求は貫徹する。

一、また、一方には、居住細胞を中心として、教員と相はかり、学童を通じて父兄に働きかけ、争議応援の集会を組織し、……この集会は、単に争議の応援に止まらず、……町民大会を開催し、……文相、農相に抗議をする云々ということであります。

一、この闘争を勝利せしめるためには、学校内に細胞を設定しなければならぬ。戦闘的教員は、大胆に入党させ、細胞活動をなさしめる。学校内には、居住細胞が最も積極的に活動する要がある。

なお、この指令に呼応するかのように、翌11月1日付で、都教労は各分会に対し、「各分会は、職員室に要求項目及び闘争スローガンを掲げて、闘争の昂揚を図ること」をはじめ、前記の指令と同趣旨の指示を出しており、都教労と共産党との間に密接な関係があったことがうかがえる。

④ 全教組は、11月6日、第2回目の全国大会を開催したが、ここでもゼネストをめぐって、まだ機は熟していないとする時期尚早論と、スト否定は労組の否定に他ならないとする積極論と

が激しく対立し、結局、スト問題の具体的討論は、11月20日の第3回大会へまわすこととし、決意を固めることでおさまった。そして、闘争委員長に岩間正男を選出するとともに、翌7日の中央闘争委員会において、11月20日までにストライキ態勢を確立することを決定した。6日の大会を終えた後、5千人の大衆が文部省へ向かって「インターナショナル」、「赤旗の歌」を歌いながら、赤旗を掲げてデモ行進を行なった。そして、文部省で田中文相と会見し、「われわれは、最悪の場合に一斉罷業をも決行する」と、決議文を読み上げた。

なお、この頃、闘争委員長の岩間は、ゼネスト突入について、次のように語っている。

「最悪の事態に突入しないよう努力するが、教育再建の熱意と要求が入れられない場合はゼネストも致し方ない。そのときは文部省の命令を拒否し、学校教育を放棄する。

だが、子供達は放棄しないつもりだ。……たとへば、官制教科書の代りに、テキトを与へるとかして民主的教育をやってゆく、だから、世間で教員ストが子供達を放棄すると思ふのは大きな誤りだ。」

ところが、それから間もない11月12日、全教組が一般父兄説得用に用意した分会員用宣伝テキストでは、先生のストについて、次のように述べている。

「もし最悪の場合はやるけれど、コドモの教育は捨てない。尚最悪のときは、それもホウキするかも知らないが……そのような事態へさせるのは一に真の教育再建のためであり、協力してほしい。然しそのときのストの責任は勿論文部省（政府）にあるといわねばならぬ。」

そして、更に、11月20日の中央闘争委員会では、岩間は、各県代表からの質問に答えて、次のように回答し、本音を出している。

「私は故意に子供達をゼネストに利用することがあってはならないと書いた。それは新聞に出して大衆の好意的印象を得るためである。しかし、実際には上手く利用しなくてはならぬ。」

⑤ なお、ゼネスト決行にとって大変重要な意味をもつ、この11月20日の中央闘争委員会で、各県からの代表（中央闘争委員）から、「中央闘争委員会の性格並びに運動と共産党との関係」について疑義が出され、組合員はゼネストも忌避しており、これらのメンバーは組合から離脱しそうな気配である等の発言があったのに対し、岩間議長は、次のような極めて強気の発言をしたと伝えられている。

「世論に惑わされてはいけない。組合員のそんな意見は、組合意識の低さを表している。諸君の指導が間違っている。怠慢だ。我々の最後の支持者は組合労働者なのだ。○○、△△などと手に手を携え、現内閣を打倒するのだ。諸君の中には多くの共産主義者がいる。私は強力なリーダーシップを心から望むものである。」

また、岩間議長と同様、本部の中央闘争委員も一人ずつ立ち上がって、地方代表に強力なプレッシャーをかけ、この強い態度に押されて、地方の代表者は押し黙ってしまったという報告が伝えられている。

以上のような報告を見る限り、全教組中央闘争委員会が共産党に牛耳られていたことが明確にうかがえる。こうして、全教組のゼネスト態勢確立に向けた指導は、子どもたちや父兄をも巻き込んで、学校管理を含む文字通りの教育放棄へと次第に高まりつつあった。

⑥　こうした全教組を中心とした教員のゼネストへの動きに対して、一般の父兄はどのような見方をしていたか、当時の朝日新聞（11月14日付）は、次のように報じている。

「（組合が、争議行為について父兄間に諒解を求めるために開いた）四谷、世田谷両区で行われた父兄会の声を総合すると、過半数が『最低600円の要求』を是認して支持の立場にあるが、しかし、子を持つ親として、……争議のため、児童の教育を等閑視して貫ひたくない、街頭宣伝やデモに児童を動員することには反対である。」

なお、事態を憂慮する東京の小学校の父兄会の代表が、CIEに押しかけてまで、教員ストを中止させようとする動きもあったと、当時のCIEの担当官は記録している。

全教組の幹部としては、要求貫徹のためには児童・生徒の父兄を中心とする市民の支持が必要であると認識していながら、前述したような新聞記事が出るような事態に対しては、「父兄の世論は重大だ、しかし、それが全体ではない」、「世論を重視する必要はない。我々は世論に引きづられるのではなく、反対に世論を我々の方に引きづっていくのだ」というような強気の発言を続けていた。当時の世論の大勢は、教員のゼネストには反対であったのである。

⑦　全教組がゼネスト突入の決定をしていた頃、教全連の側にもさまざまな動きがあった。

11月4日には代議員会を開き、中央闘争委員会の設置、最低実収600円の要求を決めるとともに、「かねてより組合の自主性を尊重するわれ等は、……手段化された闘争によらず」、目標をつらぬくことを声明した。教全連の幹部たちは、全教組のゼネストを政治闘争の「手段化された」ものとの認識をもっていたのである。

そして、11月9日の教全連第2回中央闘争委員会の記録には、ゼネスト参加の可否に関しては、地方教組の間で意見が割れており、「やるともやらないとも決定せず――（取り）下げる」と書かれている。

なお、11月から12月にかけて、全教組から教全連に対して、ゼネストへの「共闘」の申入れがいく度か行なわれていた。まず、第2回目の全国大会の翌11月7日、共闘を申入れたが拒否された。そして、11月9日、最後的な共闘申入れを行ない、11月12日までの回答を要求したが、教全連側は、これに対しても実質的な共闘拒否を行なった。その後も、11月23日、全教組の岩間闘争委員長と教全連河野会長との間で「合同」問題を話し合う協議会の席上、ゼネストについても話し合われたが、意見は対立し、共闘は成立しなかった。

教全連の中央闘争本部名で出された12月9日付の声明書には、両者の見解の相違点が、次のように書かれている。

「世論、父兄のストライキ反対の意見は、早急に之を同情へ向かわせることは困難であり、しかも、之は、尊重しなければならないといふ我々の考へ方に対し、世論や父兄の意識は低級であり、之を引きずってゆくべきだという見解が対立した。又一切の手段をつくした後にストは考へるべきものといふ見解に対し、全教組では、常にスト態勢が唯一の目的であるが如き行動を示した。」
⑧ 全教組と教全連の当事者間の動きとは別に、12月8日、9日の両日の西日本教員組合協議会（以下「西日本教協」という。）によるあっせん、12月10日以降の中央労働委員会（以下「中労委」という。）の末弘厳太郎会長代理による統一のあっせんもあったが、いずれも教全連側の都合で不成功に終わっている。
後者の場合をもう少し詳述すれば、12月7日、最低基本給600円その他の要求を掲げた50日間に及ぶ対文部省交渉が決裂した全教組は、中労委に調停を提訴した。これを受けた中労委は、末弘会長代理が紛争解決に乗り出したが、12月10日、組合側が一本にまとまって政府と交渉することを希望し、全教組、教全連、西日本教協の三者が一たん解消した上で一体となり得るかどうかについて協議を進めた。そして、「全国一本の組織を12月22日（全教組の全国大会の予定日）までに結成する」ことで完全な合意がみられ、「日教労と教全連は、全国組織完了の日をもって発展的に解消する」旨の共同声明が発表され、調印は12日と定められた。

ここに、40万教員だけでなく、一方では政府、文部省のほか、内務省、警察庁までも注目し、他方では父兄、一般市民、すべての労働者が、かたずを飲んでその成り行きを見守ることになったのである。

ところが、12日の調印の日になって、教全連は、複雑な内部事情から、河野会長自らが出席して合意した22日の合同大会を来年1月まで延期したいと申し出、その際、調印は14日に延ばされた。しかし、その前日の13日、教全連は、代議員会が正式に共同声明の否認を決議した。こうして、教員の戦線統一は、夢と消えたのである。

一方、全教組は、失望したものの共同声明を捨て切れず、教全連抜きの調印を行った後、この件の全教組側の責任者である岩間中央執行委員長は、次のような談話を発表した。

「われわれは、あくまでも共同声明の線に沿うて努力し、22日全国一本の大会を持つ。教全連も客観状勢を考え、もう一度考え直して参加して欲しい。われわれは、大会当日、席をあけて待っている。」

なお、西日本教協は、22日の全教協結成大会参加の意思を発表した。

そして、このような分裂的様相を示していたのは、この二つの組合の間ばかりではなかったのである。全教組を構成する各県においても、労働組合のあり方について、「共産党―産別」との結びつきを支持する人たちと、疑問を示す人たちとの対立が、着実に、しかも厳しく生じていたのである。

⑨　全教組では、スト突入の第1段階として、12月9日から、その支配下にある都教労13支部で、業務管理（学校管理）に入った。各支部には、次のような文書が流されている。

一、業管闘争の方法

①　業管とは何か

業管とは、文部省―地方廳―市町村当局―学校といった文部行政を切断して学校運営の一切を闘争委員会において自主的に行ふことである。

つまり、学校に対する当局の一切の命令を峻拒するわけである。この場合、決定権は職場の大会がもち、職場大会によってえらばれた闘争委員会に従属する学校運営委員会が一切の事務をにぎることになる。

（中略）

⑥　スト準備

今度の業管は、第2、第3段のための準備ストであるから、この期間に万全のスト体制を整備しなければならない。父兄の啓蒙が父兄と協力する色んな仕事を通じて行はれなければならない。……

二、分会闘争委員会をつくれ

○　右の如き闘争をするために、各学校毎に闘争委員会をつくる。

○　闘争委員会は、闘争遂行のための組織をもたなければならない。

・　委員長の選挙について

・　校印の管理と使用について

○　職員全員が闘争組織に入らなければならない。

⑩　このような校長の権限をすべて否定して、組合が学校を管理するというような闘争手段については、文部省はもちろん、CIEも許容するところではなかった。全教組がスト突入を決議（11月6日、7日）した直後の11月9日、文部次官はCIE局長と協議を行なっている。

文部次官は、組合は学校の秩序を無視して、学校の管理を引き継ごうとしていること、組合の闘争を教室に持ち込み、共産主義まで教えるのではないかと心配されること、多くの伝統ある学校の活動は破壊され、多くの教師は、民主主義とは校長に従わなくてもよいことだと理解するようになることなど、日本の学校教育制度への計り知れない影響について深く憂慮していることを伝えた。

これに対してCIE局長は、学校が今のまま続くよう関心を持ち、希望している。自分の個人的意見としては，定められた義務を実行しない教師は、法律に従い解雇されるべきであるとの意見を述べた。その後、文部省は、「CIE局長は、教員が学校を乗っ取ることはできないという個人的意見を堅持している」との情報を得たといわれている。「個人的」とことわっているのは、前述したとおり、広く、教員の組合活動の問題に対する、CIEとESSとの立場を意識してのことと思われる。

こうしたCIEの支持もあって、12月7日、田中文相は記者会見で、「ストは民論が適当に批判し、民論が事態を悪化させないようなブレーキになることと思う。教育者諸君と父兄が健全な常識を失わないことを信ずる。われわれは、教員諸君の使命の高貴なるが故に、特に待遇改善を関係各方面に折衝し、要求しており、これを裏切ってストをするということは諒解し難い」と述べている。

また、「ストの手段としての（組合が言う）自主的教育、すなわち学校管理については、これまで否認し続けてきた文部省の従来のとってきた態度には、変わりはない。文部省の指令を拒否し、又は教科書を使用しない手段に出ることに対しては、われわれとして認めないのみならず、これは民論が正しく批判するであろう」との見解を示している。

更に、田中文相は、全教組が学校管理に入った日の翌12月10日、「たとえ一部の者がゼネストさては学校管理というがごとき行動に出ることがあっても、文部省としては、教育者、父兄及び一般社会の態度と健全なる良識に信頼して、重大なる事態を惹起しないことを切望している。とくに教育者諸君は、……衷心自重されんことを要望する次第である。」との声明を発表した。

(3) 全教協の成立

① このように進んできた事態は、今や全産業を巻き込んだ空前のゼネストに発展しようとしていた。日本共産党の肝入りで8月19日に発足した全日本産業別労働組合会議（産別会議）の指導による民間単産の「10月闘争」は、越年闘争へと発展していくことになるが、この10月闘争を追いかける形で11月26日には、国鉄、全逓、全教組を含む13組合、２６０万人の官公労働者による「全官公庁共同闘争委員会」（共闘）が組織され、本部を運輸省に置いた。そして、最低賃金制の確立、越年資金の獲得など8項目の闘争目標を掲げ、議長には、国鉄労組の共産党員、井伊弥四郎を選出した。

② 「共闘」は、12月3日、石橋蔵相に要求書を提出し、12月10日には、６万人が集まって人民広場で要求貫徹大会を開いたが、首相からの回答は、ほとんどが「研究中」ということで、拒否に近いものであった。

戦後2度目の正月を目前にして、12月17日、全国労働組合懇談会の「生活権獲得吉田内閣打倒国民大会」が全国的にくり広げられ、その周囲には続々と労働組合、農民組織が結集されて、労働組合の闘いは急激に高まっていった。２月１日ゼネストに向かって、吉田内閣打倒、人民政府の樹立という政治的要求を高く掲げた東京大会には、50万人が集まった。それは革命の前夜を思わせる異常な興奮を人々に与え、「岩間文部大臣」というささやきが、まじめに交わされるほど闘争の雰囲気は高揚していたといわれている。

これらの動きは、共闘が中心となっていたが、共産党書記長徳田球一は、「デモだけでは内閣はつぶれない。労働者はストライキを以て、農民ならびに市民諸君は、大衆闘争を以て断固闘わなければならない」と絶叫していた。

なお、共産党書記長の徳田球一は、教員とその組合について、次のように述べているが、これは教員組合に対して、共産党の継続的で強力な指導が行なわれていたことを示すものである。

「11月にはいるや否や、実に長期にわたって、封建的天皇制の教育制度にわざわいされ、保守主義の別名のごとく考えられた教員諸君が立ち上がったのである。これは実に惨めな生活条件を押しつけられていたことに対する憤激からおこったものであった。

この組合は、極めて革命的な少数の分子と、極めて反動的なかなりの多くの分子と、その中間に存在する多数の人々によって構成せられていたために、闘争は極めて困難であった。彼らがいくたびもほとんど無謀にひとしいストライキを決行しようというのに対し、我が党は常にこれを啓蒙して、大闘争にみちびくことに専念したのである。教員組合にひきつづいて、全逓、国鉄、官公職員全体がたちあがったのである。これらが統一せられて、に産別の全労働組合がこれに参加することになって、２・１ストライキ態勢が結成せられたのである。」

また、当時の教員組合の活動ぶりについて、井伊議長は、次のように回想している。

「官公庁２６０万人が結集したとはいえ、いちばん最初に立ち上がったのは教員組合です。教員組合は、46年10月18日、産別10月闘争の最中に大会をやり、そこで賃上げその他の要求を出しています。……こうして、官公庁関係でもっとも組織の大きい教員、全逓、国鉄が先頭を切ったわけです。」

③　この間、GHQは、教員組合に対する共産党の浸透工作に気付き、調査を開始していた。11月7日、CIS（民間諜報局）からCIEの分析調査課に対し、日教労の幹部が共産党員であるかどうかを調査するよう依頼があり、この要請に応えて12月2日付で提出された部局間覚書「日本の教員組合への共産主義の浸透」には、次のように書かれている。

「日教労の影響力ある指導者の大部分は、共産党員かシンパである。組合の委員長『岩間』は、左翼だが、共産党員ではない。……日教労の組合員の大半は共産党員でもなければ、シンパでもない。彼らの多くは、現在の組合の共産主義的傾向を知らないか、もしくは否定している。」

この覚書の中で、「組合で最も影響力のある人物」、「強力な左翼シンパ」と書かれている岩間が「共産党員ではない」というのは、これまでの彼のめざましい活動ぶりから見れば意外に思われるところであるが、これは事実であった（彼は、日教組成立後の昭和24年2月に、共産党に入党している。）。

主として、１９３０年代の日本の労働問題についての研究者であり、すでにたびたび登場したことのあるESSの労働課長は、このあたりのことについて、次のような回想を残している。

「共産党は、浸透に成功した組合の場合、党員を名目上の指導者の座に就かせるよりも、すでに役職にある政治的にはうぶだが人気のある指導者を取り込み、持ち上げ、政治的に〝教育〟し、党の援助で取り囲み、最終的には党内へかあるいは少なくとも党の規律のもとに取り組む方を好んだ。……というのは、秘密性は共産党の成功に不可欠のものであったからである。……共産党は、どの組合でも、党のフラクション・キャップ（共産党の秘密分子の指導者）が誰か分からないように注意した。フラクションが強力で、その指導者が組合を動かしていたとしても、指導者は決してトップの地位には立たなかった。たいていは、事務局内で、重要だが控え目な役員となっていた。」

これまでも、そしてこの後の活躍も際立っている岩間は、その活動家としての生い立ちからも、誠に、「すでに役職にある政治的にはうぶだが人気のある指導者」そのものであったといえよう。そして、全教組のフラクション・キャップは、別にいたのである。

④ ところで、全教組は、教全連を除く全国の中立系教員組合によって全国的な組織化を進め、12月22日に、「全日本教員組合協議会」（全教協）の結成大会が開かれることになっていた。そして、全教組は、この頃までに、1道、1都、2府、29県の32万の教員が中央闘争委員会の指令の下に、整然と闘争態勢をとるに至ったと述べている。

しかし、当時、西日本の大半の組合は、「政党色を組合に持ち込むべきではない」という意見に統一されていた。したがって、全教協の発足に当たって、岩間をはじめ共産党系の人びとによって執行部が占められた場合は、西日本を中心に脱退の動きがあり、統一は不可能な状勢にあった。

そこで、結成大会の前日、北海道、岩手、福島、山梨、石川、京都、大阪の代表者など共産党に対する批判グループの非公式の打ち合わせ会が開かれ、実力と人気を兼ね備えた大阪教員組合の副委員長荒木正三郎を新しく生まれる全教協の「委員長」に推せんすることとしたほか、「副委員長」、「書記長」を含めて主な役員の候補者を、この会合であらかじめ決めていた。

そして、12月22日の大会当日、役員の選挙が行なわれたとき、荒木委員長のほか、前日の非公式の会合で決められていた者が、すべてそれぞれの役職に当選し、そのため、岩間は、委員長、副委員長、書記長のすべてに立候補したが、すべて対立候補に敗れた。

共産党は、労働運動の面では、幹部操縦主義がとられており、組合幹部に共産党員を送り込み、その党員を通じて代々木の本部が労働組合の運動を遠隔操縦していたのである。したがって、党員たちにとっては、組合幹部を一人でも多くとることは至上命令であり、しかも岩間の委員長当選を信じて疑わなかっただけに、荒木委員長の出現は衝撃的であった。

一方、これに批判的な人びとにとっては、労働組合が政党の手足となって動くことを拒否し、とりわけ労働者意識の薄い多くの教員を団結させるためには、共産党色を明確にすることは、絶対に避けなければならないことであったのである。

⑤ こうして、新しく生まれた全教協の執行部は、反共派で固められたにもかかわらず、全教協は、実際には、依然として共産党の支配するところとなっていたのである。それは、執行部の選挙後の混乱の中で、岩間が、「大同団結のため、選挙の結果を認めよう。そして、当面の闘争を推進させるため『中央闘争

委員会』をつくろう」と提案し、その闘争委員長に自分自身が選出されたほか、副委員長、書記長にも同系の者が選出されたからである。こうして、目下の闘争中は、岩間を委員長とする中央闘争委員会が全面的に執行機能を持つ形がとられ、せっかく選ばれた中央執行委員会は名目的なものになったのである。そして、この形は、2・1ゼネスト中止後の昭和22年3月7日まで続くのである。

なお、全教協は、この大会で次の「綱領」と「実践綱領」を採択している。

（綱領）

一、われらは、重大なる職責を全うするため、生活の安定と社会的、政治的地位の確立を期す。

二、われらは、教職員の団結を強化し、教育の民主的革新に邁進す。

三、われらは、民主的団体と協力し、国際文化の進展に寄与せんとす。

（実践綱領）

一、民主教育の建設

二、生活費を基準とせる最低賃金制の確立

三、教員の封建的差別待遇の撤廃

四、勤労条件の合理化

五、教員組合の全国的結集

(4) 2・1スト突入へ

① 大会の翌日の12月23日、全教協は、人民広場（宮城前広場）に3万人の組合員を集めて、「全教協要求貫徹全国大会」を開き、11月25日に全国組合長会議が発表していた一せい罷業実行計画案を、ゼネスト決行の戦術として一挙に可決した。大会で決められたゼネスト計画は、次のとおり3段階に分けられていた。

第1段階　・中央、地方で、スト突入宣言大会を開く。各職場で、スト宣言の職場大会を行なう。
・各学校では、午前中3時間授業　学校運営は、闘争委員会が行なう。
・文書監督権を拒否する。

第2段階　一日目　2時間授業
二日目　1時間授業
三日目　休業（朝、職員は学校へ全員集合、指令を受ける。連絡情報交換、宣伝活動、父兄教員合同大会の準備）

第3段階　全面授業停止（原則として、ストに児童をまきこまぬこと、但し、自主的応援は拒まない。）

なお、この大会終了後、文部省方面へデモ行進をしたが、文部省前にさしかかったとき、警官によって岩間ら8名が検束された。これは、戦後の教員組合運動史上の検束第1号となった。

② 12月29日、全教協中央闘争委員会は、傘下の全国組合の闘争委員会に対し、指令第1号と第2号を発し、次のような指示をした。

○ 近ク必至ノ情勢ニアル一斉罷業突入ニ対シ万全ノ準備ヲスルコト

○ 罷業態勢ノ完了ノ期日ハ1月10日トスルコト

○ 1月10日、組織完了後スト突入迄ノ期間ハ共闘態勢ノ強化ト指令伝達ノ演習トニ全力ヲ注グコト

○ 1月11日、全官公労中闘委員会ヲ開催、ストニ関スル意思表示ヲスル

○ 上記全中闘委員会ヨリ余リ遠カラザル時期ニ於テ重大事態ニ入ルモノト考ヘラレタイ

これによって、全国教員の8割、加盟組合員32万人を擁する全教協は、圧倒的多数の組合員のその日の生活にも事欠くような窮状を背景に、共産党中央闘争委員会の指導のままに、一路ゼネストに向かって邁進することになった。ここに、共闘と共に、参加組合員260万人という空前の規模でのゼネスト準備活動が展開された。

③ 「吉田内閣打倒」の叫びの中で、昭和21年は終わりを告げた。そして年が明けた昭和22年1月元旦、吉田首相は、ラジオを通じて国民に次のように呼びかけた。

「労働争議、ストライキ、ゼネストを頻発せしめ、いわゆる労働攻勢、波状攻勢などと称して、市中に日々デモを行ない、人心を刺激し、社会不安を醸成せしめて、あえて省みざる者あるは、私の誠に意外とし、また心外に堪えぬところである。……然れども、私はかかる不逞の輩が、我が国民中に多数ありとは信じない……」

労働者を「不逞の輩」ときめつけた吉田首相のこの発言に対する組合側の反発に対しては、新聞はじめ世論は、組合側を強く支持した。例えば、1月5日付朝日新聞の社説は、次のように述べている。

「我が国の労働運動に対する批判は、いろいろな角度から行なわれて然るべきだが、これを不逞の輩と概括し去るにいたっては、まことに言語道断というほかはないであろう。（中略）吉田首相にもはや時局担当の資格なきものと断定して誤りでなかろう。」

なお、共産党は、1月5日、秘密裡に行なわれた拡大中央委員会において、ゼネスト支援を決定した。そして、翌6日から

の第2回全国協議会において、徳田は、一般報告として次のように述べたが、これは疑いもなく、直接的な革命行動を目指していたのである。

「迫りくるゼネストをとらえて革命へ転化する3段階は、第一ゼネストをできるだけ広範囲に拡大して、全国の政治・経済秩序を大混乱におとし入れ、現資本家政府の支配機構を麻痺させ、この政治・経済秩序の大混乱を収拾するため、人民協議会を作り、これによって一切の人民管理を行い、生活管理をする人民協議会を中心に、中央に民主人民政府を樹立する。」

④ 首相の不逞の輩発言は、スト推進派を一層刺激し、年末・年始にも休まず闘争態勢の確立にほん走してきた各組合の幹部たちは、予定どおりゼネストに突入する決意を固めた。1月11日、人民広場で開かれた共闘の「スト態勢確立大会」では、6万人の労働者が赤い組合旗をかついで集まり、ゼネストの日を2月1日と決め、次の「ゼネスト宣言」が読み上げられた。

「……最低賃金制の確立をはじめ、基本的人権を主張するわれわれの要求は正当である。しかるに政府は一顧をあたえざるのみか、遂に血迷える首相は、われら勤労大衆を呼ぶに『不逞の輩』をもってした。(中略)

われわれは今や相互の団結を確信し、なん時たりとも、指令一下整然として歴史的なるゼネストに突入し、共同の全要求貫徹まで断固として闘いぬくことを宣言する。」

全教協代表は、「特権階級の手にあった教育は、人民大衆の手に取り戻さねばならぬ」と叫んでいた。こうした中、全教協は、1月14日、田中文相と会見し、要求の解決を迫った。文相は「全官庁の職員と同様に、2月に改善を図りたい」と答えたが、組合側は早期解決の意思なしとして、岩間がスト通告文を読み上げ、文部省をあとにした。

官公庁の労働者の周囲には、全産業労働者が結集し、1月15日、「全国労働組合共同闘争委員会」(全闘)が結成された。これには、産別、総同盟のほか、中立系の日労会議も参加し、「一、全国600万の労働者は、階級的連帯性と共同責任の精神により、労働者の生活権確保のために戦線を統一し、たたかい抜く。二、全官公教員を主としたゼネラルストライキを全面的に支持し、共同闘争を展開する」ことを誓い合った。

⑤ 1月17日、全教協中央闘争委員会は、2月1日午前0時、ゼネスト第3段階突入と、1月25日からの準備スト突入を指令した。この頃、全教協中央闘争委員会本部の作成した最終的なスト実施計画は、次のとおりである。

○ 1月25日から31日まで、スト準備期間として、午前中授業に入る。

○ 1月31日には、宣言、声明書を発表し、家庭、児童に対する宣伝を強化する。

○　2月1日のスト当日は、宣伝活動を徹底して行ない、学校防衛隊を組織し、学校では、父兄・教員合同大会を開いて、ストの意義を確認し合う。児童へ闘争情況を報告し協力させる。

これを、12月23日の大会で決定された計画と比べると、前の計画の第2段階は省かれ、第1段階からいきなり第3段階に入ることになっている。

なお、上記の計画に関連して、全教協が作成した「テキスト」には、次のような大変具体的な興味深い指導内容が列記されている。

○　校長が組合員として活動する場合は、あくまでも組合員として「裏切らない」という「誓約書」をとって、意思表示をしてもらう。もし裏切ったら除名する。

○　マ司令部の意向だとか、進駐軍の命令だとかいって警察などが来ても、それにそのまま従わなくてもよい。……正式に進駐軍の命令であるかどうかたしかめることだ。そのためには、正式文書を見せてもらえばよい。弾圧の方法として使われることが多い。……

○　内閣がなくなったら要求を通すことができないではないかという話に対しては……そのときこそ民主政府をつくり、要求を通す内閣を欲するのだ。……民主政府こそ我々の要求の内閣だ。我々は要求が通らん限りその貫徹のためにストをやるのであることをはっきりさせることである。

なお、すでに1月11日のスト体制確立大会でゼネストを決意した共闘は、18日、運輸省でゼネスト決行宣言拡大共同闘争委員会を開き、来る2月1日から無期限ストに入ることを満場一致で決定の上、ゼネスト決行共同宣言を行なった。そして共同要求貫徹まで一致団結して共同闘争をすること、労調法はふみにじってもストを行なうこと等を確認し合った。

⑥　このようなゼネストに向けての異常な雰囲気の高まりの中で、それまで組合経験が少なく、したがって、組合活動について見るもの聞くものがすべて新しく、また、自分では物事を判断することができず、指導者の支持に盲従するしかない多くの教師たちがいたのである。そして、血の気の多い青壮年の教師たちは、もう本当に革命ができると素直に信じ込んでいたようである。例えば、それからおよそ四半世紀後に、次のような回想を残している人たちがいる。当時のことを包みかくさず、率直に語ろうという人たちの興味深い貴重な記録である。

（A氏）

・　2・1ストのころは、……赤旗の歌を唄い、トラックの上で旗をふって、もう本当に革命ができるという雰囲気だった。

・あの2・1ストはえらい盛り上がりで、永年の虐げられた人たちが、日本中いっぺんに大爆発したという感じでした。

（B氏）

・教師であるんだか、革命家であるんだか、労働組合やってるんだかわからずに、とにかく2・1スト闘争へと進んでいったわけだ。そういう雰囲気が当時全体にあったんです。

・今日やることだけはやらなきゃだめなんで、そうすると明日やることを教えてくれるんです。夜には、明日何やれと。（中略）したがってぼくは、教師でありながら、京成電車のストライキ応援にいって、いっしょうけんめい鉄道線路をはずした経験もあるんです。とにかくそれは正しい方針だと教わってね。

（C氏）

・2・1ストは近い、革命は近いといった心情に駆りたてられたぼくたちは、近くの工場や学校を訪ねて、2・1ストへの決起を呼びかけまわった。

⑦　このような容易ならざる切迫した情勢の中で、2・1ゼネストを回避するための努力は、1月20日過ぎ頃から懸命に続けられた。まず22日には、政府から、1月暫定給与案（1人当たり、一律に150円、それに各人の俸給、給料の2割5分を加えた金額を増額する。ただし、現在の俸給、給料の2倍までとする。）の説明を付した声明書が出された。

これに対して組合側は、われわれは最低生活費として、現行給与の約3倍を要求しているのに対し、わずかに5割程度の増額をしようとしているに過ぎないとして反ばくし、政府声明書を白紙にかえすよう求めることに決定した。

また、24日には、政府が21日につくった「給与審議会」が首相官邸で開かれたが、労働側が、中立委員の選任に異議を唱えたほか、「吉田首相の『不逞の輩』の失言取消しがなければ、政府の諮問には応じられない」と主張して、散会となった。

⑧　その後、これら政府側の動きとは別に、末弘会長による中労委のあっ旋がねばり強く続けられた。末弘会長は、まず、組合と一度も会見していない吉田首相が、直接、組合との交渉に当たることが望ましいと考え、吉田首相を訪問して組合との会見を申し入れ、一たんは、24日午後に会見することが決まったが、首相は、当日、風邪のため会見を断り、25日に延期された。しかし、これも風邪のため断り、結局、首相と組合との会見が行なわれることはなかった。

そして、25日、中労委が提示したあっ旋案について、政府と全官公代表者が話し合ったが物別れとなり、28日には再度、中労委から調停案（18歳650円、平均月収税込1，200円）が提示され、組合側は、「1，200円の総収入で税を徴収されては、現下のインフレとヤミ生活のもとでは生活は絶対にできない」として拒否し、政府側もこれを受け入れなかった。そして、29日、再度、中労委案を中心とする政府側と組合側の交渉も一たん物別れとなった。

⑨ この再決裂後、中労委は、更にスト回避へ最後の努力を傾けることになり、先の調停案を基礎にして改めて再交渉をあっせんすることとし、まず、政府側に会見を申入れ、激論がたたかわされた後、結局、政府はこれを最終的といって受け入れ、1月から実施することを決定した。しかし、この案については、中労委の労働側委員として出席していた共産党の徳田球一は、一たんこれを受け入れながら、すぐ後で態度を変えて反対を主張し、結局、組合側は一切の妥協を排して要求貫徹に邁進する決意を堅持することとし、これを拒否したのである。ただ、中労委は、その後も2・1スト絶対回避を捨て切れず、30日夕刻の調停案では、平均月収税抜き1，200円（税込1，500円）の線を目標として、努力を続けていたのである（1月31日付朝日新聞）。

⑩ 他方、2・1ゼネストを目前に控えた1月30日午後5時から、政府、共闘、中労委がラジオ放送を通じて、国民にそれぞれの立場、主張を訴え、その支持の把握に努めた。中労委の末弘会長は、この訴えの中で、「今度の折衝で、組合側の要求の大部分はほとんど解決しているものと思う。最も重要な給与についても、政府案はほとんど調停案の線に近づいてきた。……」と述べている。このように、組合側が「経済的要求」の面では相当有利な政府回答の提示を受けながらこれを拒否したのは、共産党とこれと一体となっていた労働者グループは、すでに2・1ストをもって吉田内閣を打倒し、民主人民政府を樹立するという純然たる「政治スト」に戦略転換していたからであると思われる。そして、このことは、マッカーサーにとっては、占領の目的を危うくしかねない脅威とうつっていたのである。

⑪ なお、1月28日には、全国で一せいに「吉田内閣打倒危機突破国民大会」が開かれ、中央大会が開かれた宮城前広場には、早朝から50万人の労働者が集まった。そして「吉田売国奴内閣打倒の日まで、この大闘争のホコをおさめるものではない」ことを宣言し、首相官邸に向けてデモを行なった。

このようにして、2・1ゼネスト回避の努力はすべて実らず、2月1日という歴史的な日に向かう流れを押しとどめるものはすべてなくなったと思われた。

(5) 占領軍の介入とゼネスト中止

しかし、情勢は予期しないところから転換していった。ＧＨＱは、これまで機会あるごとに、労働組合側に対し、「占領地であることを常に忘れないこと」、「やむを得ない場合はその運動に対し、必要な手段をとること」と伝えていたが、ここに来て漸く「必要な手段」をとり始めたのである。

① すなわち、このまま放置すれば、ゼネスト突入そして人民政府樹立という「政治革命」への流れを押しとどめられなくなるという強い危機感を募らせたＧＨＱは、まず1月22日、ゼネストの指導者たちをＥＳＳ（経済科学局）に招き、マーカット局長が、マッカーサーの正式代理として、スト中止を命ずる「非公式の声明文」を口頭で読み上げた上、ゼネストに突入すれば、占領軍は直接介入することを強く示唆した。このとき、この場に立ち会った全教協の関係者の一人は、「非常な興奮状態の中で、局長はとにかく中止しろという。『中止しないと銃殺する』、『水道を止めたやつも、鉄道を止めたやつも全部銃殺である』などとおどしをかけてきた。真青になって震えている者もいた。」と回想している。なお、この日の呼び出しに関する新聞報道は禁止されていた。この後の25日、30日の呼び出しの場合も、同様であった。

占領軍のこの口頭勧告により、1月25日、社会党系の総同盟傘下の主要組合は、戦線から離脱した。しかし、共闘は、この勧告は非公式であり、今回のゼネストにＧＨＱが干渉することは考えられないとして、マーカット局長の警告を無視し続けた。全教協も、1月25日、この勧告はあくまでも非公式なものであること、要求が入れられない限りストは中止できないこと、組合はあくまでも既定方針を堅持されたいこと、指令のない限りスト中止は絶対にないこと、中闘の指示・指令以外のデマに、一切迷ってはいけないこと等を内容とする指示を、各都道府県教組闘争委員長あてに発している。

② 1月25日、ＥＳＳの労働課長は、再度、全官公井伊議長に対し、「ゼネスト中止は、マ元帥が決めたのだ」、「元帥は君たちの行為に対して、指導者を監獄に入れるだろう。」等の「警告」を発した。しかし、共闘は、スト決行の方針を変更しようとはしなかった。

この労働課長は、この頃の組合活動の激しい雰囲気を、次のように回想している。

「我々一握りのアメリカ人で、数百万もの日本人あるいは数千の指導者に、……『革命的組合主義』に対して批判的になるよう納得させることなど、そもそも不可能であった。さらに、私たちは、占領軍の一員であるソ連を批判することを禁じた占領規則にも縛られていた。……ＧＨＱの私たちが、彼らに政治主義的組合運動の危険性について説教することなど、『馬の耳に念仏』のようなものだった。」

また、全教協は、1月29日、GHQのGS（民政局）から、「ゼネストの責任は政府にある。正々堂々たるストライキを占領軍は決して弾圧しない。先の勧告は、労働課独自の見解だ」という新しい情報が入ったとして、各都道府県教組闘争委員長あてに、自信をもって既定方針通りに進まれたいと指示していた。

このようなGHQ内部の見解の違いが外部に現われたのは、なるべく事を内輪で解決しようとしたマッカーサーのもくろみが、かえってGHQ内部で、さまざまな憶測や誤解を生んでいたものと考えられる。

③ 1月30日、GHQは、再び全官公の各単組の委員長を招集し、ESSのマーカット局長は、22日のスト中止の声明文を、今度はマッカーサーの「正式命令」としてくり返したが、その内容は次のとおりであった。

一、2月1日ゼネストは、その規模において占領目的に反する程度になったと認めて、その中止を命ずる。

二、一般罷業権を否定するものではない。

三、これは最高司令官の命令であると言って、今から6時間以内（1月31日午前2時まで）に各参加組合に伝えよ。そして伝えたという證據を31日午前2時までに提出せよ。

四、本命令に従わない場合は、占領目的の違反と認めて指導者を厳罰する。ストライキが起きた場合は、責任者のみならず組合員をも罰する。また、労働運動そのものにとっても非常に有害な結果となるだろう。

この間、GHQと組合代表との間で激しい討論がたたかわされ、その中には、最高司令官の命令に従わない者は、全部処罰するというのであれば、「マ元帥から、直接、日本国民に命令を出せ」という井伊議長の発言もあった。そして、組合側は、スト中止は命令ではあるが、その命令はあくまでも組合側が自主的に受け入れるかどうか決定できるものと理解した。

マッカーサーは、この段階でもまだ、自ら正式の中止命令を出すことをためらい、自分の考えを部下を通じて組合幹部に伝え、組合側が自発的にストライキを中止することを期待していたのである。

全官公は、拡大闘争委員会を開きどう対応するか検討したが、ほんの一部の組合を除き、全教協をはじめ各組合は、GHQの命令はあくまでも非公式のもの、言い換えればマッカーサーの直接の命令ではないとして、これを拒否することとした。ゼネストの断行を強調した全官公の最終的スト通告は、31日午前2時25分に発せられた。全教協も、準備を万全に整えて、2月1日午前0時を待っていた。

④　この間の政党の動きを見れば、社会党は、急激なゼネストの高まりの前になすすべもなく、ただ見守っているだけといった情況であり、ストの主導権が共産党に握られていることを自認していた。

一方、共産党は、最後までGHQが強権を発動してストを中止させるとは考えず、徳田球一を先頭に、ゼネスト突入を絶叫し、そのゼネストを通じて吉田内閣を倒し、政権を社会党と共同して掌握することを考えていた。共産党の本部そのものが、革命的興奮に包まれ、ある段階では、松本治一郎首班の閣僚名簿が作られているという噂まで流れていたといわれている。

⑤　GHQから再三にわたるスト中止の勧告や命令が出たにもかかわらず、共産党や全官公側が、これほど強気に出た大きな理由の一つは、その直前、具体的には昭和21年の暮、占領政策の形式的決定機関であるFEC（極東委員会）が、12月6日に決定した「労働運動の16原則」が日本でも公表（12月18日）され、その中で、「労働組合は政治活動に参加し、また政党を支持することを許される。」（第6原則）とうたわれていたことによるものと思われる。

当時、共産党では、このFECの原則のほか、南鮮その他の外国におけるストライキの際の占領軍の対応の情報等をもとに、GHQはスト中止の警告を出したとしても、ストが実施されれば、まず、FECがストを支持することは間違いなく、そうすれば、占領軍は動かないと考えていたようである。しかし、極東委員会が決定した「労働運動の16原則」の中には、「ストライキその他の作業停止は、占領軍当局が占領の目的ないし必要に直接不利益をもたらすと考えた場合にのみ禁止される」（第5原則）とも定められていることから、マッカーサーが「占領目的を危うくする」と考えた場合には、ストを中止させることは、当然、予想されることであった。

それにもかかわらず、共産党が、スト中止の勧告、警告や命令が出されながらスト中止を受け入れようとしなかったのは、マッカーサー自身がスト中止の命令を出さないことに一るの望みをかけつつ、何としてもゼネストに突入したい、民主人民政府をつくるのは今しかないという「革命への夢」をどうしても捨て切れなかったことによるのではないかと考えられる。

⑥　マッカーサー自身、スト中止の指令を自ら出すことをなぜ「ためらい」、そしてなぜ最終的には「決断した」のかについて、後年、簡潔に次のように回想している。

「私はむつかしい立場に立たされた。新しく組織化された労働者たちが、自分の権利を主張しようとするのをじゃまするのは、気が進まなかった。

一方、ひとにぎりの共産党指導者がストを政治的な武器に使って、経済を破滅させるのを許すわけにはいかなかった。」

1月31日午後2時半、マッカーサーは、ゼネスト中止を命ずる次のような声明を発表した(朝日新聞昭和22年2月1日付)。

「連合国軍最高司令官として余に託された権限にもとづき、余はゼネストを実行せんとする労働組合の指導者にたいし、現下のごとく窮乏にあえぎ衰弱した日本の実状において、かかる致命的な社会的武器に訴えることを許さない旨を通知し、かかる行為をとらざるよう指令した。余はこうした問題でかかる限度まで干渉しなければならないことを最も遺憾とする。余がこうした挙に出たのは、公共の福祉が著しく脅かされるような致命的な衝撃を避けようとしたがためにほかならない。(以下略)」

同時に、マーカットの指示に従わなかった共闘の各組合の委員長9名に、GHQへの出頭命令が出た。そして、個別面談及び集団面談を行なって、マッカーサーの命令に従うことを誓約させた。

マッカーサー声明を伝達された共闘では、午後8時50分から、闘争委員会を開き、最終的にスト中止命令の受け入れが決められた。そして、井伊共闘議長は、昭和22年1月31日午後9時21分、「マッカーサーのスト中止命令は、了解に苦しむ点もありますが、最高司令官の絶対命令とあらば遺憾ながら中止せざるをえません。実に断腸の思いで組合員諸君に語っていることを諒解願いたい」旨の歴史的なゼネスト中止の放送を、全国に伝えた。そして、井伊は、この放送の最後を、次のようにしめくくった。

「私は、いま一歩後退、二歩前進という言葉を思い出します。私は声を大にして日本の働く労働者、農民のため、バンザイを唱えて放送を終わります。労働者、農民バンザイ。われわれは団結しなければなりません。」

こうして、2・1ゼネストは、マッカーサーが声明を発表して、直接、ゼネスト中止を命じたため、土たん場で回避されることになった。

⑦ 2月1日、全教協中央闘争委員会は、次の声明を発表し、ゼネスト中止を指令した。

「2月1日のゼネラルストライキは、連合国軍総司令部より之を中止をすべき旨命令された。我々日本国民はこの命令に従はなければならない。即ち、全日本教員組合協議会は、昨夜深更、運輸省に於て臨時中央闘争委員会を開き、その決議に基いて、2月1日のストライキを中止すべきこと、併し、一切の準備態勢は之を解かないことを正式に各都道府県組合闘争委員会宛指令した。

昨年10月18日、吾々教員の組合が全官公労働者の最前線に立って以来、日を閲する実に、100有余日想って茲に到れば、まことに断腸の感なきを得ない。」

そして、経済的要求の貫徹のための努力を続行することとし、田中文相から代わったばかりの高橋誠一郎文相（昭和22年1月31日就任）に対する交渉を、中労委を介して行なうこととした。

なお、全教協中央闘争委員会は、2月1日付、2月3日付、2月4日付の各組合闘争委員長あての指令で、各単独組合のストライキは合法的で制約を受けていないとし、各都道府県教組に、いつでも単独ストライキに入れる態勢を強化し、維持するよう指示していた。そして、2月4日付の指令で、普通授業を行なうよう指示しつつ、準備スト態勢（文書ストその他学校業務の管理状態）については、2月12日の指令で解除するまで続けていたのである。

一方、政府は、2・1ゼネスト解除に当たり、次の政府声明を発表した。

「官公職員組合のゼネストは、政府、中央勞働委員會及び組合側の三者があらゆる努力を拂い折衝したにもかゝわらず、國内自治的にこれが解決に達せずついに連合國總司令部の聲明を見るに至ったことは、政府としても國民としても共に共にいかんのきわみである。しかしながら、（前述したように）ゼネストによるあらゆる慘害を未然に防止し得たことは、國民全體として誠によろこびにたえないところである。

（中略）……政府は雨降って地かたまるのたとえの如く、今回のゼネスト解消を機として官公吏の關係はもち論のこと、一切の勞資の争いは當分これを休止し、國家再建、産業復興に向かって全國民が協力し一路前進することを希望してやまないものである。」

なお､ゼネスト中止によって防止できた「あらゆる慘害」（上記の政府声明）、「公共の福祉が著しく脅かされるような致命的な衝撃」（前述したマッカーサー声明）とはどういうことか、先のマッカーサー声明は、（省略した部分で）具体的に次のように指摘している。

「現在、日本は敗戰国として、連合國軍の占領下にある。日本の都市は、荒廃に歸し、産業はほとんど停止状態にあり、国民の大部分は飢餓をようやく逃れている實状である。輸送と通信を不具状態にするゼネストは、國民を養う食糧と基礎的な公共事業の維持に必要な石炭の移動を困難ならしめ、現に運轉中の産業を停止せしめるであろう。これによって必然的に生ずるマヒ状態は、日本國民の大多數を事實上の飢餓状態におとし入れ、その社會的階層のいかんを問わず、またこの基本的な問題に直接の關係の有る無しにかゝわらず、あらゆる日本國民の家庭に恐るべき結果を生ずるであろう。」

ゼネスト中止の影響は、その後の労働組合運動に大きな影響を及ぼした。全教協内部でも、ゼネストを煽動しながら、しかも中止命令に最も早く従順に反応し、更に、共闘組織の解体を強く主張した共産党に対する批判と不信は、非党員の組合員の中に、急速に広がっていった。

一方、マ声明による強制的スト中止命令は、占領軍に対する評価を変える大きなきっかけとなった。また、GHQ側としても、これまでの労働組合育成等の本格的な手直しに取り組み始めることになったのである。

4．日教組の成立へ向けて

(1) 労働協約の締結

① ゼネストが中止になっても、組合員の生活の苦しさと不安は、基本的にはなんら解決されたわけではなかった。また、この年の4月から6・3制が発足することになっていたが、そのための準備も不十分なままであった。そこで、全教協は、未解決のまま残された諸問題について、当局との交渉による解決に向かって努力することとした。

1月31日、世論の厳しい批判をかわすとともに、それまで日本国中をおおっていた重苦しい雰囲気を一新し、閣内の結束を新たにするため、吉田首相は3閣僚の更迭を行ない、文相には、全教協との関係が円滑でなかった田中文相に代わって、1月31日、慶応大学の高橋誠一郎が就任した。2月中旬、全教協中央闘争委員会は、対政府交渉を新たに開始するため、中労委を介して高橋文相との会見を正式に申入れ、初交渉は、昭和22年2月10日、末弘中労委会長が同席して行なわれた。高橋文相は、「今こそ独立自尊の精神を日本の教育に注ぐべき好機であると考え就任した次第である。……教員組合との交渉は非常に困難な面もあるが、最善をつくしたいと思う。目下まとまった考えはないから、今回は、教組、中労委の見解を虚心たんかいにお伺いしたい」とあいさつした。

そして、中労委の意見も入れて、次の3点が確認された。

イ、給与の問題については、近く、文部省と全教協が蔵相をまじえて交渉に入ること。

ロ、労働協約の締結については、文部省事務当局と全教協との間で小委員会を設けて、事前協議をすること。

ハ、6・3制、人事、学校給食その他教育民主化の問題についても、小委員会を設けること

最初の「給与」に関しては、全教協は、他の官公庁労働組合

と歩調を合わせて交渉に入り、スト直前に出された中労委の1，200円調停案を基礎に話し合いが進められたが、2月27日になって、所得税免税点の引上げ等の条件を付けた上で、これまでの平均月収600円を倍額の1，200円とすることで解決した。なお、この間、2月15日には、文部次官に対し、男女差及び地方差の撤廃を全面的に採り入れるよう要求を提出した。

また、2月25日の会見で、政府は給与暫定実施の条件として、組合側の争議の完全打切りを求めて対立したが、26日、組合側は、争議を打切るということで暫定案を採ることを承認した。

また、2番目の「労働協約」については、小委員会が7回にわたって開かれ、3月8日、高橋文相と荒木委員長との間で、正式調印が行なわれた。全教協にとって、昨年10月18日、田中文相に要求提出以来141日目に、歴史的な労働協約の締結をみたのである。

この協約には、教職員の任用、罷免、転勤等の原則的基準に関しては、「人事委員会」の審議を経ること、給与、人事体制、勤務時間、教育予算に関しては「業務協議会」で決議すること、勤務時間は、一週42時間を最長とすること、授業時間担当は一日4時限を基準とすること、組合員は、現職のまま組合事務に専任することを認めること、組合運動のための旅行は出張扱いとする（旅費は支給しない）こと、組合員の政治運動に妨害をあたえないことなど、現在の法制度の立場から見れば、文部省側が大幅に譲歩した内容のものが多く含まれていた。

なお、この労働協約とほぼ同じ内容の協約が、3月11日、文部省と教全連の間でも締結された。

3番目の「教育の民主化」については、次の5点について、今後、協議検討されることとなったが、これは組合側にとっては、いわば今回の闘争の副産物といえるものであった。

イ、教育刷新委員会に、組合側から委員を参加させること。

ロ、学童給食委員会をつくり、これに組合代表を参加させること。

ハ、議会提出の教育法案を、可能な限り事前に組合側に提示すること。

ニ、日本教育会を、組合の手で自主的に改組すること。

ホ、6・3制実施に伴う制度及び人事に関する審議委員会を設置し、組合代表を参加させること。

② このうち、ニ、の社団法人日本教育会については，CIEは、アメリカのNEA（全米教育協会）のような労働組合とは異なる教育専門職の職能団体に改組するよう勧告していたといわ

れている。しかし、日本教育会は、戦時中、文部省の国家主義・軍国主義教育政策を翼賛する組織となっていたため、戦後は、政府との関係を一切遮断され、文部省からの補助金も禁止されていた。したがって、全教協から「教育会の改組は組合の手にゆだねるべきである」と申し入れがあったとき、文部省は「日本教育会に対して、今後、一切干渉援助せぬ」と確約せざるをえないような情況がすでにつくられていたのである。そこで、日本教育会自身の改組に向けた努力は孤立無援で、しだいに力をつけてきた教員組合の前に、深刻な組織的、経営的危機を迎えていた。

そして、かねてより、GHQが日本教育会に対して、組織を改組して、労働組合とは別の教育者の職能団体をつくるよう指導していることを了知していた教育刷新委員会（GHQと密接な連携を保って、教育改革のための基本方針や具体的な方策を決定する役割を与えられていた。昭和21年8月、文部省が設置）は、昭和22年3月に入って、全教協の多数派工作、すなわち全教協が日本教育会の改組委員会の委員に、全国各地から多数の組合員を送り込んでいるという情報に接したとき、問題ありとして、昭和22年4月1日、首相に善処を求める次のような異例の建議を行なった。

「昭和22年3月、文部大臣と全日本教員組合協議会並びに教員組合全国連盟との間に締結された労働協約は、本委員会が……採決せる方針と趣を異にする点少なからず、且つ、日本教育会改組の方針とも適合せざるものあるを以て、政府は……教育者連盟に関する本委員会の決議の趣旨に基きて適当に善処し、……教員の職能の向上の実現方に努力せられんことを望む。」

しかし、この建議は、政府によって黙殺された。このような状況の中で、70年の歴史をもつ日本教育会は、その後、日教組とその前身の全教協等の力と巧妙な戦術等により、いわば乗っ取られ（昭和23年3月25日、日教組委員長荒木正三郎が、日本教育会会長に就任）、続いて、消滅させられた（昭和23年8月5日、日本教育会の解散を決議）。

なお、教育刷新委員会は、同じ建議の中で、文相が全教協と教全連との間で締結した労働協約についても、組合の在籍専従制度や人事委員会のあり方等について、疑義ありと善処を求めたが、これも黙殺されている。

(2) 組織の解散等

① 全教協の内部組織については、労働協約が締結されたことで、昨年10月18日の「最低生活権獲得教員組合大会」以降、141日に及ぶ中央闘争委員会の使命は終えたとして、3月7日、臨

時大会を開き、中央闘争委員会の解散と、先に選ばれていた荒木委員長以下中央執行委員会が、執行機関として平常の運営を行なうことになった。そして、次の最も重要な闘いとして4月の総選挙を位置づけ、選挙闘争委員会が組織された。

なお、2・1ストのため組織された全官公庁共同闘争委員会（共闘）と、民間組織を含めてつくられた全国労働組合共同闘争委員会（全闘）の存置、廃止については、1月31日深夜、種々論議が行なわれたが、「これはいかなる形においても存置することは、今後における単独の闘争にも支障を来すであろう」という主張がとおって、即日、解散された。そして、解散した共闘組織に代わるものとして全教協も参加して、全労働組合の協議体の結成準備が進められ、3月10日、「全国労働組合連絡協議会」（全労連）（産別会議、総同盟、日労、中立系などの38組織が参加）が結成された。日教組は、6月8日の結成後、これに加入している。

②　昭和22年3月17日には、ルイ・サイヤン書記長を団長とするWFTU（世界労連）の代表団が来日し、単一化した全国組織による労働戦線統一の重要性を強調した。戦後初の国際交流であり、労働運動指導者たちは、労働者の国際交流の必要性を感じ、世界労連加入促進委員会も発足したが、やがて東西冷戦が激化し、世界労連が分裂したため、結実しなかった。

(3)　組織の結集の動き

①　2・1ストへ向かう過程で、各組合・組合員たちは、運動の力を強めるため、より大きな組織に結集する必要性を強く感じていた。そして、昭和22年1月に入ると、東京をはじめ各地で、全教協、教全連の下部どうしの懇談会がもたれていたが、これに中立の組合も参加するようになっていた。更に、最低生活の確保の要求，新学制（6・3制）実施のための闘い、先の労働協約で定められた業務協議会などをめぐる協力、それに、4月の戦後初めての総選挙へ向けての政治意識の高まりなどによって、全教協と教全連の間での組織の統一の話し合いは、急速に進んでいった。

そして、教全連は、3月23、24の両日、全国代議員会を開き、全教協との合同を満場一致で決定した。また、全国大学高専教組協議会（大学高専教協）も、「単位の小ささから来る戦術的弱点を克服すべきである」との判断から、3月23日、全教協に合同することを決定した。

また、先に述べた教育刷新委員会の文相と全教協、教全連の両組合との間に結ばれた労働協約に対する異議の申し立てに対し、両組合は、4月11日、共同声明を発表してこれに反論するという事態が生じたことも、両組合の結びつきを一層強めることになった。そして、選挙期間中の4月17日、都教は、反動的教育刷新委員会の改組を要求して闘うため、全教協と教全連に対して、「共闘委の設置」を申し入れた。

② 2・1スト中止後、2・1ストへ向けての労働運動、大衆運動の高まりは、共産党の急進主義は論外として、古い保守政治ではない戦後の新しい政治を求める幅広い社会的気運に支えられているのではないかと見ていたマッカーサー元帥は、2月7日、吉田首相に書簡を送り、人心の混乱を収拾し、事態を民主的に解決するため、改めて国民の信を問うべきであると勧告した。このようにして、昭和22年3月31日、衆議院は解散され、ここに、帝国議会は、57年の歴史を閉じたのである。そして、政府は、4月20日、国会議員、都道府県議会議員、市町村会議員の一せい選挙を実施した。

なお、この選挙においても、共産党は社会党に対し共闘を申入れたが、社会党は、選挙は各党が独自の綱領政策等を明確にして、選挙人の自由な判断にまつべきものであること、社共による民主政権を人民は必ずしも熱望していないこと、などを理由として拒否している。

全教協は、ヤミとインフレーションの撲滅、人民の手による産業の振興、生活費を基準とする最低賃金制の確立、保守的勢力の一掃と民主政府の樹立といった政治的スローガンとともに、新学制の完全実施、教育費の大幅増額、教育民主化の徹底、学童に無償給食、教育の官僚統制を排除等の教育要求を掲げて活発な選挙運動を行ない、都市、農村を問わず、教育関係候補者の善戦が注目を引いた。

国会議員選挙の結果は、衆議院では社会党が143議席で第一党（得票率は、前回より約5割増の26.3％）、次いで自由党131、民主党121、国民協同党29、共産党4、諸派25等であった。参議院でも、社会党が47議席で第一党となった。そして共産党は、この選挙では前年の選挙に比べて、当選者で1名、得票率で0.19％減少した。

マッカーサーは、この選挙結果に満足して、「日本国民は共産主義的指導を断固として排し、圧倒的に中庸の道……極右、極左から中道の道を選んだのである」と声明を発表している。

③ この選挙で、全教協からは衆議院で4人、参議院で4人（うち、全国区1人）その参加団体である教民協からの推薦議員2人の当選者を出し、教全連からは衆議院で1人、参議院で3人の当選者を出し、共に大きな成果を勝ち取った。

このような選挙結果を受けて、全教協内の共産党に批判的な組合員たちは、社会党の躍進に強い自信を持つとともに、全教協に対して批判的であった教全連の指導部の不信を払拭するためにも、この機会に、教育労働戦線の統一を、共産党批判勢力のイニシアティブの下に進めることが得策であるとの確信を持って、教全連幹部に対する統一の働きかけを強めていった。

なお、5月1日の第18回メーデーには、全教協・都協と共に、教全連傘下の中教組が参加した。中教組は都労連にも参加しており、教全連の他の組合が2・1ストには政治闘争であるという理由で参加しないと決めていた中で参加を決めており、元々、全教協とは近い関係にあったのである。

(4) 組織の統一へ

① 戦後2回目のメーデーが終わって3日後の5月4日、全教協と教全連のトップによる合同のための正式会談が開かれた。そして、

イ、各府県を単一組織とし、府県単位の総連合体をつくり発足することを基本とするが、止むを得ない事情がある場合は、単一化を急がず、府県の連合体としてもよいこと、

ロ、合同の時期を5月中旬～6月上旬とするよう努力すること、などが決定された。

このような経過を経て、5月8日、全教協（大学高専教協を含む。）と教全連による「合同促進準備委員会」が成立した。そして、5回にわたる委員会を開いて、

イ、合同大会は、6月8日、橿原建国スタジアムで開くこと、

ロ、単一組合となることを理想とするが、細部は地方の自主性に則らせる（一時的連合体は認める）こと、

ハ、原則として、校長の加入を認めるが、退職者、大学、高専の学校長、学部長は好ましくないこと、

などが決定された。

なお、校長を除くようにとの意見もあったが、当時の一般教員の意識水準からみれば、今直ちに校長を除くことは組織統一にはプラスにはならない、という現実的な観点から採用されなかった。

② このようにして、合同時期、組織、規約、役員、会計などの細部の打合せに入り、5月13日には、名称を「日本教員組合（仮称）」とし、大会日は6月8日と決められた。

5月26日と27日、「全国教員組合合同準備会」が開かれ、「合同促進準備委員会」は任務を終えて解散し、両教組の執行委員会を中心に、「合同準備委員会」が成立し、規約草案などの輪郭が決まった。また、組織問題では、激論の末、単一化を目差した連合体という形で決着し、役員の構成については、具体的人選は別として、3教組の代表によって構成すること、比例配分方式すなわち組合人員に見合う数を保障することが確認されている。

そして、6月8日の結成大会を前に、6月3日から5日まで、

開催地の奈良で、「大会準備打合せ会」が開かれた。この準備会では、綱領、規約などが最終的に論議され、新しい組織の名称を「日本教職員組合」とすることが決定された。また、組合役員については、中央執行委員長荒木正三郎（全教協委員長大阪）ほか、副委員長3人、書記長1人、書記次長2人の案が実名で示され、大半の者はこれに賛成した。そして、これに不服な共産党派グループは、執行部とは別に、中央闘争委員会を設置するという例の二重指導案を提案したが、少数で否決された。

なお、全教協、教全連そして大学高専教協の三つの組織が統一された時点での全体の内部構成を共産党派グループと非共産党派グループとに分けると、その割合はおおむね3対7であったといわれている。

③　ここで、3組合の統一との関連で、社団法人日本教育協会が所有していた「教育会館」が、どういう運命をたどったのか説明しておくこととする。

これまで、全教協も教全連も、事務局はそれぞれ国民学校の一部を借りて使用していたが、これが統一されて一つの組織となるためには、新しい事務局をもつことが必要であった。そこで、全教協は、神田一ツ橋にある社団法人日本教育会が所有する教育会館に目をつけ、借用の折衝を重ねた。日本教育会側は、GHQから勧告を受け、期待されているような職能団体として改組しようと努力していたところであったため、教員組合に会館の一部を貸すことには強いためらいがあった。しかし、全教協は結成直前になって、2階に5坪ばかりの部屋を借りることに成功した。

これが端緒となって、日教組は、結成直後から「教育会館はわれわれ教員のものだ」と主張し始めて、強引に事務局の面積の拡張を図るとともに、昭和23年8月には、社団法人日本教育会そのものを解散させてしまった。そして、かつての教育会館の跡地には、現在、日教組会館が建っている。

(5)　日教組の結成大会

①　昭和22年6月8日、午前10時、奈良県橿原建国会館野外講堂には、全国から854人の代議員（組合員500人に1人の割合で選出）が参集して、日本教職員組合結成大会の幕が開かれた。壇上の正面には、次の10のスローガン（行動綱領）が掲げられていた。

一、教育を復興し明るい日本を作れ

一、国庫支弁により6・3制を完全実施せよ

一、研究活動の自由と民主化を保証せよ

一、生活賃金制を確立せよ

一、物価を安定して、生活を保証せよ
一、国費による幼児保護施設の促進をはかれ
一、青年と婦人を解放し、明るい文化を与えよ
一、全国単一化を促進せよ
一、労働団体、市民組織と結んで働くものの団結を強めよ
一、教育界から戦犯人を追放してファシズムを打倒せよ

② 大会は、開会宣言、資格確認、正・副議長推せんを経て、議事に入った。

大会の議事は、組合規約の審議から始まり、まず組合の名称は、予定されていたとおり「日本教職員組合」（略称は、「日教組」）と定められた。

次いで、規約の細部に入り、組織の原則については、「この組合は都道府県単位の教職員を以て組織する連合体である」（第2条）と決定され、また、「地区ごとに協議会をおくことができる」（第8条）と定められ、組合の運営の上で重要な役割をもつ、いわゆる「地方ブロック」の組織が決められた。

また、組合の最高の意思決定機関は、組合員500人につき1人（及びその端数につき1人）の代議員をもって構成する組合大会とし、大会と大会との間、前回大会の決定事項を運営する上で必要な方針討議を行なう中央委員会は、組合員4,000人に1人ずつ選出される中央委員で構成することとされた。

更に、組合の執行機関としては、中央委員の互選によって、各都道府県から1名ずつ選ばれる中央執行委員で構成することが決定された。そして、中央執行委員長、副執行委員長、書記長、書記次長の三役も、中央委員会（後に「大会」となる。）で決められることになった。

最も議論が白熱したのは、「中央委員会は大会決定の重要事項につき三分の二の賛成がなければ決定できぬ」（第22条）という規定の解釈・運用をめぐってであった。この規定は、争議行為等の重大な決定をする場合を想定して議論が戦わされ、原案作成者は、三分の二としたのは、争議行為の突入など組合全体の運用に大きな影響をもたらす重大な問題については、過半数の決定方式では不十分であり、慎重に扱いたいからだと意見を述べた。これに対して反対者は、争議行為の決定を三分の二方式とするのは、三分の一程度の少数の反対で争議行為ができなくなり、これは多数決の原則を破るもので非民主的であると迫るなど、大会は混乱した。そこで、休憩をはさんで採決に入り、最終的には、賛成多数で原案どおり決定された。

③ ついで、綱領では、世界労連への参加など追加したい条項について議論が戦わされたが、原案どおり、次の3カ条が決定された。この3カ条は今日まで変わっておらず、「日教組の目的

と任務を規定」したものであり、「創立の精神のありかと組合の進路を明示する灯」といわれている。

一、われらは、重大なる職責を完うするため、経済的、社会的、政治的地位を確立する。

一、われらは、教育の民主化と研究の自由の獲得に邁進する。

一、われらは、平和と自由とを愛する民主国家の建設のために団結する。

組合の予算については、組合費一人の月額負担が3円で決まった。

なお、本会議と併行して開かれた中央委員会では、三役の選挙が行なわれ、初代三役として、委員長荒木正三郎以下7名を選出し、大会に報告された。

④ 同時に、全教協、教全連、大学高専教協の三組合は、それぞれ、解散の決議を行ない、ここに、日教組一つにまとまり、大会議長は、「日本教職員組合」の成立を宣言した。

このあと荒木委員長の就任のあいさつがあった後、大会はその閉幕に先立って、次の声明書を発表した。

「極度の民生不安と不徹底な教育施策によって、日本の教育は今や未曾有の危機にある。新学制の実態は、刻々国民大衆の眼前に露呈されつつあるが、其の憂慮すべき現況は、全国50万教職員の団結を早からしめた。われわれは今ここに全国50万教職員の総意によって、この日本教育の危機を打開するために日本教職員組合を結成した。われわれの組合はその総力を結集して、教育再建の基盤たる教職員待遇の合理化と其の社会的政治的地位の向上をはかるとともに、現下の教育危機の打開に邁進する。……」

また、大会は、6月1日に就任したばかりの森戸辰男文部大臣あてに「全国50万の総力を結集し、ここに日本教職員組合の鉄の団結をいたす、この灼熱の力をもちて教育革命に邁進す。森戸文部大臣に要望するところ大なり」と打電して、日教組の決意を明らかにし、特に文相の努力を要望した。

これに対して、森戸文相は日教組の結成を祝福し、「日教組は、破壊的な闘争や小児病的偏向を克服し、我が国の教育者と教育界のために真実な革新的進路を示すものと確信する」との談話を発表している。

Ⅲ　戦後の教育改革
——占領下における新教育制度の始まり——

はじめに

○　昭和20年8月15日の敗戦を契機として、我が国の国政全般は、連合国軍最高司令官総司令部（以下「ＧＨＱ」という。）の占領の下に置かれることになりました。(注)したがって、戦後の教育は、この占領という厳しい条件の下、敗戦の荒廃の中で、大きな改革を迫られることになったのです。

（注）日本側の要請によって、日本政府は統治はするが、ＧＨＱがその上に立ってさまざまな指令あるいは指示を出すといういわゆる間接統治が行われました。したがって、ＧＨＱの指令は、至上命令としてこれに従わなければならなかったのです。

○　そのため、戦後、とりわけ占領下の教育改革の中には、懲戒的色彩をもつ措置や我が国の教育・文化の伝統・風土に即しがたいものが多く含まれており、また、新教育の理想の実現を急ぐ余り、これを裏付ける諸条件（とりわけ財政事情）の整わないまま実施されたため、必要以上の困難と混乱を引き起こしたことも少なくなかったのです。

しかし、戦後の教育改革は、基本的には、近代教育の発展を妨げていた我が国独特のいくつかの障害（とりわけ、中央集権的な画一主義、形式主義など）を取り除き、大筋において、我が国の教育のその後のいわゆる民主的な発展の基盤を形作ったものということができるのです。

○　戦後の教育改革は、占領期間中にほぼその基本路線が敷かれていたのですが、この占領期間中の教育改革は、以下の二つの段階を経て実施されました。

第1の段階は、教育の平時への復帰と新しい教育理念の提示の時期であったといえます。すなわち、まず何よりも教育面における終戦処理と旧体制の清算が精力的に行われました。そして、それに引き続いて、新しい教育理念の啓発普及が始められたのですが、まだ、具体的な教育改革には手が及んでいませんでした。しかし、この時期に、日本政府及びＧＨＱから出された新教育の基本方針の中には、戦後の教育史上忘れてはならない重要なものがいくつか含まれています。

第2の段階は、21年8月、内閣に教育刷新委員会（24年6月以降は「教育刷新審議会」と改称）が設けられたことに始まり、以後、第1の段階で提示されていたいくつかの教育理念に基づき、同委員会が行った建議を踏まえて、新教育制度の基礎となる重要な法律が相次いで制定、実施されていったのです。すなわち、6・3制学校教育制度、教育委員会制度等、戦後の教育改革の根本となる骨組みは、ほぼこの第2の段階ででき上がったのです。

1. 教育の平時復帰と新政策の基本方針

まず、教育の平時復帰の状況と、占領期を中心に、どのような新しい教育理念の提言があったか概説します。

(1) 教育の平時復帰

○ 戦争末期の我が国の学校教育は、全面的に戦争に協力、奉仕する体制がとられていました。都市の子供たちは、校舎の消失や空襲を避けて、「学童疎開」をさせられていましたが、20年4月からは、国民学校高等科以上の学校では、授業は一切中止させられ、学生、生徒は軍需生産、食糧増産など、戦争に必要な労務と教育訓練に全面的に動員されていたのです。また、中学校以上では、文学系が理工系に転換されたり、能力のある男子生徒は、競って軍関係の学校に進学していました。

終戦とともに、文部省は、まず、さまざまな教育改革のための基盤工作として、平時の体制の復帰に取り組むこととし、疎開学童の復帰に関し通達を出し、学校教練、戦時体操などの訓令を廃止したほか、20年8月28日には、9月中旬を目途に授業を再開することを指示し、続けて9月20日、教科書からの戦時教材の削除（教科書の一部のすみ塗りなど）について通達を出しています。なお、文部省がとったこうした一連の平時復帰の措置については後日、GHQ（注）の担当官たちは、その手回しのよさに感心したほどだったのです。

（注）GHQの参謀部の一つとして、民間情報教育局（CIE）が設置され、その下に「教育課」が置かれて、文部省との折衝等の窓口となっていたのです。なお、CIEのメンバー30数人中、およそ4分の3は軍人、残りが民間人でした。

(2) 新政策の基本方針

上述した平時復帰の措置と並行して、文部省とGHQから、次のような新しい教育の理念の提言と啓発・普及活動が活発に展開されました。順次、それを説明します。

① 新日本建設の教育方針

20年9月15日、文部省は、「新日本建設の教育方針」を新聞を通じて発表しました。これは、GHQの方針や指令が発せられる以前の文部省の教育方策を示すものでした。

その内容は、今後の教育は、国体の護持に努めるとともに、軍国的思想や施策を払しょくし、平和国家の建設を目標として、国民の教養を深め、科学的思考力を養い、平和愛好の信念を養成し、知徳の一般水準を高めて世界の進運に貢献すべきことを強調し、そのため文部省がとるべき具体的教育方策として、教科書、教職員、科学教育、社会教育、青少年団体、宗教、体育などに関する諸問題を取り上げていました。

②　GHQの4大改革指令

GHQは、昭和20年の暮れまでに、日本政府に対し、教育の改革に関するいわゆる4大改革指令を次々に発したのですが、いずれも軍国主義及び極端な国家主義の思想及び教育を禁止、排除することを共通の目的としていました。それは民主主義の思想、教育を樹立するための前提となるものですから、これらの四つの指令が新教育の推進、確立のために果たした役割は極めて大きいのです。(注)

（注）第1の指令より少し前の10月11日、マッカーサーは新任のあいさつのため訪れた幣原総理大臣に、婦人解放、労働組合結成奨励、学校教育民主化などの「五大改革」を要求していました。

第1の指令は、10月22日の**「日本教育制度に対する管理政策」**で、教育に関する占領の目的と基本政策を明らかにしたものです。

この指令は、「教育内容」「すべての教育機関の関係者」「教科目、教科書、教材等」の三つの事項に分けて、軍国主義と極端な国家主義の排除の趣旨をそれぞれ徹底するよう命じたものです。

第2の指令は、第1の指令の趣旨に沿って、10月30日、**「教員及び教育関係者の調査・除外、認可に関する指令」**として出されました。

この指令は、軍国主義、極端な国家主義の思想を持つ者の教職からの排除について具体的に指示したもので、これによって、いわゆる「教職追放」が実施されたのです。

第3の指令は、12月15日に発せられた**「国家神道・神社神道に対する政府の保証・支援・保全・監督並びに弘布の廃止に関する指令」**です。

この指令は、信教の自由を確保しつつ、極端な国家主義と軍国主義の思想的基盤となっていたとされる国家神道の解体により、国家と宗教との分離と、宗教の政治的目的による利用の禁止という原則を実現させようとしたのです。

第4の指令は、12月31日、**「修身・日本歴史及び地理停止に関する指令」**として出されました。この指令は、教育内容の面から軍国主義的、極端な国家主義的思想を払しょくしようとしたもので、修身、日本歴史、地理の授業の即時停止とこれらの教科書、教師用参考書の回収を命じたものです。

ここで、これら四つの指令の実施状況について概説します。

○ まず、「教職追放」については、21年5月に必要な法規を整備して、教職者の適格審査が全国的に開始され、2，623人が不適格者と判定され、別に審査によらない不適格者とされた2，717人とともに、公式に教職を追われました。なお、適格審査を受けることを潔しとせず、自ら教育界を去った者も115，778人にのぼったのです。

○ 次に、国家神道禁止についてには、指令を受けた直後に文部省は通達を出して、公立学校における「国体の本義」「臣民の道」などの教材使用、神社参拝や神道儀式の執行などの禁止と、構内にある神社・神棚、しめ縄や奉安殿の撤去などを指示しました。

○ 更に、教科目、教科書については、GHQの指令以前に、文部省は独自の判断で軍事、戦争に関する教科書、教材の省略、削除を指示していたことは前述しましたが、別途、鋭意、新教科書の編集に努め、暫定教科書により、21年6月、地理科の授業の再開、同年10月新教科書「くにのあゆみ」による日本歴史の授業再開が、それぞれ、GHQから許可されたのです。

しかし、修身は再開されず、文部省は修身に代わる公民科の設置を計画していましたが、教科目の特設は認められず、学校教育全体の中で公民的指導が行われることになり、21年9月、公民教師用参考書が出版されました。そして、22年4月、新学制の発足とともに、歴史、地理、公民教育は、いずれも新設された「社会科」に吸収包含されたのです。

以上のように、四つの指令は、占領政策の厳しさを示すとともに、新しい教育の発足のための地盤の荒ごなしとなったのです。

③ 米国教育使節団（一次）の勧告

○ GHQは、日本の教育改革の基本方針を策定するため、GHQにCIE（民間情報教育局）を設けた直後から、連合国あるいは米国から教育専門家の教育顧問を招へいすることを計画したのです。そして第一次教育使節団（27名の団員で構成）は、昭和21年3月初めに来日し、3月30日に報告書を提出し、その全文は4月7日にGHQから公表されました。

○ 報告書は、6章から成り、全体として日本の過去の教育における問題点を指摘しつつ、これに代わるべき民主的な教育の理念、方法、制度などを提言しています。

具体的には、日本が採用すべき新しい理念は、個人を中心とする教育理念であることを強調するとともに、教育の機会均等、教育の内容・方法での画一化の廃除、そして子供たちと教員の自主性の尊重の重視などを提言していました。

そして、このような理念の上に立って、新しい学校制度としては6・3・3制、特に6・3制の義務制と、無月謝、男女共学制を提唱し、初等・中等教育を担当する教育行政については、これまでの国家主義的な中央集権制度を改め、新たに公選制の教育委員会制度に基づく地方分権的システムの採用を強く勧告しました。

○ ここで、「教育者団体」について、使節団がどのような提言をしたのか、その概要を紹介します。

当時（昭和21年の初め頃まで）、GHQでは文部省への不信と、教員への期待が強く、また、社会を民主化するため、すべての勤労者に労働組合の結成を推奨していました。その頃、教育関係では日教組はまだ結成されておらず、20年12月の初めに、小規模ながら全日本教育組合（全教、共産党系）と日本教育者組合（日教、社会党系）が結成され、互いに反目し合いながら、手さぐりでもっぱら生活の改善を求めて活動を始めたばかりでした。

○ このような状態の労働組合の存在を前提として、第一次教育使節団は、「教育者団体」について、まず、「青少年の最上の利益と教師自身の福利向上を効果的に達成するため、教師は地方・都道府県及び全国的段階で自主的な団体を結成すべきであるとし、更に続けて、「市町村は都道府県のあらゆるタイプの学校のあらゆる教師からなる専門的な会合が奨励されるべきである。……教員組合を含むあらゆる種類の教師の団体には、その組織の自由が認められなければならない」と述べています。

○ この提言を読みますと、報告書が奨励している「教育者団体」とは、当時米国に存在したNEA（専門的職能の向上を図るとともに、待遇の問題については直接的な要求を回避し、資料を当局に提示して、改善を期待する。[注]）のような、教育専門職団体＝職能団体であったと思われます。

なお、「教員組合」にも触れ、組織の結成が奨励されていますが、これは当時母国に存在したAFL（待遇改善、労働条件の向上を主目的とするが、教員は教育という公共サービスの提供者であることから、団体交渉権の獲得を目標として掲げてはいるものの、結成以来、ストライキには否定的である。[注]）のような協調主義的で職能的な機能の向上も担う教員組合＝労働組合を念頭に置いたものであったと思われます。したがって、その後日本に生まれた日教組とは、その目的も実際の活動も全く異なるものであったのです。

（注）これら二つの（注）は、いずれも1946年当時の使節団報告

書の文言をそのまま引用したもので、その後、これらの団体の目標や実際の活動がどうなっているか、正確には把握していません。

④　米国教育使節団（二次）の勧告

○マッカーサーは、25年8月、第一次教育使節団27名の中から選ばれた5名の団員からなる第二次教育使節団の来日を招請しました。それは、第一次勧告で提言された諸事項について、その成果を研究して報告するとともに、残された課題について勧告することを目的としていたのです。(注)

（注）この勧告は、時間的には少し後（およそ3年後）のものですが、内容としては第一次勧告と一体のものとして理解していただくため、ここに掲載しました。

○彼らは、5か年の間に起こった変革については、公選による教育委員会制度が始まったことと、「父母と先生の会」の全国的組織ができようとしていることに感動し、また、国語の簡易化（漢字制限、常用漢字の制定など）が図られたことを評価しつつ、小学校にローマ字教育を正規の課程として加えることを強く求めていること、道徳教育は全教育課程を通じて教育・指導されなければならないと提言していることなどに特色がありました。

また、行政制度の問題としては、小・中は市町村、高等学校は都道府県と分けないで、一つの教育委員会によって運営されるべきことと、教育委員会に素人統制（レイマンコントロール）の性格をもたせるように注意を促しています。

○なお、第一次使節団の勧告から1年余り経て誕生した日教組の体質とその活動状況等について、第二次使節団はＧＨＱ（ＣＩＥ）から、すでに次のような厳しい情報を得ていました。

・教員組合は、組織自体が非民主的（全体主義的で独裁的）であること。

・専門職的な分野の改善よりも、自分たちの給与や福祉により強い関心を払い、政府に圧力をかける方策を検討したり、（公職）選挙におけるキャンペーンを企画することに多くの時間をさいていること。

・発足時から非常に政治的であり、左翼に指導されている。共産主義者の影響を少くしていると自称しているが、最近（1950年5月）の日教組の出版物である「教育白書」には、ブルジョア民主主義では日本の問題は解決できないという見解が見出されることに注目しなければならないこと。

・校長の管理権を無視し、教師による「学校管理」を行うことが、しばしば見られること。

そして、「不幸にも（第一次教育使節団）勧告の精神は誤解された」と判断していたのです。

○以上のような状況を前にして、第二次使節団は、「教育者団体」について、次のように述べています。

「日本は、独立した自発的な教育家の団体をもつべきである。」「よく組織された自発的なだれもが参加しうる教育者の組織団体が、すぐれた教育計画の展開を助けることができる。」

この提言からみれば、第二次使節団は、「教育者団体」について、当時の米国におけるＡＦＬではなく、むしろＮＥＡを念頭に置いて「教育者団体」の勧告をしているものと考えられます。なお、この勧告の中では、日教組を含む「教員組合」については全く触れていませんでした。

⑤ 新教育方針

○上述したように、新しい日本の建設が叫ばれ、新しい教育制度についての米国第一次教育使節団からの提言（21年4月）もなされ、教科書の内容が新しく改められつつあるなど教育の民主化に向って、形の上では着実に準備が進められていました。

しかし、最も大切なことは、まだ敗戦の虚脱から抜けきれず、生活が苦しく、また混とんとした世相の中で、子供たちの教育にたずさわる教員に対して、何を目標に、どういう姿勢で新しい教育に取りかかるのか、その拠り所となるものを明確に提示することであると考えられていました。このため、前田多聞文相は、前述した20年9月15日の「新日本建設の教育方針」の中で、早々と、「教職員の再教育」を重点施策として打ち出していました。

また、ＣＩＥも、日本国民から軍国主義的思想を追放し、代わって、民主主義の考え方を徹底させることを目標としており、当然のことながら、教員の再教育に大きな関心を持っていました。

○このような中で、昭和20年11月10日、ＣＩＥの担当官は、「新しい日本の建設を妨げる軍国主義及び極端な国家主義を取り除いて、その代わりに何を新たに築くべきか、まず、正しいしっかりした土台がほしい。この基本は人間性を尊重することである。」と述べて、文部省に対し教員指導用のマニュアル（指針）を作成するよう指示したのです。

これを受けて文部省では、この指針の作成を、当時、東京文理大学（現在の筑波大学）教授のまま文部省教科書局第二編集課長に就任したばかりの石山脩平氏を中心に進めることにしました。そして、その協力者として田中耕太郎（文部省学校教育局長兼、東京帝国大学教授、後に文部大臣）、大河内一男（東京帝国大学助教授、後に東京大学総長）らその後の我が国の進むべき道をしっかり見通せる力を持った錚々たるメンバー10

数人が参加していました。

　石山氏は、一時、小学校の教員生活を経験したことがあるだけに、その教育理論は実践を重視する色合いが強いといわれ、その意味では、激動の時代の教科書編集課長として、また、この指針の作成責任者としても、誠にふさわしい人物だったのです。

○「新教育方針」について、石山氏は、着手後半年ばかりの献身的な努力を傾けて第1分冊を仕上げ（21年5月15日発行）、その後、第5分冊まで出し（22年7月15日発行）て完成したのです。

　この新教育方針は2部から成り、第1部では、前編（理論）は、軍国主義及び極端な国家主義の除去、人間性・人格・個性の尊重、民主主義の徹底、平和的文化国家の建設と教育者の使命等の6章から成り、後編（実践）は、新日本教育の重点として、個性尊重の教育、公民教育の振興、女子教育の向上、科学的教養の普及、勤労教育の革新等の7章で構成されています。

　また、第2部の新教育の方法においては、教材の選び方、教材の取扱い方、討議法などについて述べています。

○この文書は、作成の過程で、CIE側は自分たちが述べていることは命令ではなく、示唆であると言いながら、実際には、軍国主義が起きた理由や極端な国家主義の排除などの部分を中心に、とりわけ日本人に過去の悪しき所をしっかり認識させ、反省させるための文章[注]については、何度となく厳しい書き直しを命じられていたのです。

（注）例えば、過去の日本人の反省として、近代精神の理解が浅いこと、個性が十分尊重されていないこと、科学的水準が低いこと、批判的精神や合理的精神が欠けていること、ひとりよがりで上にへつらい、下にいばること等が指摘されています。

○なお、占領下での文書作成に当たってのGHQ側からの干与がどの程度のものであったかについては、「新教育方針」の作成にたずさわった石山氏が、後に、「3分の1はアメリカ側に書けと言われてそのまま書き、3分の1は両方で話し合って書き、残りの3分の1は、私の考えで書いた」と述べていることから、おおよその察しがつけられるのではないでしょうか。

○また、戦時中の反動から、教員組合の活動に対する期待が余りに大きく、例えば政治との関係についても、教員組合の存在意義が理解されないまま、およそ健全な教員組合の活動としては度を超えた役割が奨励されているなど、残念ながら、CIEが押しつけたことをそのまま書かざるを得なかったと思われる文章が散見されるのです。[注]

（注）これがつくられた当時、GHQは、戦前・戦中の日本国民に、

軍国主義、国家主義を植えつける役割を果たしていたとされていた文部省の弱体化を図るため、教員組合の結成とその活動に特に肩入れしていたのです。

そのため、文部省が教員組合側の明らかに行き過ぎと考えられる方針を阻止しようとしても、ＧＨＱによって妨害され、残念な思いをした幹部職員がいたという記録が残されています。

このように、新教育方針には、当時の日本国民にとって必ずしも好感を持って迎えることができない事項や文章も含まれていたのです。しかし、この本の大きな柱である、「民主主義の徹底」や「個性尊重の教育」などのところでは、民主主義の素晴らしさを説き、それまでの個性を無視した画一的な教育からの脱皮を強く促すなど、その後の日本の教育にとって大切な提言が多くを占めていたのは当然のことです。

○　この「新教育指針」は、全国の学校に30万部配られましたが、まだ学習指導要領もなく、敗戦直後の価値観の大きな転換による混乱の中で、新しい教育の方向を教室でどう教えるべきか迷っていた多くの教師にとっては大きな役割を果たすことになったのです。昭和22年4月から発足する新学制による教育の準備は、このようにして進められていったのです。

なお、「新教育方針」は、そこに示された文部省の次のような姿勢が教師たちを刺戟し、教員の間で輪読会が盛んに行われるなど、文字どおりの指針として迎えられたのです。

「本省は、ここに盛られている内容を、教育者に押しつけようとするものではない。……むしろ教育者が、これを手がかりとして自由に考え、批判しつつ、自ら新教育の目あてを見出し、重点をとらえ、方法を工夫せられることを期待する。あるいは本書を共同研究の材料とし、自由に論議して、一層適切な教育指針をつくられるならば、それは何より望ましいことである。(注)……」

（注）ここに述べられている趣旨は、当然のことながら、昭和22年と26年の学習指導要領（いずれも、ＧＨＱの指導・指示によってつくられたもの）の制定の趣旨と、その根本の基調は同じです。

○　⑥　**教育刷新委員会の活動**

米国教育使節団に協力するために設けられた日本側教育家の委員会は、使節団の帰国によってその任務を終了し、解散しましたが、発足当初から、日本の教育改革について文部省に建議すべき常置委員会となるべきことが覚書で示されていました。昭和21年8月、内閣に教育刷新委員会（24年6月、「教育刷新審議会」と改称）が設けられましたが、これは実質的には、前記委員会が改組充実されたものであり、この委員会では学校教育、社会教育、教育行財政など、教育、文化に関するほとんどすべての問題を取り扱うこととされていました。

○ 21年9月7日、第1回総会が開催されましたが、席上、吉田内閣総理大臣代理の幣原国務大臣は、今回の敗戦を招いた原因はせんじ詰めれば教育の誤りにあったと指摘し、明治維新に倍する悪条件下で第二の維新を遂行すべき今日、その根本は教育の刷新であり、本委員会を内閣に設けたのは、国政の優先的努力を教育問題に集結するためであると力説しました。また、田中文部大臣は、委員会の自主的審議、検討を要望しました。

こうして、教育刷新委員は、敗戦による荒廃と、占領下という未曽有の厳しい条件の中で、新生日本の基礎を築く教育改革の具体案を作り出す重責を担うことになったのです。

○ 教育刷新委員会は、21年12月、「教基法」に関すること、「学制」に関すること、「教育行政」に関することなど最初の建議をしており、26年11月、中央教育審議会について建議してその任務を終えるまでに、35の建議を内閣に提出しました。戦後の日本の教育改革に関する基本法令や制度は、ほとんどすべてここでの審議を経て実施されたのであり、我が国戦後教育改革に果たしたこの委員会（審議会）の役割は、極めて大きなものがあったのです。

以上、戦後の教育改革について、「教育の平時復帰」に続けて、「新政策の基本方針」を6項目に分けて概説しました。

このうち、最後の教育刷新委員会は、上述したように、それまで出されていたさまざまな方針を踏まえて、新生日本が実現すべきいくつかの重要な建議を行っています。そのうち、「学制」に関することと「教育行政」に関することに基づいて実施され、その後の日本の教育制度の再建の現実の柱となった「学校教育制度」（昭和22年、学校教育法）と「地方教育行政制度」（昭和23年、教育委員会法）の改革について、順次、説明することとします。

2. 戦後の教育改革の骨組み

(1) 学校教育制度の改革と出発

1. 学校教育法の制定と6・3制の発足
——新制中学校の発足を中心に——

○ 教基法とともに、昭和22年3月に制定された「学校教育法」により、学校制度の改革すなわち6・3・3制が実施されました。この制度は、前述したとおり、米国教育使節団報告書の勧告に基づくものではありますが、勧告に至る経緯の中で、日本側教育家委員会の積極的な働きのあったこと、そして、最終的には教育刷新委員会の答申（21年12月20日）に基づいて導入されたものであることに留意することが必要です。

○　この新学校制度の改革は、従来に比べて形式的にも内容的にも、まさに画期的なものでした。

形式面では、従来、学校の種類ごとに「学校令」が別個に定められていたのですが、今回は、幼稚園から大学までを含めて一つの「法律」によって規定されることになったのです。

また、内容面では、戦後の教育改革の理念に基づき、次の三つの点で、徹底した民主化が志向されることになりました。

第1は、教育の機会均等が求められたのです。まず、教育における男女の差別が撤廃されました。また、心身障害児に対する特殊教育学校が学校体系の中に位置づけられたほか、経済的理由によって就学困難なものに対して、就学援助や奨学の方途が講じられました。

第2は、学校制度体系の単純化が図られたのです。初等教育については、国民学校は6年制の「小学校」に改められ、中等教育段階では、3年制の「中学校」と同じく3年制の「高等学校」の二段階に単純化されました。

第3は、義務教育年限の延長と普通教育の普及向上が図られたのです。6年制の小学校と3年制の中学校を合わせて義務教育年限を9年に延長しました。そして、すべての中学校は職業分化のない普通教育として、国民の基礎教育の向上充実を図ることとしたのです。[注]

（注）旧制度では、小学校6か年の義務教育を終えた後、次の四つの進路の一つを選ぶことになっていました。

① 小学校6年だけで、直ちに就職するか、家業につくのです。

② 高等小学校へ進み、ここで2年間の教育を受けて実生活に入る。これが最も多数でした。ただし、卒業後男子は5か年、女子は3か年の青年学校（補習教育と軍事教育を目的）が設けられていました。

③ 中等学校の一つである実業学校へ進むもので、中等程度の実学教育を受けて、卒業後は実生活に入るのです。

④ 高等普通教育を施す中等学校は、男・女別に、中学校と高等女学校へ進み、ここから高等教育へ進めるように、将来への進路が約束されていました。

このように、それまでの中学校、高等女学校、実業学校、高等小学校と青年学校等の多様な学校を一つに集めて、単一の「中学校」に再編したのです。

これによって、中等教育段階（前期）における袋小路や学校間の差別が解消され、ここに、旧学制を改革した意義が最も強く示されているのです。

○　学校教育法は、22年4月から施行されましたが、新制の学校は、まず同年4月に小学校と中学校とが、翌23年4月から高等学校が、そして24年（一部の私立大学は23年）4月から大学が、それぞれ発足しました。

小学校と中学校の22年4月からの発足は、ＧＨＱからの強い要請により、是非とも実施しなければならなかったのです。[注] ＧＨＱでは、6・3制こそ軍国主義、超国家主義の色濃い日本の教育を民主的な新教育へ切り替える決め手であると考えていたのです。

（注）敗戦後間もない国も地方も厳しい財政逼迫の中、中学校の義務化を何としても出発させるため、当時の文部省の責任者であった学校教育局長の心労は大変なものであったようです。22年3月18日、19日、学校教育法が議会で審議され、教室や備品の不足、そして予算のあまりの少なさなどをめぐって激しく熱のこもった議論が展開されましたが、後日、それが審議された衆議院の教基法委員会の委員長が本会議で行った報告には、そのときの模様が次のように感動的なまさに前代未聞の記録として残されているのです。

「局長は、文部省の考えている一切を、率直に腹の中を打ち明けまして、そうして真摯なる態度をもってご答弁せられましたが、その際、局長は、……次代の日本を担当すべき青少年に対する期待は絶大である……しかるに、この子供らに対して、教科書も与えることのできないという今日の状況は、まことに遺憾千万であるとの意味をもらされたのでありますが、中途におきまして、局長は言葉が詰まりまして、涙滂沱として下り、ついに発言する能わず、最後には声をあげて泣きました。……委員会は、そのために約5分間一言も発する者もなく、寂として声なき状況でありました。」

なお、6・3制の22年度からの実施を迫ったのは、ＧＨＱと教育刷新委員会だけではなく、教育関係者や保護者の間でもその実施を求める声が強く、いわば「時の勢い」があったのです。その中で、もっとも熱心で、組織的な運動を展開したのは、青年学校の関係者でした。エリートコースの中学校に比べると、青年学校はその先に進学もできない貧しい家庭の子供たちが多く、戦時中は、20歳の徴兵検査を受けるまでのつなぎの教育機関として徹底した軍事教育が行われ、少年戦車兵など多くの戦争犠牲者を出した学校であっただけに、教育の機会均等を求める思いがとりわけ強かったのです。

（教室の不足）

○ 戦争の結果としての荒廃と窮乏のただ中、義務制となる中学校については、母体となる旧制の学校がなく、しかも独立の校舎をもつこととされていた（閣議決定）[注1] ことから、設置者である市町村当局は、最大の苦境に立たされました。発足当初、どうにか転用により独立校舎をもちえたのは15％に過ぎず、いわゆる仮教室を使用したり、2部、3部授業など、不正常授業はいたるところで見られたのです。[注2]

（注1）「中学校は独立校舎を理想とする。設置義務は市町村」（22年2月26日閣議決定）

（注2）仮教室とは、講堂、体育館等を間仕切りしたり、寺院や兵舎等を改造して教室として使用しているもので、義務化発足直後には、22，111教室、また、2部・3部授業を実施しているものは3，398教室で、合計25，609教室で不正常授業が行われていたのです。

当時、京都市の中学生であった私も、体育館の間仕切り教室、2部授業、65人学級などをすべて経験しています。

○なお、発足直後の日教組にとって、昭和22年の後半から翌23年にかけての運動の中心は、6・3制の完全実施を目標とすることでした。そして、22年度補正予算を少しでも多く獲得するため、7月16日、第1回中央委員会で決議した「2部授業、仮校舎撤廃のための予算計上」の声明文を文相に直接手渡し、その実現を強く要求したほか、新学制完全実施の請願署名も、7、8月で230万を越えました。また、東京、大阪では、国民集会を組織するなど、このときばかりは、文部省と同じ目標に向かって全力を尽くしていたのです。

○24年4月1日には、中学生の数は制度発足時の3倍となり、この時点での不足教室としては、講堂の間仕切りや兵舎の改造などの仮教室は37，787にのぼり、2部、3部、4部授業を行っているものは5，777、そして50人を超える（80人も詰め込んだ教室もあった）教室は8、582に達していたのです。こういった状況の中で、24年度の当初予算はいわゆる超均衡予算政策のあおりを受けて、6・3制施行予算は全額削除という重大な事態におちいりました。この中で最大の苦境に立ったのは市町村当局で、当時、全国で町村長が4人自殺したほか、177名に上る市町村長の引責辞任やリコールにまで発展し、大変な混乱を引き起こしたのです。

○このような事態に対処するため、文部省は、まず、24年6月、組織改革を行って管理局に教育施設部を設け、施設行政を一元化しました。そして、何としても24年度の6・3制予算を回復するため、生徒1人当たり0．7坪という応急最低基準によって徹底的な学校建物面積実態調査を行い、その結果に基づいて休日返上、徹夜の連続で不足状況を算出し、施設整備の基本対策を樹立しました。そして、これを基にして、24年度補正予算

分と25年度当初予算分を合わせて、108億円を15か月予算として要求したのです。(注)

しかし、このような混乱を含みつつも、新制中学校制度がほぼ計画どおり実施され、定着していったのは、危機感を抱いた文部省や市町村当局の懸命な努力があり、また、中等教育を我が子にという地域住民の熱意とさまざまな献身的支援に支えられ、更には、6・3制によって日本の徹底的な民主化を図り、新しい日本の建設を教育の力によって行おうとする当時の日本国民の一致した確固たる思いがあったからなのです。

(注) 文部省がこの要求をまとめた頃、超均衡予算の立役者ドッジ氏が、11月、2度目の来日をし、またも大幅な予算の削減は必至と危ぶまれたのです。

そのとき、文部省の施設課長は、何が何でも相当額の予算を獲得しなければとの思いから、英字新聞「ニッポンタイムズ」(現在のジャパンタイムズ)に「ドッジ氏に警告する」というショッキングな見出しで、次のような熱と力のこもった記事を、友人(翌日、GHQから呼び出しを受けましたが、事情をるる説明し、不問に付されました。)に依頼して掲載してもらったのです。

「……終戦直後、日本政府と国民は、新憲法の精神を満たすため、民主的教育を採用、実行した。アメリカ教育使節団の勧告は、すべて受け入れられた。しかし、今や国民は、いわゆるドッジラインのため建築資金の不足でジレンマにおちいっている。(中略)村長の自殺、市町村長の辞職、議員の総辞職、皆同じ理由からである。……」

このとき、その甲斐あってか、昭和24年補正予算15億、25年本予算45億、合計60億円の予算が認められ、何とか6・3制実施への道が開かれました。非常時の文部省には、こんなに一途《ず》な気骨のある職員もいたのです。

(教員の不足)

○ 歩み始めた新制中学校にとって、教室の確保と並んで大きな問題となっていたのは教員の不足でした。男子教員の戦死や未復員、教育に対する自信喪失からの退職や転職などによって、中学校の教員は不足しがちだったのですが、その中で、音楽、体育、美術などの専門教科を指導する教員もそろえなければならなかったのです。

○ また、22年度の発足に間に合わせても、学年進行によって23、24年度と生徒は増えますので、教員も当然増やさなければなりません。そこで、文部省としては、青年学校や国民学校高等科の教員をそのまま中学校の教員に充てたり、旧制中学校や高等女学校の1年から3年までの教員と国民学校の専科の教員も中学校に移れるようにしたほか、旧制中学校以上の卒業生を助教論として採用できるようにするなどさまざまな措置を講じたのですが、それでも大変困難な状況が続いていたのです。発足して間もない日教組も、「教育白書」（23年8月）で、「教員の確保を今から真剣に考えないと、6・3制は混乱状態になる」と警告していました。

○ このような事態がどう推移し、終息していったのか、詳細に語る文書は見当たらず、辛うじて、「学制90年史」（文部省、昭和39年）に、次のような関連する記述を見出すことができました。

「発足当初の中学校は、……教職員組織についても極めて不満足な状態であった。……このような困難な事情の下で出発した新制中学校も、相次いで講じられた……教員の給与、定数等に関する改善、充実の措置によって、逐次、整備され、数年のうちに前期中等教育学校としての一応の充実と安定を見ることになった。」

この問題が関係者の知恵と努力により、大きな社会問題に発展することもなく解消されたのは幸いでした。

（食糧の不足と学校給食の開始）

○ 新学制が発足した頃の子供たちにとって、教室、先生、教科書などの不足よりも、もっと切実で深刻だったのは食糧不足だったのです。都市の学童にとっては、米のご飯はせいぜい一日一回あればよい方で、イモやヒエ、アワなどの代用食による食事が多かったのです。

長く続いたこの食糧事情の悪さは、子供たちの体位に大きな影響を及ぼし、21年度の文部省調査では、10年前と比較して、6年生で身長は4～5ｃｍ、体重は2～3ｋｇの減少という激しさだったのです。こうした状態を見かねたＧＨＱから、21年10月14日、日本政府に対して学校給食実施についての食糧援助の申し出があり、文部、厚生、農林の三省は、12月24日、国民学校の全児童を対象とする学校給食の普及奨励について次官通達を出しました。

○ そして、ＧＨＱの好意による軍の物資とララ（アメリカの社会、教育団体などで組織されたアジア救済連盟ＬＡＲＡ）物資が給食用として配給され、全国的に学校給食が実施されることになったのです。21年末に、まず、東京を中心とする児童を対象に脱脂粉乳のミルクやシチューなどの副食給食が始まり、22年1月には、全国の主要都市の児童３００万人に週2回の給食が行われるようになったのです。

この学校給食も、当時、新制中学校に回すほどの余裕はなく、新制中学校での学校給食が本格的に開始されたのは、それからおよそ10年後の31年になってからでした。

2．教育内容に関する改革

新学制の実施は、米国教育使節団勧告の発表から1年弱、教育刷新委員会の審議から3か月という極めて短期間に準備を整えなければならないという、切羽詰まった大事業となったのです。小学校では、学校教育法関係法令の制定により、主として教育内容面で次のような大きな改革が行われました。

(1)「教科」について

昭和22年5月23日に制定された学校教育法施行規則により、小学校の教科は、国語、社会、算数、理科、音楽、図画工作、家庭、体育及び自由研究を基準とするとし、[注] 従来の修身、国史、地理の3教科がなくなり、新しく社会、家庭、自由研究が教科として登場したのです。

このうち、社会科の誕生は、教育内容、方法の改革と関連して特に注目すべきものであり、新教育課程は社会科を中心に推進されたのです。その学習領域は、単に、修身、国史、地理を合わせたものではなく、人間のいとなみのあらゆる社会事象を含むとされたのです。

社会科は、中学校と高等学校にも設けられました。

(注) 現在は、小学校の教育課程は、国語、社会、算数、理科、生活、音楽、図画工作、家庭及び体育の各教科と道徳、特別活動によって構成されることとされています（平成28年4月現在）。

(2)「学習指導要領」について

前述した学校教育法施行規則には、「小学校の教科課程、教科内容及びその取扱いについて」は、監督庁（文部大臣）の定める「学習指導要領の基準による」こととされていましたので、新学制の実施（22年4月1日）に間に合わせるため、それより先の同年3月20日には、「学習指導要領一般編（試案）」が刊行され、続いて同年12月までに、各教科編がすべて整えられました。

(3)「教科書」について

教科書は、従来の国定制（著作編集をすべて国が直接に行うもの）を廃止し、監督庁（当分の間、文部大臣）の検定を経て、民間の出版会社が刊行供給する検定制度[注1]が採用されました（学校教育法21条）が、移行期間の22、23年度には暫定的に文部省著作教科書が用いられ、新検定教科書の使用は、24年4月からとなりました。[注2]

(注1) 教科書の検定とは、「民間で著作された図書について、それが教基法及び学校教育法の趣旨に合し、教科書に適することを認める」こととされています（教科用図書検定規則一）。

（注２）教科書の検定を行う監督庁は、当初は、当分の間、文部大臣として発足したのですが、その後、教育委員会法（23年７月５日制定）及び私立学校法（24年12月15日制定）において、教科用図書の検定は、用紙割当制の廃止されるまでは文部大臣が行い、建前としては、都道府県教育委員会又は都道府県知事が行うものとされていました。

ところが、用紙割当制は、昭和27年４月１日以降廃止されたのですが、その後の教科書検定権がどこにあるのか、関係法律をそのままにしておきますと一義的に解決できない状態となっていたのです。

そこで、昭和28年「学校教育法等の一部を改正する法律」によって、前述した関係法律をすべて整備して、学校教育法21条については（いわゆる地方検定には実施上困難な問題があり、教育的配慮から）、「監督庁」を「文部大臣」に改めて、教科用図書の検定を行う権限を有するものは、「文部大臣」であることを明らかにしたのです。

(2) 地方教育行政制度の改革と出発
――教育委員会制度の創設と運営――

1. 教育委員会法の制定

○ 明治から昭和にかけての我が国が、教育の後進性から脱し、長足の進歩を遂げたのは、確かに、中央集権的な教育行政の結果であるという面もあったのです。そして、戦後においても我が国の教育行政は、極端に中央集権化されたままの姿で残っていました。

このような実状を前にして、第一次米国教育使節団は、前述したとおり、初等・中等教育の教育行政については、これまでの国家主義的な中央集権制度を改め、民主主義的な公選制の教育委員会制度に基づく地方分権的システムの採用を強く勧告しました。

なお、この使節団の勧告に関連して、安倍能成文部大臣は、「本来、政治を支配すべき教育が、却って政治の奴隷となった……この弊害より見て、アメリカの我が国に要望する民主主義は、教育と教育者とに於いて、方《まさ》にもっとも本質的な正しい意味に於て、実施されねばならぬと信じます。」と、教育者としての心情を率直に語っていたのです。

そして、使節団の勧告を受けて、教育刷新委員会は、新しく我が国に民主的教育制度をつくるため、教育行政を次の諸点に留意し、根本的に刷新することを提案しました。

① 教育行政を地方分権化すること。
② 教育行政に、公正な民意が反映されるようにすること。
③ 教育行政を一般行政から独立させること。

○　この提案を受けて、文部省では、早速、具体的な法案の作成に取りかかりました。文部省が原案を作成し、その条文の一条、一条について、総司令部の担当官（主としてＣＩＥ（民間情報教育局）、問題によってはＧＥ（民政局）、又はＧＳ（経済・科学局）の担当官）と、徹底的に議論をたたかわせながら、作業を進めていったのです。彼らのほとんどは、教育や行政についての深い知識や経験を持っていなかったのですが、当時、アメリカで実際に行われていた「住民の手で学校を」という仕組みで、古い日本のあり方を抜本的に改革したいと、「比類のない理想主義と仕事への献身的な情熱」をもって、日本側担当官に対応していたのです。

　そして、作業開始からほぼ2年半という占領下の立法としては比較的長期間を要し、しかも、かなり厳しいハードルを何とか乗り越えて、漸く「教育委員会法」案をまとめ、国会の会期末が間近に迫った23年6月15日、国会に提出することができたのです。

○　国会では、衆・参両院で、それぞれ公聴会、証人喚問が行われるなど慎重な審議が重ねられましたが、当時の国会議員には、いわゆる日教組議員のほか、教員出身の議員もかなり多くいて、「教育立国」の情熱に燃えており、しかも日教組役員などから強い要望を受け、相当激しい議論が展開されたのです。

そして、いくつかの点（全体で35か所）で修正が行われました。日教組が特に強く主張していたのは、次の二点です。

　一つは、教育委員会は、都道府県と五大市にのみ設け、市町村教育委員会の廃止を一貫して主張していました。しかし、これは認められず、昭和27年、都道府県と全市町村に設置されることになりました。

　いま一つは、教員を他の公務員並みに、現職のまま立候補できるようにする（当選後の兼職を禁止する。）ことを強く主張し、これは認められました。

　なお、ＧＨＱは、レイマンコントロール（素人の支配）が教育行政の本質であり、専門職の教員は、教育委員になってはいけないという強い信念をもっていました。しかし、前述した教育刷新委員会の提案のうち、①を実施することを最優先とし、②については、選挙の実施の際、その趣旨を実現させようと考えていたのです。

○　このような経緯を経て、明治初年以来、80年にわたって続いてきた中央集権的地方教育行政制度を抜本的に改める「教育委員会法」は、23年7月5日、まさに第二国会最終日の閉会を前に成立したのです。

　なお、当時、ＧＨＱの民間情報教育局（ＣＩＥ）の教育課長であり、この法案の作成と成立に直接の責任を持っていたマーク・T・オア氏は、後年、この教育委員会法の成立の経緯などについて、次のような本音を吐露しています。

「教育委員会法は、総司令部が命令したのでもなければ、文部省が決定したのでもなかった。多数の意見を聞いて、多くの調整がなされた。結果として、誰一人として、また、どの団体も、この法律に満足するものはなかった。多くの頭脳と多数の意見の産物であった。よく言えば、新しい制度は、発展や成果のためのお膳立てをしたのである。変更は、国会が必要かつ適正と思えば可能である。」

2. 教育委員の選挙の実施

こうして、第1回目の教育委員（教育委員の数は、都道府県は7人、市町村は5人、いずれもそのうち1人は議会選出議員）の選挙が、昭和23年10月5日、各都道府県と五大市のほか、任意に参加した21市、14町、9村で行われました。

選挙までの準備期間は、わずか3か月しかなかったため、文部省では、初めて行われる教育委員の選挙のため、まず何よりも、全国民に対し、さまざまな手段を通じて教育委員会制度の趣旨徹底に力を注ぐとともに、関係する都道府県と市町村に対し、教育委員選挙への呼びかけを懸命に行ったのです。

他方、日教組では、法律が成立した直後から、本部に「選挙対策委員会」を設置するとともに、各県に指令を発して、「選挙管理委員会」の設置を要請し、制度の趣旨に反して、組織内からできるだけ多くの候補者を立てて闘うよう指導していました。

問題なのは、ＧＨＱの各県の出先の担当官の言動でした。彼らは教育行政をレイマンコントロールによって適切に機能させるためには、専門職の教員は教育委員になってはいけない、という堅い信念を持っていたのです。そこで、「組合員は立候補をやめよ」と街頭で叫んだり、選挙後に当選者に辞退を迫るなど、さまざまな選挙干渉と看なされる行動を堂々ととっていたことが、当時の記録に残っています。また、25年の第2回目の選挙の際にも、同様の事態が生じていたのです。

27年の第3回目の選挙については、急きょ予定どおり27年11月にすべての市町村（市（特別区を含む。）３０３、町村9，５９１、組合64、合計9，９５８）に教育委員会が設置されることが決まったため、実施が1年延ばされるかもしれないとの期待を抱いて文部省としては、準備が大変でした。

多くの市町村では、教育委員会とはどんなものか、何をするところなのか、どうして選挙するのかなど、突然降って湧いたような話ですべてが全く未知のことであり、また、たとえ知っても関心のないことだったのです。そこで文部省では、直ちに

「地方教育委員会設置推進本部」を設け、全省員の協力体制をしきました。そして、啓蒙と宣伝のため、全国に職員を派遣して、説明会を開き、選挙の実施への協力を呼びかけました。なお、そのとき文部省が行った懸命の努力の一端がうかがえる、次のような記録が残っています。

「選挙の告示をしても、立候補者がまるでない町村、立候補はあってもまるででたらめで、とうてい教育委員にふさわしくない者等々で、それらの町村に文部省の係官が直接出向いて、町村当局の協力を求め、町村の有力な教育理解者を説得して立候補者をお願いする等、全く混乱の選挙であった。

……このような都道府県教育委員会との密接な協力による懸命の努力の結果、全国で立候補者皆無の町村が18、定員に満たないところが163にとどまり、曲がりなりにも、一応、全国実施を果たすことができたのであった。」

○　なお、できて間もない都道府県の教育委員会においても、27年の全国設置の決定とともに、ほとんどすべてが「地教委設置対策委員会」のような組織を設けて、文部省の設置方針に基づいた指導計画を立てるとともに、関係行政機関と協力して、教育委員会制度の趣旨徹底のための啓蒙、宣伝、指導に当たっていたのです。

3．選挙の結果

第1回（23年10月）、第2回（25年10月）、そして第3回（27年11月）の3回の選挙の結果を、まとめて概説します。

①　投票率は、3回とも、その近い時期に行われた他の公職の選挙よりも低かったのですが、(注) それはまだ教育委員会についての理解が浅く、関心が薄かったこと、それにその権限が弱かったことなどによるものと考えられます。

（注）例えば、第3回の投票率は全国平均で59％だったのですが、近くの総選挙では75％でした。

②　この選挙結果には、幸いなことに政党色が持ち込まれていないのが特色で、例えば、当選者中、無所属の割合は、第2回目は87．9％、第3回目は92．1％と圧倒的多数にのぼっていました。ただし、この選挙にかける日本共産党の関心は大変高く、各回とも他の政党と比べて、断然多くの候補者を立てていました（ただし、当選者は1名も出していません。）。

③　もっとも注目を要するのは、予想されていたことではありますが、当選者中、教育関係者の占める割合が極めて高いことでした。

例えば、当選者中、現職教員（私立の場合）、立候補当時教員（国・公立の場合）、それに教員の前歴者を加えた割合は、

第1回目は78．9％、第3回目は72．8％でした。しかも、第1回目の選挙において、教員組合の推薦者の当選率は84．7％と高率を示しており、組合の委員長や書記長がかなり選出されていたのです。

また、第1回目の都道府県の当選者（議会選出議員は除く。）定員6名のうち、教員組合関係者が5名を占めたところが2県、4名は5県、3名は9県でした。

これらの県だけでなく、全国的に見ても、レイマンコントロールへの期待は、裏切られたのです。例えば、6名中5名が県教組出身者で占められたある県では、教育長の姿勢は県教組にぐっと近付き、教職員の人事権は県教組に移り、何事もまず県教組の意見を聞かなければやっていけないという事態が生じていたといわれています。

結局、教育行政は住民の選挙によって、「官僚的中央集権主義」から「教員による地方ごとの組織利益の追求」へ変わっただけというところもあり、全体としては、「一般住民の意思による教育」へ移行した、と喜んでばかりではいられない状況が続いたのです。

このように、現職教員の教育委員への立候補の問題は、予想されたとおり、その後の教育委員会制度の運営上大きな問題となり、多くの都道府県、市町村で、日教組対反日教組という感情的対立を生み出すきっかけとなったのです。そして、制度そのものの存続を困難ならしめる最大の原因となったのです。

当時、ＧＨＱの顧問たちは、このような余りにも自分たちの意に反した深刻な状況を、次のように語っていました。

「教員たちは、教育委員会のメンバーになるか、又は、教員組合の申し出に喜んで専心してくれる人を選出するのにうまく成功した。その結果、学校はあたかも教員たちの支配下にあるように見える。」

4．教育委員会の運営

○ 第3回目の選挙を終えて、昭和27年11月1日、教育委員会が全市町村に設置されたことにより、地方自治の理念に基づく教育行政制度が外形的には実現され、各地方公共団体の教育事務が、その団体の教育委員会の手によって処理されることになったのです。
○ 全面設置の直後、最も心配されたことは、教育行政の単位が人口の少ない町村にまで細分化された(注)ことにより、教員人事その他全県的な統一処理や市町村教育委員会相互の連絡調整を必要とする事項の運営が渋滞しないかということでした。文部省でも事の重大さを理解し、当初から都道府県教育委員会の協力を得つつ、さまざまな努力を重ねてきました。例えば、小規模な町村の教育委員会には、互いに連絡調整のための組織を作るよう強く勧奨していましたが、これを受けていわゆる「協議会」が市と町村（町村については郡単位又は県の出張所の単位）ごとに設けられ、それぞれ適切な処理を模索していったのです。

なお、設置単位の問題は、その後の町村合併の目ざましい進展により、しだいに問題の重要性は薄らいでいったのです。

（注）日教組では、すべての町村にまで教育委員会が設置されれば、教育が地方の「ボス」によって縛られ大変なことになると、声高に心配していました。そして、それをバックアップするため、高名な大学教授は、ある大新聞に次のような日教組に言われるがままの見当はずれの主張を掲載していたのです（27年8月）。実際に生じた事態と見比べて読んで下さい。

「地方町村に教育委員会がおかれたら、学校の先生は卑屈と偽善の見本のようなものになり、子どもたちは、精神に背骨のない人間に育つことだろう。こういう面からも地方教育の問題を、親たちはひとごとだと思ってはならない。」

○ 上述したような努力もあって、全面設置に際してはさしたる混乱を生ずることもなく、その後の甚だしい行政能率の低下を来すこともなかったことは幸いでした。

しかし、前述した委員の選任方法のほか、義務教育諸学校の教職員の給与の負担者は都道府県であるのに、人事権は市町村が行使するという問題をはじめ、都道府県教育委員会と市町村教育委員会及び市町村教育委員会相互の調整など、制度上検討を要する点が多々残されていたのです。

また、昭和27年4月28日の独立回復後の新しい事態に応じて、国と地方との相互関係、文部大臣の地方教育行政に対する責任の明確化などの問題が、特に前面に出るようになっていくのです。

なお、以上のような経緯を知って、前述したGHQ・CIEのオア教育課長は、その後の進展を次のように予想していました。

「教育委員会法そのものにも多くの欠陥があった。CIEも文部省も、出現する問題のすべてを予知することはできなかった。法律は修正されなければならないことが十分認識されていた。それでもなお、中央集権から地方分権への移行は、革新的な出来事である。当初数年間は、必然的に試行錯誤の不安定なコースをたどるであろう……」

（参考）

ＷＧＩＰ（ウォー・ギルド・インフォメーション・プログラム）について
——戦争についての罪悪感を日本人の心に植えつけるための宣伝計画——

はじめに

これまで、戦後直ちに、日本政府及びＧＨＱによって、次々と教育改革の構想が打ち出され、それに基づいて新学校制度、地方教育行政制度等の改革が実施された状況について説明してきました。その中で述べたように、昭和20年10月22日、ＧＨＱは「日本教育制度に関する管理政策」を指令し、教育に関する占領の目的及び政策を明らかにして、「制度」の改革について正式な活動を開始しました。

他方、ＧＨＱは、これとほぼ同じ時期に、すべての日本国民を対象に、ある特殊な情報を、相当の期間（おおむね20年末頃から23年11月頃まで）、当時のあらゆるマスコミを使って、非公式に（というより、自分たちの存在をかくして、いわばひそかに）流し続け、別途、日本人の「思想」の改造を進めていたのです。

これが、当時、ＷＧＩＰ（戦争についての罪悪感を日本人の心に植え付けるための宣伝計画）と呼ばれていたものです。これに関する情報は、戦後25～30年経過してやっと公開されたアメリカ公文書のぼう大ないわゆる占領文書(注1)の中から、献身的な日本人研究者等によって発掘され、研究が続けられ、その全貌が明らかにされてきたのです。(注2)

もう今では、このＷＧＩＰに関する事実を自らの経験で直接知っている人は数少なくなっています（私は、当時、中学生でした。）が、その効果（内容）は今でも教育界、マスコミ界そして政界の一部の人たちに引き継がれ、国民の間に健全な「国家」意識を育むことに、大きな影響（障害）を及ぼし続けてきたのです。

ここでは、ＧＨＱのこの宣伝計画がどのような目的をもって、どのような経緯（手順）で、そしてどのような内容で実施されたのか、そして、それが現在の日本に、とりわけ日本の教育にどのような影響を与えてきたのか、その概要を説明することとします。

（注1）アメリカにおいて、国務省関係文書が25年、陸海軍関係文書が30年、公開の原則により、一般に公開されました。

（注2）例えば、「検証・戦後教育—日本人も知らなかった戦後50年の原点」（平成7年、高橋史朗著）。なお、本書の以下の内容の記述は、この本を参考としました。

1. 計画の概要

○占領後まもなく発行された、ＧＨＱ月報１（１９４５年10～11月）には、当時の日本人の意識について、「占領軍が東京入りしたとき、日本人の間に、戦後贖罪意識は全くといっていいほど存在しなかった。……日本の敗北は単に、産業と科学の劣性と原爆のゆえであるという信念が行き渡っていた。」という記事が掲載されていました。

　このような状況を把握したＧＨＱは、直ちに、日本人から邪悪な思想（軍国主義と超国家主義）を除去し、精神的武装解除を行うため、日本の文化・伝統に根差したものを徹底的に廃除し、「各層の日本人の精神に、彼らの敗北と戦争に関する罪」などを「周知徹底せしめる」方策をとることとした（昭和20年10月20日付、一般指令第４号）のです。

○そして、日本国民に向けて、早々と前述したＷＧＩＰを新聞、ラジオなどさまざまなメディアを使い、また、彼らにとって「友好的な日本人」（戦前・戦中に、戦争に反対ないしは非協力の姿勢を示したさまざまな分野の相当数の日本人がリストアップされていた。）を巧みにリードし、利用しながら、三段階に分けて実施していったのです。

　それと同時に、ＧＨＱにとって都合の悪いことは「検閲[注]」によって徹底的に隠匿する作戦をとり、日本人からの一切の反論を許さず、戦争直後の精神的虚脱状態に陥っていた日本人に対して、戦争についての贖罪意識と戦争に導いた「国」に対する反発の感覚（国家性悪説の意識）を見事に形成していったのです。

（注）ＧＨＱは、多くの日本人協力者を使って、戦後のマスメディアに対しては検閲（昭和20年～24年）を行ったのですが、戦前・戦中の日本人の精神をつくり、日本の文化・伝統をたたえた出版物（昭和３年～20年）については、「没収」が行われ、日本人の目に触れさせない措置がとられていたのです。

○この宣伝計画の内容の中核となったのは、ＧＨＱのＣＩＥ（民間情報教育局）の局員が執筆した「太平洋戦争史」でした。これは、我が国が唱えた「大東亜戦争」の名称すら使わず、いわば戦勝国の立場から、満州事変から日本降伏までを「太平洋戦争[注1]」と呼び、対米、対中戦争を一括して、一方的な侵略戦争史観[注2]に立脚して書かれた戦争史なのです。また、これを補うため、日本軍残虐暴露シリーズが別立てで作られ、掲載されましたが、それには、とりわけ後に中国が利用することになる南京とマニラでの日本軍による残虐行為が強調されていました。この「太平洋戦争史」は、21年に出版され、ＧＨＱが学校で教科書の参考資料として使うよう文部省に命じていたため、10万部

（当時、一般の雑誌発行部数は5，500部）売れたと言われています。

（注1）この戦争の実相は、「大東亜戦争・太平洋戦争」であったと考えるのが正しいのではないでしょうか。

（注2）当時の日本は、1941年（昭和16年）、米国から経済封鎖を受けたのを皮切りに、イギリス、オランダのほか日本の南方の太平洋にある国々から次々と経済封鎖を受け、通商条約を破棄されるなど、我が国の多くの産業の重要な原料供給の道が絶たれ、国民生活が根底からおびやかされていました。

このような状況を知悉していたマッカーサーは、昭和26年5月、米国上院軍事・外交合同委員会で、「日本が戦争に飛び込んでいった動機は、大部分が安全保障の必要に迫られてのことであった」と証言しており、日本が単純に「侵略戦争」をしかけたのではないと述べている事実があることを知ってください。

2. 計画への取り組み

○この宣伝計画の最初の取り組みは、真珠湾攻撃の日を意識して、昭和20年12月8日から始められました。それは、日本軍の残虐行為を強調した「太平洋戦争史」を新聞各紙（すべての全国紙）に100日間連載することから始まり、戦勝国の立場からの軍国主義者の犯罪、国民への裏切りなどの事実が、初めて日本国民の前に明るみに出されたのです。

○そして、本格的な宣伝計画は、20年の末頃（20年9月11日、東条英機ほか38名の戦犯容疑者の逮捕の指令、21年5月3日極東軍事裁判開廷）から23年11月12日の軍事裁判の判決宣告の頃までの間を、3段階に分けて実施されました。

ラジオ（NHK）については、第1段階として、「太平洋戦争史」をいく人かの作家を使嗾《しそう》してドラマ化した「真相はこうだ」（いわゆる太平洋戦争史観を日本の聴取者の心に刻み込ませることを目的としたもの）が、連続番組として20年12月8日から毎週日曜日（いわゆるゴールデンタイムの午後8時から8時半まで）、10週間続けて放送されました。そして、その再放送が、サラリーマン用、学校の子供たち用などに分けて行われ、日本のさまざまな人たちが聴取できるよう工夫されていたのです。

○なお、当然のことながら、その内容は、GHQ、CIE側が実際には日本のメディアをきめ細かく指示しながら、自らは全く関与せず、純然たる日本放送協会の創作番組であるかのように見せかけていたのです。

この、「真相はこうだ」の放送内容については、これを真《ま》に受けた人ばかりがいたわけではありません。ある雑誌（21年8

月号）の座談会で、当時を代表する文学者たちは次のように感想を述べ、あるいは批判していたのです。

「あれはいかんね」「あれは嘘だ」「実に軽薄だね」

「あれじゃもう一つその裏の『真相はこうだ』がいるな」

「あれは放送局がいかん」「放送局が不埒だ」

「あれは進駐軍の指図があったのだろう」

しかし、この座談会の記事は、「占領政策全般に対する破壊的批判」であるという理由で、全文削除の検閲処分を受け、当時の人々の目に触れることはなかったのです。

○「真相はこうだ」は、一方的なドラマ形式であり、不評であったため、第2段階では、問答形式の「真相箱」に改められ、聴取者が参加できるようにされたのです。ところが、聴取者から送られてくる手紙の中には、広島、長崎への原子爆弾の投下について、アメリカの世論はどうかを問うたものや、東条英機の「この裁判は勝者の復讐劇だ」という法廷での証言に賛同の意を表するものなど、GHQとしては予期しない、彼らの最も痛いところを衝いたものが少数ではあるが含まれていました。

こういった経緯もあってか、「真相箱」はおよそ1年後には「質問箱」というタイトルに改められましたが、この間、聴取者からは毎週平均900～1，200通の手紙が寄せられており、極めて高い反応を示していたのです。

○そこで、第3段階では、GHQ側としては、前述したような考え方が日本人の間に広がりをみせ、再び軍国主義、全体主義の方向に走らせないようにするため、効果的かつ集中的なプログラムに改めることが必要であると考えました。

そこで、CIEは23年8月頃から、裁判の終結が近づいてきた極東国際軍事裁判所のウェッブ裁判長の全面的協力を得て、戦勝国の側に立った一方的な、周到に管理された裁判報道を、巧みに、効果的に利用することにしたのです。それは、日本国家の犯罪のみを一方的に日本国民の心に刻み込ませることをねらったものなのです。

なお、判決が下された翌日、ある新聞社が社説で、「このような歴史的出来事の審判は、歴史の審判に待つの外はない。」と主張していたのですが、公正であると考えられるこの主張も、検閲によって掲載が差し止められているのです。

○なお、新聞、ラジオ以外でも、雑誌や映画が利用されましたが、とりわけ映画では、観客動員数が当時としては予想をはるかに上回り（数カ月の上映期間中に、記録映画では100～180万人、長編劇映画（4～5本）ではおよそ1，500万人）、日本国民の贖罪意識と国に対する考え方に大きな影響を及ぼしたと考えられています。

3．ＷＧＩＰの果たした役割

○　ＷＧＩＰは、一般の日本人の多くが、敗戦により、張りつめていた緊張感から一気に解放されて、いわば虚脱状態にあった中で、しかも他方では、その日本人が自国の敗戦について冒頭に述べたような意識しかもっていなかったのを知ったＧＨＱが、日本人に対する一種の洗脳計画（彼らに言わせれば、「世界平和を合理的に保障する」ための「精神改造」）として実施したものなのです。

　この計画の意図・内容について、日本人は全く無警戒[注]であり、そして、そこに示される情報は今まで知らされていなかったものばかりであり、しかも、そのやり方が巧みであったため、この計画は大した抵抗もなく、順調に進められ、歴史的事実と反日的宣伝活動との区別がつけられない状態に陥った人々が多くいたのです。

（注）敗戦国に対して、戦勝国の占領政策としてＷＧＩＰのような施策が実施されることは、当時の（そして、多分現在でも）国際法規に違反する行為であるはずです。しかし、ＧＨＱが「日本人の『精神革命』まで志向する権利があるのか」というような原則論を問いかけた日本人は、当時、ほとんどいなかったのです。

○　このＷＧＩＰは、結局、日本という国が近現代の歴史上、さまざまな悪を重ねてきたことを一方的に強調することによって、多くの国民から国家への誇りと信頼感を失わせ、健全な国家意識を持つことを妨げることを目的とするものであったのです。

　そして、実際にも、当時のかなりの日本人は、心に強くしみ込んだこの「太平洋戦争史観」と「東京裁判史観[注]」によって、祖国に対する誇りと信頼感を失わされ、健全な国家意識をもつことを妨げられたのです。

　それにとどまらず、これらの史観は、ＧＨＱによって意図的に、教育界、法曹界、マスコミ界、政界等の自由主義勢力を利用し、軍国主義の一掃を長期的に確かなものにしようという「民主化政策」として推し進められたため、世代を超えて引き継がれたのです。そして日本人の中には、まるで「東京裁判史観」の呪縛の中にあるといえるような、というより、それを政治的に巧みに利用しようとした人たちが跡を絶たない状況がずっと長く続いてきたのです。

（注）東京裁判の判決の内容をすべて真実とみなし、明治以後の日本の歴史は侵略戦争の歴史であり、過去の日本の行動はすべて犯罪的であり、悪であったと全面的に否定し、その責任を一部の軍国主義者に負わせる歴史観です。

4．日教組への影響

○　戦時中、国の政策に協力して、命じられるがままに子供たちを教育し、戦場へ送り出した直接の苦い経験をもつ学校の教師たちにとっては、このＷＧＩＰによって自分たちの過去を反省させられることが多く、したがって日教組の中に、他の団体よりも素直にこれに同調する者が多く含まれていたとしても決しておかしくない状況であったのです。

○　このように教師一人ひとりの心の中に「国家」を拒否し、「戦争」を憎む感覚が生み出され、定着していく中で、日教組の指導者は、組織としても「国家」と「戦争」に強く反対する基本姿勢をとることに自信を深めていきました。前述したように昭和26年1月に開かれた中央委員会で、「教え子を再び戦場に送るな」のスローガンが採択されたのも、こうした中でのことだったのです。

　こうして日教組は、教育の内容・方法に国が関わることを拒否し、戦争のイメージと結びつくもの（例えば「日の丸」「君が代」）が学校に持ち込まれることに強く反発する組織となり、健全な「国家意識」が育まれる気配は、長い間、生まれてこなかったのです。そして、昭和年代のおよそ40数年、文部省が提案し取り組もうとする重要な施策に、「国家主義」の復活、強化を意図するものとしてことごとく反対し、これを阻止するため、激しい闘争がくり返されていたのです。

本書を書き終えるに当たり、

今は亡き先輩　今村 武俊氏

今は亡き母　逸見 寿子　に、

妻　逸見 悠子

万感を込めて、感謝の意を表します。

平成二十九年三月

逸見博昌

著者略歴

逸見 博昌（へんみ ひろまさ）

昭和７年京都市生まれ。東京大学法学部卒業後、昭和 37 年文部省入省。初等中等教育局地方課長、財務課長、大臣官房総務課長、文化庁文化部長、大臣官房審議官（初中局担当）、高等教育局私学部長等を経て体育局長。平成４年文部省退職。
文部省退職後、日本体育学校健康センター理事長、世界陸上大阪大会事務総長等として勤務。並行して平成４年から学校法人目白学園理事（非常勤）、理事長（常勤）として平成 26 年まで勤務。

こんな教師になってほしい
—戦後の歴史から学んでほしいもの—

2017 年５月１日　初版第一刷発行
2017 年９月１日　初版第二刷発行

著　者　　逸見 博昌
発行人　　佐藤 裕介
編集人　　原田 昇二
発行所　　株式会社 悠光堂
〒 104-0045 東京都中央区築地 6-4-5
シティスクエア築地 1103
電話：03-6264-0523　FAX：03-6264-0524
http://youkoodoo.co.jp/
デザイン　　株式会社 キャット
印刷・製本　　明和印刷株式会社

ISBN978-4-906873-75-3　C3037